XINGZHENGFA SHIYE ZHONG DE
GONGWU LIYONG YANJIU

行政法视野中的公物利用研究

孟庆武 —— 著

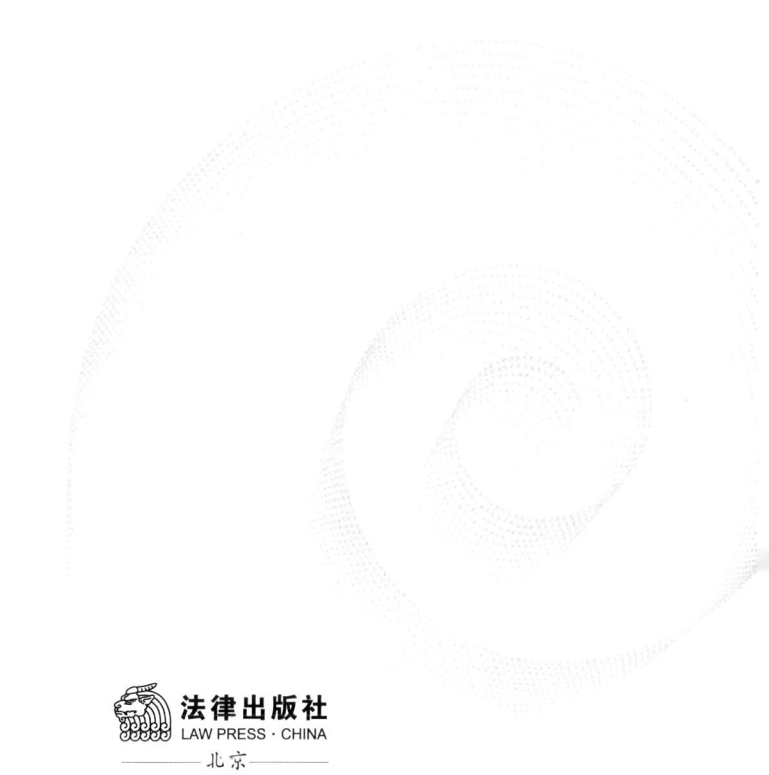

法律出版社
LAW PRESS · CHINA
北京

图书在版编目（CIP）数据

行政法视野中的公物利用研究 / 孟庆武著 . -- 北京：法律出版社, 2025. -- ISBN 978-7-5244-0445-3

Ⅰ. D922.104

中国国家版本馆 CIP 数据核字第 2025Q7J281 号

行政法视野中的公物利用研究 XINGZHENGFA SHIYEZHONG DE GONGWU LIYONG YANJIU	孟庆武 著	责任编辑 朱轶佳 装帧设计 鲍龙卉

出版发行 法律出版社	开本 A5
编辑统筹 司法实务出版分社	印张 9.25　　字数 196 千
责任校对 李慧艳	版本 2025 年 7 月第 1 版
责任印制 胡晓雅	印次 2025 年 7 月第 1 次印刷
经　　销 新华书店	印刷 北京中科印刷有限公司

地址：北京市丰台区莲花池西里 7 号（100073）
网址：www.lawpress.com.cn　　　　　　　销售电话：010-83938349
投稿邮箱：info@lawpress.com.cn　　　　　客服电话：010-83938350
举报盗版邮箱：jbwq@lawpress.com.cn　　　咨询电话：010-63939796
版权所有·侵权必究

书号：ISBN 978-7-5244-0445-3　　　　　　定价：46.00 元

凡购买本社图书，如有印装错误，我社负责退换。电话：010-83938349

目 录

引 言 ··· 001

第一章 公物概述 ······································· 008
    一、现代公物的法律起源 ······················· 009
    二、国内外公物概念综述 ······················· 018
    三、我国公物概念的设定 ······················· 028
    四、公物的分类 ······································ 033
    五、公物的构成要件 ······························ 042
    六、公物制度的理论基础 ······················· 057
    七、本章小结 ······································· 076

第二章 公物利用的一般原理 ····················· 078
    一、公物利用的一般原理和公物利用类型化研究 ······ 079
    二、公物利用关系 ································· 085
    三、公物利用的原则 ······························ 094
    四、公物利用的方式 ······························ 099
    五、公物利用的收费 ······························ 101
    六、本章小结 ······································· 136

第三章　公物利用的基本形态（之一）：公共公物 …… 138
　　一、公共公物利用的特殊性：突出保障利用权、增加普惠性 … 139
　　二、我国公共公物的规范依据 …… 140
　　三、公众用公物的自由利用和许可利用 …… 144
　　四、公营造物的公法利用与私法利用 …… 172
　　五、公共公物利用制度的完善：公物利用权的保障 …… 185
　　六、个案研究——公共资源类国有景区的公益性保障 …… 200
　　七、本章小结 …… 210

第四章　公物利用的基本形态（之二）：行政公物 …… 213
　　一、行政公物利用的特殊性：突出管理效能、保证规范利用 … 214
　　二、行政公物制度的现状考察 …… 217
　　三、行政公物的利用方式 …… 229
　　四、行政公物的管理 …… 232
　　五、我国行政公物规范利用和高效管理的探索与实践 …… 244
　　六、行政公物利用制度的完善：规范利用、完善管理 …… 269
　　七、本章小结 …… 285

结　论 …… 287

引 言

公物一般指承载公共利益功能,供公用的经公法规则确认的财产,是整个公法领域财产的核心,是行政法学的重要研究对象。本书将公营造物视为一种特殊的公共公物,因此公物包括公共公物、行政公物,而公共公物包括公众用公物和公营造物。社会公众通过对公共公物的利用实现对公共利益的期待和分享,而行政主体则通过对行政公物的公务利用履行行政职责,完成国家任务。此外,公物违法行为不同于一般的侵犯特定行政相对人的行政违法行为,它具有更大的危害性和隐蔽性,如对公共公物利用收费的不合理、行政机关对行政公物的私用,这类违法行为侵害的主体范围更大,影响更恶劣,通常是对纳税人利益的侵害,对公共利益的侵蚀,会造成国有资产流失、严重的社会不公等后果。可见,公物是我国行政法治中极其重要的一环。

公物利用是整个公物制度的核心,公物的利用是"国家所有即全民所有"实现的重要保障,因此,开展对公物利用的理论研究具有重大的理论和实践意义。本书的研究对象是公物的利用,研究目的是探索公物的公益性保障路径。换言之,公物利用研究是手段,是路径,是切入点,而公物公益性保障是目的,因为公物公益性的实现最现实和主要的途径就是公物的利用。

　　就相关概念的选择而言，本书围绕公物利用这一公物制度的核心，将公物区分为公共公物、行政公物，从而将公物的利用类型化为两种：公共公物的利用、行政公物的利用。本书涉及概念较多，且许多概念用语的使用，学界并不统一，本书在相应部分，根据不同学者的观点和本书的理解，对一些有争议的概念归类、用语选择等进行了确定和解释，主要如下：第一，关于"公物"与"公产"概念用语的选择，本书主要选择了"公物"用语；第二，关于公物的分类，主要采纳我国台湾地区学者陈新民关于公物的分类，将公物分为行政公物和公共公物，将公营造物视为一种特殊的公共公物，因此本书认为公物的基本分类是公共公物与行政公物，其中公共公物包括公众用公物和公营造物；第三，关于"公营造物"概念用语的选择，本书没有选择"公共设施公产""公共机构""公用事业"等，而是依据应松年教授主编的《当代中国行政法》中的用语，选择采用"公营造物"。关于概念归类、用语选择的理由，本书在相应部分均有解释。

　　本书拟综合运用比较分析法、历史分析法、实证分析法和规范分析法的研究方法，相对全面地吸收和借鉴公物基础理论、公物利用等方面的既有研究成果，从多学科交叉的角度对公物的利用进行研究。具体而言，在公物的基础理论部分，本书将梳理域外（主要是大陆法系）和我国关于公物概念的界定和理论基础的流变；在公物利用部分，将主要对公共公物和行政公物的利用进行阐述，通过相对全面地梳理规范依据，借鉴既有观点，考察现实情况，探讨公共公物的自由利用、一般许可利用和特许利用、公物利用的收费及法治化等诸多课题,探讨行政公物的利用与管理、实践探索与完善建议等诸多课题。

就本书的创新之处而言,本书将公物的利用类型化为两种基本形态,即公共公物和行政公物,类型化研究的原因是二者在利用方面具有各自的突出特点,以及差异化的公益性实现和保障机制。类型化研究是为了在精准把握两种利用形态的核心和关键的基础上,探索有针对性的公益性实现和保障路径。

具体而言,由于公共公物的利用主体是社会公众,社会公众对众用公物和公营造物的利用需求具有基本性,关乎国家对公民的生存照顾和对公民基本权利的保障,公物的公益性具有直接性,因此公共公物利用的重点在于提升公物的普惠性,保障社会公众的公物利用权。而行政公物利用的突出特点是利用主体相对局限,主要是行政主体,而且如果缺乏完善的行政公物管理、制约和监督制度,不仅不会实现高效利用、合法合规利用的公物利用原则,还会滋生一系列问题,如公车私用、私车公养、公物超标配置等,因此行政公物利用的重点在于完善管理、规范利用。

此外,本书就行政公物的利用和完善进行了较为深入的研究,学界对于行政公物的研究相对较少,行政公物的利用与管理是公物理论中最急需研究和探索的,正是在这样的背景下,本书希冀通过系统性的、专题性的初步研究,为以后的深入研究抛砖引玉。本书认为,行政主体对行政公物的利用很大程度上不同于社会公众对公共公物、公营造物的利用,前者是公共行政服务的有机组成部分,行政公物利用体现出内部性,公益实现体现出间接性,公物利用与公物管理体现出依赖性。行政公物的利用与行政公物的管理密切相关,甚至可以说,行政公物的管理直接制约着行政公物的利用,有些管理行为和利用行为不易区分。例如,为了提高行政公物的使用效率,各地都探索了卓有成效的资产共用共享机制,其中最为有效是政府公物仓制度,即通过对闲置资产、在用资产、罚没资产、临时资产等(有很大一部分是行政公物)进行统一登记、管理、调配,以实现资产使用的调余补缺、合理配置;又如,对行政公物管理体制的改革探索主要也是为了实现行政公物利用的规范化、集约化。可见,行政公物的利用和管理是一个硬币的两个方面,因此本书在探讨行政公物利用时坚持行政公物利用与管理的一体化研究,在探索行政公物公益性实现路径时,同时把握公物的管理和利用,而不偏废其一。此外,本书从公共财政学、公共管理学等多学科交叉的视角考察和吸收了行政事业性国有资产、非经营性国有资产管理实践与改革的经验,为我国行政公物制度的完善提出了建议。

但是,类型化处理并非要导致两种公物利用形态非此即彼、泾渭分明,本书在类型化研究之前首先将两种利用形态的共通原则、原理、规则等提炼为公物利用的一般原理,以体现两种利用形态的共性。以公物利用关系为例,任何一种具体利用形态都摆脱不开这个根基;以公物利用关系的成立为例,虽然公营造物利用关系的成立有时基于强制利用(如义务教育、强制戒毒)而具有特殊性,但是无论是公众用公物的利用、公营造物的利用还是行政公物的利用,其利用关系的成立都脱离不了三个要件,即利用关系主体、利用事实、利用行为达到一定标准(如有利用资格、习惯利用等)。因此,本书对公物利用的类型化研究既突出呈现个性,同时也注意提炼和把握共性。

此外，除了对公物利用进行类型化研究，本书还对公物（主要是公共公物）利用的收费进行了类型化处理。影响公物利用收费标准的因素主要有社会公众对公物的依赖性、公物需求的基本性、兴建或购置公物的资金来源等。根据这些因素，本书将公物利用的收费具体类型化为免费利用、成本型收费、效率性收费、营利性收费和混合性收费，并尽可能全面地概括或列举属于相应收费类型的公物的范围。

全书共分四章，各章的主要内容如下：

第一章，公物概述。公物是公物利用研究的逻辑起点，本章在考察两大法系（尤其是大陆法系）以及我国学界对公物概念的学理界定的基础上，对公物的概念进行了一定程度的修正。本书认为，公物是承载公共利益功能，提供公共利用和公务利用，经公法规则确认的财产，并具体提出了公物的主体、目的、物质和法律要素四要件，同时对公物的分类和新型公物进行了探讨。

第二章，公物利用的一般原理。本章与后文公物利用类型化研究相对应，提出了公物利用的两种基本形态，即公共公物和行政公物，并简要对比了二者的差异，但是差异中包含着共性，因此本章旨在探讨公物两种基本利用形态的共性规则和原理，主要包括公物利用关系的成立和效果、利用方式和利用原则、公物利用的收费。对于公物利用的收费，本章提出了公物收费标准的影响因素，并据此将公物利用的收费类型化为五种，即免费利用、成本性收费、效率性收费、营利性收费、混合性收费，并总结了相应收费类型所对应的公物的范围，提出了对公物收费的法律控制及法治化建议。

第三章，公物利用的基本形态（之一）：公共公物。公共公物的利用最直接地体现了公物的公益性,本章提出公共公物利用制度的侧重点在于公物(公共公物)利用权的保障。本章梳理了我国公共公物的法规范体系,对公共公物的规定主要是采取特定种类公物的专门法的方式,对公物的许可利用和特许利用则主要规定于《行政许可法》。此外,本章将公共公物利用类型化为公众用公物的利用和公营造物的利用,着重探讨了公众用公物的自由利用和许可利用的基础理论、公营造物的公法利用和私法利用的基础理论,并以国有景区公益性保障为例,对公共公物的利用进行了个案研究。本章将公物(公共公物)利用权划分为三种不同的功能,即防御权功能、受益权功能(消极受益权功能和积极收益权功能)、客观价值秩序功能,并将不同的功能分别对应国家的消极义务、国家的给付义务(物质给付义务和司法救济义务)、国家的保护义务,并据此提出了公物利用权的保障路径。

第四章,公物利用的基本形态(之二):行政公物。行政公物是行政主体进行公共行政服务的物质基础,是公物理论研究的重要组成部分,也是当前理论研究较为薄弱的一环,因此本章对行政公物基础理论的研究具有一定的创新性和开创意义。本章提出行政公物利用制度的侧重点在于完善管理、规范利用、监督利用。本章考察了我国行政公物的法规范体系,对涉及行政公物的宪法条款、法律、行政法规及重要的其他规范性文件进行了尽可能全面的列举。本章对行政公物的基本构成和统计分析进行了探讨。由于行政公物概念使用的非官方性,以及其与行政事业性国有资产外延上的交叉,因此本章对我国行政公物的统计分析,主要依据是《国务院关于2023年度国有资产管理情况的综合报告》中行政事业性国有资产的数据,虽然这种方式无法保证行政公物统计的精确性,但是这仍然对摸清家底、找准要害具有重要意义。此外,由于行政公物利用的特殊性,本书认为,行政公物的利用与管理密不可分,行政公物利用与管理整体性研究十分必要。因此,本章从公共管理学、公共财政学多学科交叉的角度,考察了我国行政公物利用和管理中的改革实践和有益探索。在管理模式上着重分析了以市场为主导的南宁模式和以政府为主导的深圳模式;在管理体制机制上考察了公务车改革、资产共享共用机制、公物仓制度等地方实践,在此基础上提出了我国行政公物制度的完善建议。

第一章　公物概述

公物是公法领域中财产的核心,公物理论研究是行政法学的重要内容,研究和实践公物理论是保障公共利益、追求社会福祉的应有之义,而公物概念的界定是公物理论研究和公物法治化的起始性问题。本章是研究"公物利用"这一课题的基础和前提,研究的焦点在于"公物"。

本章在对国内外关于公物概念界定的学术观点进行梳理和反思后,对公物的概念进行了界定。本书认为,公物是指承载公共利益功能、为公共利用和公务利用的经公法规则确定的财产,一般包括公共公物、行政公物。公物概念中包含的最核心的要素就是公物的公用目的性,即公物须为社会公众直接使用受益,或行政机关借由公物完成行政活动从而间接为社会公众使用受益,公物的公共福利性是公物存在的最重要的价值。

公共公物一般指社会公众可以自由利用、普通许可利用和特别许可利用的财产,如铁路、道路、公园、通信设施等,公共利益和大众福祉的实现是通过社会公众对公共公物使用价值的充分共享而完成的。公共公物包括公众用公物和公营造物。所谓公众用公物,是指普通的公共公物,即主要以有体物的形态存在、利用人仅依靠物的因素即可完成利用的公共公物,如城市道路作为公众用公物,利用人依道路的物理性质即可完成利用。公营造物一般指供社会公众公共使用的人与物的结合体,如公立医院、高校、博物馆等,公共利益的实现是通过社会公众享受公营造物提供的公共服务而完成的。

行政公物一般指行政事业单位为完成行政任务而占有、使用的财产,如办公场所、公务用车、执法工具等。此时公共利益的实现是通过行政主体的公共行政服务而完成的,而行政公物则是行政主体进行公共行政服务所必须依赖的物质手段。

此外,在不同的时代背景之下,公物理论的内容并不相同,但是不可否认公物理论的发展是一个不断顺应时代发展的需要而对自身进行扬弃的过程。在这个过程中,公物理论得以不断延续和发展的重要原因在于公物有其确定、直接的理论基础以及给予其"良性土壤",对其影响深远的理论智识。前者指的是公私法划分理论,这是公物的最为直接的理论基础;后者主要指行政给付理论和新公共服务理论,这是公物的理论基础。

一、现代公物的法律起源

(一)古罗马法中的物

古罗马法中的物的内涵和外延极其广泛,正如周枏先生所提,"在古代罗马,人们所称的物,是指除自由人外而存在于自然界的一切东西,不管是对人有用的,无用的,甚至是有害的,均属于广义的物。至于奴隶,在罗马奴隶社会,它不是权利义务的主体,而被法律规定为权利义务的客体,也是一种物。后来,法律和法学思想不断发展,罗马法逐渐把物限定为一切人力可以支配、对人有用,并能构成人们财产组成部分的事物,在优帝的《学说汇编》中,它包括有体物、权利和诉权,又称'财物'(bona),这是狭义的物"[1]。

就古罗马法中对物的分类而言,古罗马著名法学家盖尤斯将物分为神法物[2]和人法物,此外还划分为有形物和无形物。神法物,是指为神灵所有或保护、为宗教目的而存在且不能进行民事交易的物,[3]包括安魂物、神用物及神护物;人法物通常是可有物,包括公有物,即不为任何单个人所有而归属罗马共同体的财产,也包括私有物,即私人所有的财产。有形物指可以触摸的物,如金银财宝甚至奴隶;无形物主要指权利,如债权、继承权等。古罗马另一位法学家埃流斯·马尔西安则将物分为一切人共用之物、市有物和不属于任何人之物和私有物,[4]马尔西安在其《法学阶梯》和《规则集》中详细地对上述物进行了阐释,并指出神法规定的不可有物分为神用物、安魂物和神护物,人法规定的不可有物分为共用物和公有物。共用物为根据自然法由共同体成员共同分享和使用的物,如河流、空气、海洋;

---

[1] 周枏:《罗马法原论》(上册),商务印书馆2014年版,第298~299页。

[2] 神法物是早期原始人类感于自身与外界"实力"的巨大差距而形成的拜物教与泛灵论的遗迹,在那时的人们观念中,日月星辰、雷电风雨、山岳河川、土地疆界无一不具有神圣的意义,它们或为神灵所有,或为神所保护,属于神法物。参见周枏:《罗马法原论》(上册),商务印书馆2014年版,第277页。

[3] 参见[德]马克斯·卡泽尔、[德]罗尔夫·克努特尔:《罗马私法》,田士永译,法律出版社2018年版,第199页。

[4] 参见江平、米健:《罗马法基础》,中国政法大学出版社2004年版,第94页。

公有物指不为任何单个人所有而归属罗马共同体的财产,如广场、道路、河流。[1]共用物和公有物经常相互混同,如河流既被认为是共用物,也可被认为是公有物。[2]优士丁尼则按照不同的分类标准将物分为共有之物、公共物、团体物、不属于任何人之物、私有物、神法物等,或有体物和无形物。共有之物与公共物通常混同,一般指为共同体成员共享之物;团体物是指属于某个团体或共同体的物,如属于自治市、殖民区的物;不属于任何人之物即无主物,指的是本来不归属任何人但可以构成先占对象的物,如野兽、滩涂等。[3]

总之,正如江平先生所言,"凡有经济价值并可转换为金钱价值的都是物。不论有形、无形,对世、对人以及法律上的利益,都在物的范围内,如空气、海洋、奴隶、山川、河流等都属物的范畴"[4]。古罗马法中的物既包括物质实体甚至奴隶,也包括继承权、债权、地役权等具有经济价值的权利或法律上的利益,内涵及外延极其广泛。[5]

(二)古罗马法中的共用物

古罗马法中的共用物(res communes)主要出现在马尔西安《法学阶梯》第3卷 D.1,8,2,pr.和优士丁尼的《法学阶梯》第2卷

---

[1] [意]桑德罗·斯奇巴尼选编:《物与物权》,范怀俊等译,中国政法大学出版社2009年版,第4~29页。
[2] 参见黄风:《罗马私法导论》,中国政法大学出版社2003年版,第171页。
[3] 参见黄风:《罗马私法导论》,中国政法大学出版社2003年版,第172页。
[4] 江平、米健:《罗马法基础》,中国政法大学出版社2004年版,第116页。
[5] 参见冯卓慧:《罗马私法进化论》,陕西人民出版社1992年版,第158页。

I.2.1pr.中,只是国内学者对该物的翻译产生了差异。马尔西安《法学阶梯》第3卷D.1,8,2,pr.提及,"根据自然法,一些物为一切人共用,一些物为市有,另一些物不属于任何人,还有大部分物可因不同原因而为任何一个人私有"[1]。在该书中共用物被翻译为"一切人共用"之物。优士丁尼的《法学阶梯》第2卷I.2.1pr.提及,"事实上按照自然法,有些物为一切人共有;有些是公共的;有些是团体的;有些不属于任何人;多数物属于个人,被各人根据如下将看到的形形色色的原因取得"[2]。在该书中共用物被翻译为"一切人共有"之物。

之所以产生学者将共用物(res communes)翻译为"一切人共用之物"或"一切人共有之物"的差异,主要在于学者在翻译时关注的焦点不同。翻译为"共用"的学者更关注该物的使用价值,即该物的非排他性、共享性或共同使用的特性;而翻译为"共有"的学者则更关注该物的权属特性,即对该物的共有,换言之,该物不能为某个特定的人所有而为一切人所有。即便对共用物的翻译有所不同,但本书认为,实际上他们对共用物基本内涵的理解是一致的,共用物就是那些为社会公众所共享、共用而不具有排他性和竞争性的物,并且无论学者将马尔西安《法学阶梯》第3卷D.1,8,2,pr.和优士丁尼的《法学阶梯》第2卷I.2.1pr.所指的共用物翻译为"共用"还是"共

---

[1] [意]桑德罗·斯奇巴尼选编:《物与物权》,范怀俊等译,中国政法大学出版社2009年版,第5页。
[2] [古罗马]优士丁尼:《法学阶梯》(第2卷),徐国栋译,中国政法大学出版社2000年版,第110~111页。

有",马尔西安《法学阶梯》第3卷D.1,8,2,1[1]和优士丁尼《法学阶梯》第2卷I.2.1.1[2]实际上都将共用物的类型具体规定为空气、水流、海洋以及由此而来的海岸,而不是其他,这也是现代公物最原始的形态。现代公物与现代法上所说的公有物(公有财产)、国有物(国有财产)、国有资产等同样差异很大。

当然,虽然翻译上的差异并没有曲解古罗马法上共用物的基本内涵,但是采用"共用"相较"共有"仍然更为贴切。原因在于,"一切人共有"之物(共用物)的"共有"具有非排他性和共享性,这不符合古罗马法中所有权具有的绝对性和排他性,"一切人"共同拥有一物的所有权也不符合古罗马私法上"一物一权"的原则,且"一切人共有"也不符合古罗马法中关于"共有"主要是成立于私人财产或私有物的规定。[3]另外,此处的"共有"(属于一切人)也与现代法上的按份共有和共同共有有很大区别,从这个角度看,古罗马法中的"res communes"翻译为"共用物"更为合适。可见,在古罗马法中,共用物指的是这样一种物:在所有权上它不为任何人所有和独占,它具有非排他性、非竞争性和使用上的共享性,它应当为人们共同地、平等地使用和分享。

---

[1] 马尔西安《法学阶梯》(第3卷)D.1,8,2,1中提及"的确,根据自然法(Jus naturalis),空气、流水、大海及海滨是共用物"。参见[意]桑德罗·斯奇巴尼选编:《物与物权》,范怀俊等译,中国政法大学出版社2009年版,第17页。

[2] 优士丁尼《法学阶梯》(第2卷)I.2.1.1中规定,"确实,按照自然法,为一切人共有的物是这些:空气、水流、海洋以及由此而来的海岸"。[古罗马]优士丁尼:《法学阶梯》(第2卷),徐国栋译,中国政法大学出版社2000年版,第111页。

[3] 参见[意]彼德罗·彭梵得:《罗马法教科书》,黄风译,中国政法大学出版社2018年版,第13~14页。

(三)古罗马法上共用物的特征

我国学者根据不同标准将古罗马法中的物分成了各种不同的种类,大体分为五种。以是否可以成为个人财产权客体为标准分为非财产物(不可有物)与财产物(可有物);以是否已有归属为标准分为有主物与无主物;[1]以是否可以进行交易为标准分为交易物与非交易物;[2]以是否有物质实体为标准分为有形物与无形物;[3]此外,还有学者直接以古罗马法学者的观点为分类标准将物分为盖尤斯分类法与优士丁尼分类法。[4]

其中,非财产物(不可有物)与财产物(可有物)的主要区别在于该物是否可以成为个人所有权的客体,非财产物不能成为古罗马法中私权的客体,包括神法物与人法物,其中人法物主要指共用物、公有物和公法人物。[5]有主物与无主物的主要区别在于该物的所有权归属是否明确,有主物的所有权归属明确,无主物的所有权归属不明晰。虽然无主物权属暂时不明晰,但是与其是否可以作为私权客体无关,能作为私权客体的物如私有物、公有物,不能作为私权客体的

---

[1] 参见黄风:《罗马私法导论》,中国政法大学出版社2003年版,第68页。
[2] 参见丘汉平、朱汉平勘校:《罗马法》,中国方正出版社2004年版,第169~174页。
[3] 参见周枏:《罗马法原论》(上册),商务印书馆2014年版,第94~96页。
[4] 参见江平、米健:《罗马法基础》,中国政法大学出版社2004年版,第177~179页。
[5] 公有物是指罗马全体市民公共享有的物,公有物分为归全体罗马人都可使用之物和归特殊主体使用之物。公法人物主要是指市府等的财产,也称市有物或市府物,如罗马市的斗兽场、剧场、浴场等,供本市的人共同享用。参见周枏:《罗马法原论》(上册),商务印书馆2014年版,第299~302页。

物如神法物、共用物。[1]交易物与非交易物的主要区别在于该物是否可以作为自由买卖交易的客体。交易物根据不同的标准,其种类很多,如有主物与无主物等,非交易物主要包括神用物、公有物与共用物。[2]在盖尤斯分类法与优士丁尼分类法中,盖尤斯将物分为神法物和人法物,将人法物分为私有物与公有物,其中的公有物其实本质上指供所有人所共用和共享之物,即共用物,而非所有人共有或国家所有之物;[3]优士丁尼则将物分为自家物与万家物,自家物主要指家族之物,万家物则包括共用物、公有物、市有物、无主物。[4]从以上分类可以看出,古罗马法中的共用物具有多元属性,其既属于非财产物,又属于非交易物,还属于不可有物和万家物,且可以是有形物也可以是无形物。共用物这种为一切人共用、共享的基本内涵和多元属性,为现代公物内涵的不断发展和外延的扩张提供了巨大的空间。

此外,古罗马法中的共用物与其他物的区别比较显著。共用物与公有物、市有物的最大区别在于是否可以成为所有权的客体,公有物的所有权属于全体罗马人民所有,市有物的所有权一般归属某一

---

[1] 参见周枏:《罗马法原论》(上册),商务印书馆2014年版,第94~96页。
[2] 参见丘汉平:《罗马法》,中国方正出版社2004年版,第171页。
[3] 公有物(publicae)是公共所有或使用之物,多系无主物,如沟渠、空气、流水、道路等。参见江平、米健:《罗马法基础》,中国政法大学出版社2004年版,第178页。学者江平、米健把空气、流水归入公有物中,因为盖尤斯《法学阶梯》中未明确规定共用物,但实际上其中说的公有物就是供一切人共用、分享而不能成为所有权客体之物,即共用物。
[4] 自家物是指某个家族本身之物或祖传之物,包括私有物、有形物、无形物;共用物是指一切人可共用之物,如海洋、空气;公有物是指国家所有之物,如港口、水渠;市有物是指团体或市府所有之物,如剧场、运动场,无主物是指被人抛弃或尚未有所有人之物,包括神圣物、神护物和神息物等。参见江平、米健:《罗马法基础》,中国政法大学出版社2004年版,第179页。

团体或组织,而共用物则不能成为所有权的客体;[1]共用物与不属于任何人之物的区别也较明显,不属于任何人之物包括能成为所有权客体之物和不能成为所有权客体之物,能成为所有权客体之物如优士丁尼《法学阶梯》第 2 卷中所指的本来不归任何人所有但可以通过先占取得的物,如《法学阶梯》第 2 卷 I.2.1.12 中规定的动植物,而共用物则属于不能成为所有权客体之物。[2]共用物与一般的私有物的区别也十分明显,私有物主要是为了交易从而为个人实现经济价值,但是共用物因其公用目的而体现着明显的公共价值和功能。

(四)古罗马法上的共用物是现代公物的法律起源

古罗马法中的共用物具有为一切人使用受益的共享性、公共性和非排他性,以及其体现的公共价值和功能,离不开自然法的发展。自然法从亚里士多德提出并经由斯多葛学派发展后传入罗马,就被认为是自然中代表正义、理性与神意志的真正法律。[3]自然法在优士丁尼那里得到了更长远的发展。优士丁尼认为自然法是神的法律、人的法律乃至动物的法律,它是上帝神意的表达,是固定不变的自然理性表现。[4]他在《法学阶梯》中明确指出:"自然法是自然界教给一

---

[1] 参见丘汉平:《罗马法》,中国方正出版社 2004 年版,第 167~172 页。

[2] res nullius 一般也译为无主物,译为无主物也不同于现代私法中所说的狭义的无主物。在现代民法中,无主物一般是狭义上的,并不涉及共用物、神法物,其适用于暂时无所有权或所有权不明的情形,通常适用先占制度取得所有权,而共用物并不能适用先占制度取得所有权。参见丘汉平:《罗马法》,中国方正出版社 2004 年版,第 170~172 页。

[3] 参见[德]马克斯·卡泽尔、[德]罗尔夫·克努特尔:《罗马私法》,田士永译,法律出版社 2018 年版,第 6 页。

[4] 参见丘汉平:《罗马法》,中国方正出版社 2004 年版,第 32~39 页。

切动物的法律。因为这种法律不是人类所特有,而是一切动物都具有的、不问是天空,地上或海里的动物。由自然法而产生了男与女的结合,我们把它叫作婚姻,从而有子女的繁殖及其教养。的确我们看到,除人而外,其他一切动物都被视为同样知道这种法则。"[1]在罗马法中,共用物的这种共享性、公共性植根于自然法,而自然法也在法律层面和先念意识层面为共用物这种公共价值和功能赋予了强大的生命力。

  作为共用物,因其具有极强的公共价值和功能,罗马法将其排斥在私权客体以外,即共用物存在的价值主要在于社会共同体成员对该物平等、自由、免费地使用,而不得对其进行排他性的独占,也不得成为私人(包括国家在内的任何团体及个人)财产权的客体。尽管现代公物类型随着时代的发展而不断扩张,现代公物的内涵也从单纯注重使用价值和经济价值进阶为兼顾或者更加聚焦环境与生态价值,但是现代公物的公用目的及其背后体现的对公共利益的维护,本质上与古罗马法中共用物的公共价值与功能以及其背后承载的自然法蕴含的公平、正义、理性和秩序等价值一脉相承。此外,追根溯源,英美法系的公共信托理论和大陆法系的公物(公产)理论实际上同源于古罗马法的共用物理念。无论是英美法系的公共信托理论还是大陆法系的公物(公产)理论,都强调政府对公共信托财产或公物(公产)本来具有的公共用途和公用目的的管理和保护义务,因为保障这些财产的共享性、公共性和非排他性是保障社会公众基本人权、"保

---

[1] [古罗马]查士丁尼:《法学总论:法学阶梯》,张企泰译,商务印书馆2011年版,第5页。

障公民最低限度的自主和自由"[1]的应有之义。

总而言之,古罗马法中的共用物,即那种具有共享性、公共性、非排他性而供所有人均可平等、免费、自由、直接使用和分享的物,是现代公物的重要组成部分,也是现代公物的起源与语源。[2]古罗马法中共用物的思想和理念对现代公物制度的发展、对英美法系国家和地区的公共信托理论和以德国法为主的大陆法系国家和地区的公物(公产)理论均产生了深远的影响。

二、国内外公物概念综述

(一)大陆法系公物概念的梳理及反思

1. 法国公产理论对公产概念的界定

公产(domianepuiblc)一词最早出现于法国行政法。公产是非生产性的财产,受行政法的调整,接受行政法院的管辖,这区别于作为生产性财产的私产,私产受私法的调整、由普通法院管辖。换言之,法国对公产概念的界定是以将国家所有的财产因其生产性与否而区分为公产私产为前提的。[3]1833年,法国学者V.普鲁东指出,政治共

---

[1] [美]克里斯特曼:《财产的神话——走向平等主义的所有权理论》,张绍宗译,广西师范大学出版社2004年版,第302页。

[2] 参见蔡守秋、鲁冰清:《法国行政法中的公产与公众共用物》,载《宁夏社会科学》2015年第6期。

[3] 参见王名扬:《法国行政法》,北京大学出版社2016年版,第235页;潘小娟:《法国行政体制》,中国法制出版社1997年版,第134页。

同体的财产中有一部分属于具有公共功能的公共财产,即它们的作用在于供社会公众使用,公共功能是它们与私产的本质区别,也因此它们的私法特性受到公共功能的限制,在公用目的废止或改变前,它们不能转让,亦不可作为时效取得的标的。[1]此后法国法学家奥里乌从公产产业的角度界定了公产的概念,他认为,公产产业是这样一种行政产业,它不可转让、不得成为时效取得的标的,这源于它区别于私产的最本质的特征是公用目的,即社会公众对其免费、自由和非排他地使用。[2]狄骥则从公产外延、公产使用主体的角度对公产概念进行了界定,认为公产依据使用主体的不同而区分为社会公众使用受益的财产和供行政机关公务使用的财产,前者如公园、道路、公共资源类的旅游资源等,后者如办公楼、公务用车、办公设备等。经过学说和判例的发展,公产在内涵上区别于私产最主要的特征在于公共用途,公产最本质的特征在于公用目的的实现,而实现公用目的的有效途径主要有两种,一种是直接由社会公众使用,另一种是由行政机关进行公务活动使用。因此,公产在外延上主要包括公众直接使用的财产和发挥公务作用的财产,发挥公务作用的财产不仅包括自然状态的财产,也包括经人工活动加工后的财产,但必须是为了实施公务活动本身。[3]因此,按照法国的公私产的分类和公产的范围,公产是为政府所有且为社会公众使用受益的财产和供行政机关公务使用

---

[1] 参见王名扬:《法国行政法》,北京大学出版社2016年版,第238页。
[2] 参见[法]莫里斯·奥里乌:《行政法与公法精要》,龚觅等译,订海出版社、春风文艺出版社1999年版,第829页。
[3] 参见王名扬:《法国行政法》,北京大学出版社2016年版,第239页。

的财产,私人所有的财产和虽为政府所有但以财政收入目的使用的财产均不属于公产范畴。法国行政法对公产概念的界定主要采取的是类似于私法上物权划分的归纳方式,即并不存在概括性的公产概念,而主要从外延、所有权归属和公产私产受到的财产权上的限制等方面对公产与私产予以区分和界别,进而对公产概念进行归纳,这体现了法国行政法学界对传统罗马法财产权思想的继承与发扬。

2. 德国、日本公物理论对公物概念的界定

在德国行政法学中,存在ÖffentlicheSache这一概括性的公物概念,且德国行政法对公物概念的界定侧重以行政给付和生存照顾的理念为出发点,认为公物直接关乎社会福祉。[1]学者一般通过对公共机构、公法设施等不同公物形态的探讨最终汇集到对公物概念的界定上。德国学者奥托·迈耶界定了公营造物的概念,认为公营造物是一种人与物结合的公法组织体,它由行政主体提供而为社会公众使用。换言之,公营造物公共用途的实现不仅需要发挥其本身物质形态产生的使用价值,还需要人力的辅助和结合。平特纳则根据公共设施的组织类型将公共设施分为公共机构和公物,并认为公物是指供社会公众使用从而直接实现公用目的的财产,以及为行政主体使用从而实现确定目的的财产,前者如道路、公园,后者如办公楼、办公设备。[2]汉斯·J.沃尔夫、奥托·巴霍夫、罗尔夫·施托贝尔也将公物界定为供社会公众使用和行政主体使用的财产,这点与平特纳对

---

[1] 参见[日]盐野宏:《行政法》,杨建顺译,法律出版社1999年版,第751页。

[2] 参见[德]G.平特纳:《德国普通行政法》,朱林译,中国政法大学出版社1999年版,第164页。

公物概念的界定相类似。但是汉斯·J.沃尔夫等在《行政法》(第2卷)中将公法规则对公用目的的确认和目的性约束作为公物成立的重要条件,他们认为,除使用主体和公共功能的特征外,一项财产构成公物还需要在公法上被命名,尤其是受公法支配权的约束。[1]

德国对于公物概念有广义和狭义两种理解,其区别在于是否包含间接供行政目的所使用的财政财产,这里的财政财产主要指具有私法性质,并非直接服务于公用目的的财产(财政资金等)。因此,广义的公物指国家或公法团体直接或间接供行政目的使用的财产,不仅包括供社会公众使用受益的财产和供行政机关公务活动使用的财产,还包括财政财产;而狭义的公物概念则不包括财政财产。狭义的公物概念为德国学界的通说,即公物是指具有公共用途且事实上也处于被公用的状态、经由公法行为的确认和公权力主体支配的财产标的。[2]

日本行政法学继承和发扬了德国的公物理论。日本行政法在继受德国公物理论时将德语的"ÖffentlicheSache"一词译为"公物",一般认为,公物"指国家或者公共团体直接为了公共目的而提供使用的有体物"[3]。日本将国家或公法团体提供的以公用为目的的财产称作行政财产,[4]包括直接供社会公众使用受益的物(如道路、公园等公共用财产)、供行政机关公务活动使用的物(如办公大楼等公用财产)

---

[1] 参见[德]汉斯·J.沃尔夫、[德]奥托·巴霍夫、[德]罗尔夫·施托贝尔:《行政法》(第2卷),高家伟译,商务印书馆2014年版,第456页。
[2] 参见林锡尧:《行政法要义》,台北,元照出版有限公司2006年版,第552页。
[3] [日]盐野宏:《行政组织法》,杨建顺译,北京大学出版社2008年版,第237页。
[4] 参见[日]盐野宏:《行政法》,杨建顺译,法律出版社1999年版,第722页。

以及供皇室使用及企业用（如国家的企业或企业职员的宿舍）的财产；而行政财产以外的财产则称为财政财产，如国有或公有的现金、出租地、有价证券等。日本对于公物概念有最广义、广义和狭义三种理解。其中最广义的公物概念包括行政财产和财政财产；广义的公物概念仅指行政财产；狭义的公物概念是指直接供公众使用的公共用物。[1]

（二）英美法系的公共信托资源

在英美法系行政法中，因其对公法及私法没有明确的划分，所以并不存在概括性的公物概念，即便如此，英美等国家仍然存在公物。如广泛存在的河川、海岸、自然资源以及道路、高速公路、地铁、邮政设施、公园、广场、医院等公用基础设施，并且对这些物的管理是以公共信托理论为基础的。公共信托理论作为一项法律制度，其目的是保障作为公共信托财产的水域、土地、自然资源等财产为公共利益服务，政府不能擅自处分其所有权，以避免公共信托财产的公益性受到贬损。在美国，虽然各州在立法中都有不同的公共信托理论版本，但是公共信托财产"是为了全体人民的利益，以信托的形式由州拥有，而公众则有权为了广泛认可的多种公共用途而充分享有这些公共信托土地、水资源及野生动植物资源"[2]。在英国，虽然存在大量的财产由英国王室、公共机关和其他公法人组织享有，并且由于英国不

---

[1] 参见［日］盐野宏：《行政组织法》，杨建顺译，北京大学出版社2008年版，第246页。

[2] 肖泽晟：《公物法研究》，法律出版社2009年版，第77页。

明确划分公私法的普通法传统,英国公物的管理仍然受到财产法的调整,但是由于公共信托理论,这些财产的使用和管理受到很多不同于规范一般私产的特殊规则的限制。例如,为了建设铁路等特殊公用目的而取得的财产必须用于该公用目的而不能用于其他目的,政府建筑物进入市场受到严格的限制等。[1]因此,英美法系国家和地区虽然没有概括性的公物概念或理论,但是仍然存在许多公物,而在公共信托理论之下,它们的存在仍然围绕为公共利益服务或为社会公众使用这个核心。

两大法系行政法在界定公物概念上存在比较大的差异。大陆法系存在较为完整的公物理论用以界定公物的内涵和外延,而英美法系由于对公法与私法并无明确的界分而不存在概括公物的法律概念,但是对公物外延的把握、对公物的管理等受到公共信托理论的支持。在大陆法系行政法中,法国公产理论和德国以及继受德国理论的日本公物理论,在界定公物概念上存在差异,但是公物的公共利益性或公用目的性却是一致的。法国公产理论和德国公物理论在界定公物概念时主要体现了以下几点差异:第一,法国公产理论不仅关注公物作为"物"的客体,还关注其价值和权利,或者关注该物为谁所有的财产属性,而德国公物理论则更关注公物的客体地位,不强调该物为谁所有或者对其的排他性支配权;第二,德国公物理论的公物外延略大于法国公产,包括私人提供并经公法规则确定的公物,而法国由于直接将行政机关的财产分为公产与私产因而将私人提供公用的

---

[1] 参见余睿:《论行政公产的法律界定》,载《湖南社会科学》2009年第9期。

物排除于公物以外。总之,域外行政法对公物概念的界定虽有差异,但是在公物的公用目的性或公共利益性方面保持一致,这也是公物概念中最为核心的要素。

(三)我国公物概念的梳理及反思

1. 大陆学者对公物概念的界定

我国行政法学者对行政组织法、行政行为法等领域的关注,主要集中于行政权力作用于社会的"人"的因素和"权力"或"行为"的因素,对公物作为行政权力作用于社会的"物"的因素研究较少,对公物理论的重视程度较轻,研究较少。1991年张尚鷟先生的《走出低谷的中国行政法学——中国行政法学综述与评价》论及公物。[1]随后,朱维究、梁凤云、季卫东、张树义、肖泽晟、余睿等学者对公物理论进行了研究。虽然不同学者对公物概念的界定存在一定差异,但在公物公用目的性或公共利益性这个最核心的要素上是一致的,即都认为一项财产构成公物的核心要素在于其公共利用和公务利用,换言之,公物存在的核心就在于其公用目的性,[2]公物存在的价值就是为公共利益服务。对公物概念的界定产生的差异主要体现在概念

─────────

〔1〕 参见张尚鷟:《走出低谷的中国行政法学——中国行政法学综述与评价》,中国政法大学出版社1991年版,第711页。

〔2〕 公物的核心要素就是公用目的性,即为社会公众所使用和受益。大部分学者在界定公物概念时认为公物是为满足公共利益服务,只有武汉大学行政法博士张杰认为公共利益是一个难以界定的概念,并将作为公物目的的公共利益界定为公共福利,认为公共福利外延小于公共利益,较为清晰。他把公物概念界定为:公物是指为增进和保障公共福利而由行政主体提供或管理的、供公众使用的物。

界定时着重关注的其他要素略有不同。根据公物概念界定时关注的其他要素的程度的差异，我国当代学者对公物的概念大致有如下两种观点。

第一种观点主要从公物法律关系的主体角度对公物概念进行了界定。其中最具代表性的观点主要是朱维究、梁风云提出的"行政公产是指由行政主体为了提供公用而所有或管领的财产"[1]，该观点认为，公物具有以下四大法律特征：第一，公物须由行政主体所有或管领，根据《宪法》对我国社会主义公有制的规定，国有公物的原始所有主体应当是国家和集体，因此此处公物的所有者实际上是指国家，而公物的管理者则是国家通过宪法和组织法设立的行政组织或法律法规授权的组织；第二，公物须由行政主体提供，因此排除了私人提供公物的可能，即使该财产为社会公众所使用和受益；第三，公物具有公用目的性，这是公物最为本质和核心的因素；第四，公物须是独立的财产形态，即需要具有独立的物的形态，包括有体物和无体物，因此排除了人与物结合的公营造物成为公物的可能。[2]还有观点认为："公产是由国家、行政机关或其他被授权、受委托组织、个人直接为公共目的而使用的财产。"[3]上述观点非常全面地把握了公物的内涵和外延，关注到了公物的公用目的和公共利益功能、财产属性以及公物关系中的主体属性，在公物理论中构建了相对完整的公物概念。

---

[1] 朱维究：《中国行政法概要》，中国人民大学出版社2009年版，第187页。
[2] 参见朱维究、王成栋主编：《一般行政法原理》，高等教育出版社2005年版，第211~213页。
[3] 李砾、王丹：《行政公产理论问题研究》，载《广西政法管理干部学院学报》2002第4期。

但是强调公物的主体要素尤其是行政主体所有、管理及提供的特性仅关注到了一个财产成为公物所应具备条件的表象,其实一个财产成为公物所具备的主体条件的背后和本质是公法规则的确认。

第二种观点从构成公物的实体和程序要件的角度对公物概念进行了界定。其中最具代表性的是肖泽晟提出的"公物是指这样的物品,或者服务于行政活动或者是供公众无须许可或根据特定许可使用"[1],以及余睿提出的"行政公产为满足公用目的,依据公法规则确立的,供公众使用或受益的财产"[2]。上述两种观点具有较多的相似点,除认为公物具有公用目的性外,均把适用公法规则作为公物成立的重要条件。其中,肖泽晟认为一个财产成为公物应具备实体要件和程序要件,实体要件即公物的公用目的性或者说承载的公共利益功能,程序要件则是适用公法规则,[3]即行政主体需要作出该物供公用的意思表示并且该物实际上被投入使用。一个事实上供公用或者说已经满足公物实体要件的财产并不一定是公物,它可能因为缺乏一个公法上对其法律地位的解释或行政主体的意思表示而被排除在公物以外,如一个事实上被社会公众免费参观的私人博物馆,就因为缺乏形式要件而不是公物。余睿认为,公物除公用目的性外,必须适用公法规则,一个财产尽管为社会公众所使用和受益,但是它必须有公法上的权力依据才能构成公物。[4]换言之,成为公物的一个重要条

---

[1] 肖泽晟:《公物法研究》,法律出版社2009年版,第24页。
[2] 余睿:《论行政公产的法律界定》,载《湖南社会科学》2009年第9期。
[3] 肖泽晟:《公物法研究》,法律出版社2009年版,第24页。
[4] 参见余睿:《论行政公产的法律界定》,载《湖南社会科学》2009年第9期。

件是行政主体对该财产的支配权,这种支配权源于公法规则的赋予,是区别于民法上国家所有权的特殊权力。因此国有企业的国有资产并不是公物的理由之一就是,对这些财产的占有并非源于公法规则,对这些财产的支配也不是源于公法上的支配权,而是源于私法上的物权。

2. 我国台湾地区学者对公物概念的界定

我国台湾地区也使用"公物"概念,并将行政主体管理、经营或控制的财产分为三大类——财政财产、行政财产和公共用财产。[1]与日本类似,我国台湾地区的公物概念分为广义、狭义和最狭义三种理解。广义的公物概念包括财政财产、行政财产和公共用财产,即直接或间接为大众福祉和行政目的服务的财产都囊括其中,间接服务大众福祉和行政目的的财产主要指财政财产;狭义的公物概念仅指行政财产和公共用财产,不包括财政财产,即只包括直接为大众福祉和行政目的服务的财产,在外延上指供社会公众使用的公共公物和供行政主体公务活动使用的行政财产;最狭义的公物概念仅指供公众使用的物,即公共用财产。尽管在公物概念的界定上,我国台湾地区学界对公共功能的直接性或间接性存在争议,但是较为一致的地方是认为公物的形成除需具备公共功能外,还需行政法的特别规制及公权力的支配,[2]这与德国行政法对公物需要公法规则确认的构成要件相一致。

---

[1] 参见李震山:《行政法导论》(第 4 版),台北,三民书局 2001 年版,第 132 页。
[2] 参见陈敏:《行政法总论》,台北,新学林出版有限公司 2016 年版,第 901 页。

我国行政法对公物概念的界定是在借鉴域外公物理论的基础之上提出的，无论采用"公物"、"公产"还是"行政公产"等概念用语，我国的公物概念都大致概括了公物的法律特征，强调了公物的公共利用和公务利用的公用目的性以及满足公共利益的核心要素。在公物概念的界定中，无论提出行政主体所有、管领和提供，还是提出公法规则的适用或公法权力的支配，都强调了公物的形式要件或形式要素，都表明公物理论是属于公法而非私法研究的重要课题。只是在借鉴域外公物理论之时，对法国公产理论以及德国公物理论的继受程度上存在的差异导致了我国行政法学界对公物概念界定的差异。

三、我国公物概念的设定

（一）公物的概念

本书认为，在充分借鉴域外经验尤其是德国公物理论的基础之上，结合已有的我国学者对公物概念的界定，公物是指承载公共利益功能、为公共利用和公务利用的经公法规则确定的财产，包括行政公物、公共公物，其中公用目的是通过对公物的利用实现的。在公物利用中，公物利用最主要的方式是公共利用，即社会公众对公共公物的自由利用、普通许可利用和特别许可利用，社会公众通过直接地享受公共公物的使用价值而实现公物的公用目的；公物利用的另一个重要方式是公务利用，即行政事业单位（行政主体）为了完成公务活动而对行政公物的利用,行政事业单位通过积极完成其行政任务(行政执法、行政给付、行政救济等)而确保行政公物的使用价值间接惠及社会公众从而实现公物的公用目的。公物的另一个特征是公法规则的确认,这是一个财产构成公物的程序要件或法律要素,将公物纳入公法规则的调整范围内和公权力对其的支配是保障公物公共功能持续、稳定发挥的前提。

(二)选用"公物"一词的说明

在公物与公产概念用语的选择上,国内学者的观点并不一致。梁凤云[1]、朱维究[2]、张树义[3]、高家伟[4]、余睿[5]、张建文[6]等学者选用"公产"或"行政公产"一词,肖泽晟[7]、赖超超[8]、周刚志[9]等学者选用"公物"一词。此外,我国关于公物理论研究的博士学位

---

[1] 参见梁凤云:《行政公产研究》,中国政法大学 2001 年硕士学位论文。
[2] 参见朱维究:《中国行政法概要》,中国人民大学出版社 2009 年版;朱维究、王成栋主编:《一般行政法原理》,高等教育出版社 2005 年版。
[3] 参见张树义、张力:《行政法与行政诉讼法》,高等教育出版社 2015 年版。
[4] 参见高家伟相关译著。如[德]汉斯·J. 沃尔夫、[德]奥托·巴霍夫、[德]罗尔夫·施托贝尔:《行政法》(第 2 卷),高家伟译,商务印书馆 2014 年版。
[5] 参见余睿:《论行政公产的法律界定》,载《湖北社会科学》2009 年第 9 期。
[6] 参见张建文:《转型时期的国家所有权问题研究:面向公共所有权的思考》,法律出版社 2008 年版。
[7] 参见肖泽晟:《公物法研究》,法律出版社 2009 年版。
[8] 参见杨解君、赖超超:《公物上的权利(力)构成——公法与私法的双重视点》,载《法律科学(西北政法学院学报)》2007 年第 4 期。
[9] 参见周刚志:《公物概念及其我国的适用——兼析〈物权法草案(征求意见稿)〉相关条款》,载《现代法学》2006 年第 4 期;周刚志、罗娇:《行政公物与我国行政公物制度构建》,载《岭南学刊》2007 年第 6 期。

论文[1]和硕士学位论文中，对公物或公产概念的使用也不统一。在关于公产与公物的语义区别和概念选用上，国内学者也存在不同观点。有观点认为应当选择公产概念，[2]另有观点认为应当选择公物概念，[3]还有观点认为公物与公产概念并无区别，[4]亦有观点认为公物与公产概念既有区别又有联系、应当并存。[5]本书认为，公物和公产概念存在一定差异，"公物"一词较为合适，并依据应松年教授主编的《当代中国行政法》中关于公物概念的选择，最终选用"公物"一词。

笔者认为，使用"公物"概念更符合我国的实践，理由如下。

第一，"物"更符合我国的立法现状。《宪法》第 12 条规定："社会主义的公共财产神圣不可侵犯。国家保护社会主义的公共财产。禁止任何组织或者个人用任何手段侵占或者破坏国家的和集体的财产。"第 13 条第 1 款规定："公民的合法的私有财产不受侵犯。"《民法典》第 2 条规定："民法调整平等主体的自然人、法人和非法人组织之间的人身关系和财产关系。"《宪法》关于社会主义公共财产和

---

[1] 仅以系统研究公物理论的博士学位论文为例，笔者检索到关于公物理论研究的博士学位论文共有 6 篇，其中肖泽晟、张杰、侯宇、姜广俊、汪秋慧使用"公物"一词，余睿使用"公产"一词。上述涉及的博士学位论文见肖泽晟的《中国公物多元用途冲突论衡》、张杰的《公共用公物权研究》、侯宇的《行政法视野里的公物利用研究》、姜广俊的《公物法制研究》、汪秋慧的《公共公物使用研究》、余睿的《行政法中的公物权制度研究》。

[2] 参见梁凤云：《行政公产研究》，中国政法大学 2001 年硕士学位论文，第 14 页。

[3] 参见肖泽晟：《公物法研究》，法律出版社 2009 年版，第 16 页。

[4] 参见刘志强：《公物及其法律关系基础性探究》，西南政法大学 2006 年硕士学位论文，第 48 页。

[5] 参见余睿：《行政法中的公物权制度研究》，武汉大学 2008 年博士学位论文，第 148～149 页。

私有财产不得侵犯的规定在表达对两类财产进行保护时,实际就是从所有权公有及私有的角度出发的,而《民法典》的"财产关系"概念也指向权利客体及排他支配权等财产属性的结合。

可见,在现行立法上,"财产"概念与"物"概念并不相同,适用"公物"概念更符合公物关注公共用途的公法价值而不过多强调所有权来源及归属的特性,可以和我国立法状况保持一致。用"公物"的概念应当足以涵盖现存的公物,并适应未来公物范围的进一步扩大,如全民所有的知识产权、公共职位、国家科研项目等具有财产属性的公权利。同时,财产不仅包括物,还包括债,而债很难被行政机关用于公务活动,也很难用于公共用途而为公众使用或收益,因此,使用"公物"的概念比"公产"的概念更为严谨。

第二,符合公物提供方式多元化的趋势。随着政府职能的转变,政府、市场、社会三者关系的优化,公物的提供或设置主体不仅限于政府,公物的管理者、提供者可以多元化,也正在逐渐多元化。很多时候公共行政的主体因为资金、技术等无法完成与经济行政有关的任务时,完全可以充分发挥私法主体的作用。[1]常见的公私合作提供公物最典型的方式就是建设—经营—转让(build—operate—transfer,BOT)方式,即对于一些基础设施建设项目,政府以授予企业一定期限特许经营权为交换条件,实现由私营企业投资建设从而节约财政资金的目的,待特许经营期限届满,企业再将基础设施移交政府。此

---

[1] 参见[德]罗尔夫·斯特博:《德国经济行政法》,苏颖霞、陈少康译,中国政法大学出版社1999年版,第283页。

外,以提供学前教育为例,现在政府不仅自己提供各类公办学前教育机构(公办幼儿园、托儿所等),还采用政府购买服务的方式由具有相关资质的社会组织及个人提供普惠性学前教育服务。

第三,使用"公物"概念易于与"公有财产"等概念相区分。"公产"一词在语义和习惯表达上更接近与私有财产相对的"公有财产"或"国有财产"概念。公有财产或国有财产关注的焦点是所有权,而公物则较多关注公用性,无论其所有权属于国家还是私人。我国的公有财产分为全民所有财产(国有财产)和集体所有财产,但是公有财产不全是公物,即国有财产和集体所有财产中均有一部分不属于公物,例如,国有财产中无法持续供公众使用、一经利用就消耗的如石油、天然气等自然资源,集体所有的山林等很难事实上被社会公众使用受益的财产等。同时,公物也不全是公有财产,公物可以是私人所有的财产,例如,政府从私人手里承租的办公大楼。此外,使用"公产"概念至少在字面上容易与《宪法》第12条"社会主义的公共财产神圣不可侵犯"及第53条"爱护公共财产"中的"公共财产"相混淆。"公产"概念容易让人误以为是公共财产的简称,而公产和公共财产在内涵和外延上均有区别,因此适用"公物"概念更为合适。公共财产与公物的范围是有区别的,公共财产大体相当于公共公物,即每一个公民平等、免费、自由和非排他使用的财产,根据人的一般性常识和权利义务对等的法理,《宪法》第53条主要约束社会公众对公共公物的使用,社会公众因无偿获得了公共公物的使用价值而负有爱护公共公物的义务。但《宪法》第53条中的"公共财产"只是公物的一部分,对于大量存在的由行政事业单位占有、使用的行政公物,社会公众并没有爱护的义务。

四、公物的分类

(一)基本分类:行政公物、公共公物

根据不同的分类标准,公物可以分为不同的种类。但是最基本和对本书研究最有意义的分类是按照公用目的和其实现方式的差别将公物分为行政公物和公共公物,其中公共公物包括公众用公物和公营造物。将公物分为行政公物和公共公物在学界并无争议,存在争议的是公营造物的归类,本书将公营造物视为特殊的公共公物,后文将详细说明理由和如此归类的意义。

1. 行政公物

行政公物一般指行政主体占有、使用并用于完成公务活动的财产,行政公物是辅助行政事业单位完成公务活动、实现行政管理及服务的物质基础。行政事业单位通过使用、占有办公场所、办公设备、执法工具、公务用车等完成行政执法、行政救济、行政给付等活动,从而实现公物的公益性。行政公物是行政主体完成公共行政服务的物质保障或物质前提,大致分为职务用品、办公处所和特定的公共设施。[1]职务用品如办公电脑、器械等,办公场所如办公楼,特定的公共设施如存放扣押车辆的停车场等。

---

[1] 参见张树义:《变革与重构——改革背景下的中国行政法理念》,中国政法大学出版社2002年版,第147页。

对于为国防、军事利益服务的公共设施是否属于公物存在争议。余睿教授认为,该类设施因属于服务国家或军事利益而超脱了传统公法理论中的公共利益,因其未具备满足公共利益的"目的要素"而不属于公物;[1]而肖泽晟教授则认为,"行政用公物主要由公权力主体自己使用,以服务于公共目的,完成公共任务"[2],并认为军队的装备属于典型的行政用公物,依照此观点,军事设施等特定公共设施属于行政公物。本书赞同肖泽晟教授的观点,原因在于这类服务于国防、军事利益的公共设施,其维护的利益的本质仍然是公共利益,或者说是对公共利益普惠性增加的一种必要保障,因此属于本书所称的行政公物。

此外,虽然行政公物主要由物质性的财产构成,即一般是有体物,但是不具有物质实体的部分财产也应当纳入行政公物的范围,如德国学者普遍将领空、开放型海岸以及电流列入公物的范围,但一般认为其属于公共公物。对于不属于有体物的行政公物而言,最典型的是政府信息(行政信息),政府信息根据其作用和公开程度,一般分为社会公开类、部门共享类和依法专用类,其公开程度依次递减。社会公开类一般直接向社会公众公开查阅,如法律法规、政府履职情况、部门职责分工、可申请公开的档案文书等;部门共享类政府信息一般由于职责分工等只在特定的部门间进行公开和共享,最典型的如上下级部门之间的业务指导;依法专用类信息则一般指根据相关

---

[1] 参见余睿:《行政公产的法律界定》,载《湖北社会科学》2009年第9期。
[2] 肖泽晟:《公物法研究》,法律出版社2009年版,第26页。

法律文件规定只能由某部门专用而一般情况下不得公开的信息。这三类政府信息中,部门共享类和依法专用类政府信息一般属于辅助行政事业单位完成公共行政服务的内部信息,属于行政公物。而社会公开类政府信息因其直接对社会公众公开而具备公共公物的特点,[1]但是该类信息从产生过程、产生目的看,一般主要是为了公共行政服务的完成,因此其主要是对行政事业单位的履职进行指导和规范,属于行政公物。

2. 公共公物

公共公物是指直接提供给公众进行公共利用之物,如江河湖海、土地、城市道路、照明设施、公园、广场、自然人文风景区等。公共公物的公用目的是通过社会公众的公共利用而实现的,社会公众对公共公物的使用体现了公物公共利益功能的直接性。本书将公共公物分为两类,一类是公众用公物,另一类是公营造物。

(1)公众用公物

所谓公众用公物,是指普通的公共公物,即主要以有体物的形态存在、利用人仅依物的因素即可完成利用的公共公物。如城市道路作为公众用公物,利用人依道路的物理性质即可完成利用。

(2)公营造物

公营造物的概念由奥托·迈耶创设,学界目前存在广义说和狭义说。广义说认为"营造物是指行政主体为达一定之行政目的,所设置

---

[1] 参见[日]盐野宏:《行政法》,杨建顺译,法律出版社1999年版,第752页。

之继续供利用之人与物的结合体"[1];狭义说认为"营造物仅指行政主体为达一定之行政目的,所设置之专供公众使用之人与物的结合体"[2]。广义说与狭义说的主要区别在于利用人的范围,依据广义说,公营造物既包括供公众利用的公营造物(公共用营造物),也包括供行政主体利用的公营造物(行政用营造物),而狭义说专指公共用营造物。本书支持狭义说,认为公营造物是行政主体为达到特定的公共行政服务的目的,专门设置的供社会公众利用的人与物相结合的组织体。将行政用营造物排除在公营造物以外是因为公共用营造物的利用关系更为特殊,且最直接地体现了公物的公共利益功能,而且公营造物的概念之外延过大会影响其作为法概念的精准性。因此依据本书对公营造物的界定,公立学校、公立医院、幼儿园、博物馆、戒毒所、港口、机场、地铁等均为公营造物。

所谓公营造物,指的是特殊的公共公物,即为特定公共目的服务、以组织的形态存在、需人与物相结合才能持续实现公益性的存在体,[3]如对公立高校这类公营造物的利用不仅需要借助教材、校舍等物的因素,还需辅之以教师、后勤人员等人的因素。

关于公营造物、公物、公共公物、行政公物的关系(公营造物的归类),学界争议较大。有的学者将公营造物纳入公物的范畴,认为

---

[1] 林素凤:《论行政法上之公物制度》,中兴大学法律学研究所1987年硕士学位论文,第32页。转引自翁岳生主编:《行政法》,中国法制出版社2002年版,第495页。

[2] 翁岳生主编:《行政法》,中国法制出版社2002年版,第497页。

[3] 参见[德]汉斯·J.沃尔夫、[德]奥托·巴霍夫、[德]罗尔夫·施托贝尔:《行政法》(第2卷),高家伟译,商务印书馆2014年版,第456页。

第一章 公物概述

公营造物是一种特殊的公物;[1]有的学者将公营造物纳入行政公物（公务用公物）的范畴,认为公营造物是行政公物的一种;[2]有的学者将公营造物纳入公共公物的范畴,认为公营造物是一种特殊的公共公物;[3]还有学者将公营造物在概念上等同于公用事业,认为公用事业是公物利用的特殊形态。[4]关于"公营造物"一词的理解和选用,学界也存在争议,主要有公共机构使用之公物[5]、公用事业[6]、公共设施公产[7]等。

本书将公营造物作为一种特殊类型的公共公物看待。虽然公营造物与普通公共公物在利用方式、利用人权利等方面存在差异,如义务教育属于公营造物的一种特有利用方式,即强制利用,但是公营造物承载的公共利益功能与普通公物无异,且其利用方式、公益实现方式等诸多方面与普通公共公物一致。第一,就利用主体而言,公营造物和普通公共公物的利用主体都是社会公众;第二,就公用目的而言,二者都直接承担行政给付和生存照顾的任务,区别于行政公物供公务利用的设置目的;第三,就公用目的实现的方式而言,二者都是

---

[1] 参见吴庚:《行政法之理论与实务》,台北,三民书局1999年版,第193页。
[2] 参见王名扬:《法国行政法》,北京大学出版社2016年版,第240页。
[3] 参见陈新民:《行政法学总论》,台北,三民书局2015年版,第180～182页。
[4] 参见侯宇:《行政法视野里的公物利用研究》,清华大学出版社2012年版,第62～63页。
[5] 参见陈新民:《行政法学总论》,台北,三民书局2015年版,第182～183页。
[6] 参见侯宇:《行政法视野里的公物利用研究》,清华大学出版社2012年版,第62～63页。
[7] 参见朱维究、王成栋主编:《一般行政法原理》,高等教育出版社2005年版,第225页。

通过社会公众的直接利用而实现公用目的，公益实现具有直接性，区别于行政公物公益实现的间接性；第四，就公物利用制度而言，公营造物利用和普通公共公物利用的重点都在于保障公物利用权，区别于行政公物利用的重点，行政公物利用制度的重点是完善管理、规范利用、监督利用。

公营造物的特征主要表现在表现形式、设置目的、设置主体三个方面，具体说明如下。

第一，公营造物的表现形式是人与物的结合体。公营造物最突出的特征就在于它是人与物共同构成的结合体，且其公共利益功能的发挥必须依赖物的要素和人的要素的结合。以公立初中为例，公立初中为承担其义务教育的责任和实现教育塑造初中生的目的，不仅需要校舍、教材等物的要素，还需要教师、管理人员、后勤人员等人的要素，离开任何一个要素，其目的都无法实现；再以地铁为例，其公共交通、城市通勤目的的实现不仅需要地铁车辆、地铁站、轨道等物的要素，还需要地铁司机、运营人员、维修工人等人的要素。这也是公营造物区别于公众用公物和行政公物的最大特点。社会公众对城市道路、照明设施、广场等公众用公物的利用一般仅需依赖该公物的物的要素即可，无须借助公物管理机关或其他人的服务，行政主体对公务用车、执法工具、办公用品的利用也是如此。

第二，公营造物的设置目的是特定的公共行政目的。公营造物是国家间接行政的重要组织形式，属于给付行政的范畴，其存在的目的就是服务公共利益，承担国家对公民生存照顾的任务，兑现尊重和保障人权的宪法承诺。如公立医院的设置是为一定区域内的公民提供医疗救治服务,是对公民生存权、生命健康权的保障;公立学校的设置是为一定区域内的公民提供基础教育或高等教育,提高公民的文化程度。

第三,公营造物的设置主体是行政主体。设置公营造物是行政主体为实现特定公共行政目的所采取的手段之一。公营造物的设置主体须是行政主体,因此行政主体委托私人执行业务时,私人并非公营造物,原因在于委托私人情形下该组织体并非由行政机关所设置。[1]需要注意的是,委托私人执行业务与基础设施和公共服务领域民营化下形成的组织体之间有区别,虽然在基础设施和公共服务民营化下形成的组织体中,如公私合作完成的轨道交通等项目,人的要素是私人,物的要素为行政主体所设置,但是此时公私合作只是完成行政主体公共行政目的的手段,而非目的,国家提供公共服务的职责没有因此转移到私人手中。是故,为了防止行政主体的行政"遁入私法",应当将其解释为公营造物。此外,行政机关虽然也表现为人与物的结合,但是由于其物的因素并非源于行政机关的设置而是直接或间接来自财政,且其人的因素也并非源于行政主体而是宪法和组织法,因此行政机关显然不是公营造物。[2]

根据不同的标准,公营造物可以分为不同的类型。较为重要的是依目的所做的分类和依性质所做的分类。对于前者而言,公营造物包括增进公民精神利益的公营造物(如公立学校、电视台、博物馆、

---

[1] 参见翁岳生主编:《行政法》,中国法制出版社2002年版,第496页。
[2] 参见应松年主编:《当代中国行政法》,人民出版社2018年版,第722页。

图书馆)、增进公民身体利益的公营造物(如公立医院、养老院)、提供便捷服务的公营造物(如地铁站、机场、客运站)。对于后者而言,公营造物包括服务性公营造物(如客运站)、文教性公营造物(如公立学校)、保育性公营造物(如幼儿园、公立医院、福利院)、民俗性公营造物(如庙宇、道馆)。[1]

3. 行政公物与公共公物的辨析

行政公物和公共公物的共同之处在于其公益性,但在公益性实现的途径上又有所不同。行政公物的主要或直接目的是满足公共行政服务,它是通过行政事业单位完成公共行政服务而间接实现公物的公益性的;而公共公物的主要目的是供社会公众使用,它是通过社会公众直接享受公共公物的使用价值而实现公物的公益性的。因此,行政公物和公共公物的使用规则、管理内容等具有较大差异。[2]如就管理内容而言,虽然对行政公物和公共公物的管理都包含公物管理规则的制定、保持或增进公物使用价值(日常维护)等,但是由于公物利用主体、利用目的的差异,公共公物的管理主要包括:公共公物的公用负担,即行政机关为了完成公用的任务而对私人财产科以一种负担,如发生紧急灾害时行政机关临时使用他人的土地、房屋等;对公共公物利用的限制,即由于资源稀缺性等对公共公物的利用进行一般许可或特别许可,如道路占用许可、矿物开采许可、河道取

---

[1] 参见翁岳生主编:《行政法》,中国法制出版社2002年版,第501页。
[2] 参见林素凤:《论行政法学上之公物制度》,中兴大学法律学研究所1987年硕士学位论文,第15~16页。

水许可等。[1]而行政公物的管理则主要包括:调拨与调剂,如各地纳入公物仓管理的资产在部门间进行调余补缺;产籍登记、资产评估与清查;政府向人大报告国有资产使用情况等。

(二)其他分类

根据公用目的的差异,可将公物分为行政公物、公共公物、公营造物,二者之间基本不存在外延上的交叉,除适用公物的一般规则外,对三者的利用和管理规则皆有所不同,可以说这种分类是公物分类中最为基本且最重要的。当然,根据不同的标准,公物还可以分为诸多不同的类型,如根据所有权的归属分为国有公物、集体公物和私有公物。

此外,还有其他分类。根据公物使用的范围可将公物分为绝对公物和相对公物,区别主要在于使用主体是不特定的多数人还是特定的多数人,前者为绝对公物,如公园、道路等;后者为相对公物,如高校图书馆。根据管理职能与所有权归属是否一致可将公物分为自有公物和他有公物,区别在于所有权主体与管理权主体是否一致,若一致则为自有公物,如政府自建的办公楼;不一致则为他有公物,如民俗文化旅游资源中的古建筑,所有权属于原住民,管理权属于国家。根据公物公用目的关涉的社会福祉的类型可将公物分为政治国防性公物、文教服务性公物、基础保障性公物。

---

[1] 参见梁凤云:《行政公产研究》,中国政法大学 2001 年硕士学位论文,第 51 页。

五、公物的构成要件

公物的构成要件是一项财产成为公物所必须具备的条件。虽然国内学者在公物界定和构成方面的表述或观点有所差异,但大体上公物主要有四个构成要件:(1)主体要件,公物的所有权主体可以是行政主体或者私人,但是公物的支配权主体一般只能是行政主体;(2)目的要件,公物是以其公益性和公用性为存续目标的,增加公共福利是公物最核心和本质的特征;(3)物质要件,公物的表现形式多样,并且随着时代的发展,公物的表现形式将更加丰富,可以是有体物也可以是无体物,甚至是权利(新型公物[1]);(4)程序要件,公物除应具备公共利益功能以外,还需要公法规则的确认,只有如此才能成为公法上的公物,否则只能是事实上的公物。

(一)公物的主体要件

公物除少数情况是由私人提供外,大部分均由行政主体提供,但是无论私人提供还是行政主体提供,行政主体都对公物具有公法上的支配权。换言之,提供公物的主体不限于行政主体,但是公物支配权的主体一般是行政主体。

1. 行政主体

行政主体一般指享有行政职权、可以以自己的名义独立行使行

---

[1] 参见肖泽晟:《公物法研究》,法律出版社2009年版,第28页。

政职权并承担法律后果的组织,[1]行政主体的功能主要在于确保这些组织或个人行使职权、承担法律后果。行政法上的公物作为一项重要制度,其设置、管理、救济、处置等行为也多由行政主体完成。

在民营化浪潮之下,为了适应高权行政、管制行政向平权行政、服务行政的转变,行政主体的形态更加丰富,行政主体的范围已经不局限于传统的行政机关,还包括受其委托并承担公共行政服务的私主体,但是私法组织形式的行政主体需要具备严格的条件,如授权或其他委托方式的职权来源、公共利益活动的内容限定、"形式私有化"与"实质私有化"[2]的区分等。行政主体的行政任务由以秩序行政为主转变为以其为辅而以授益行政、服务行政为主,公共行政较多地关注民生、关注公共利益的实现。虽然行政主体理论历来受到学界的诟病,行政主体理论重构的声音也不绝于耳,但无论行政主体在概念等方面存在多大争议、行政主体理论存在多大的缺陷,有一点是几乎没有争议的,即实践中公共行政的主体日益丰富。行政主体的范围不仅限于拥有行政管理权的行政机关和法律、法规、行政机关授权的组织,还包括大量承担公共行政服务的公共社团和企事业单位,前者如律师协会,后者如高等学校、国有企业等。

2. 公物的主体

所谓公物的主体,即可以依据自身意志对某项财产做出公用、维持公用并管领处置的行政主体,行政主体提供某项财产并维持公用

---

[1] 参见应松年主编:《行政法学新论》,中国方正出版社1998年版,第90页。
[2] [德]哈特穆特·毛雷尔:《德国行政法学总论》,高家伟译,法律出版社2000年版,第503~504页。

的权利源于行政主体对公物的所有权（公法上的所有权）和支配权（公共支配权）。在公物所有权主体与公物主体相一致的情况下，公物的主体提供某项财产并维持公用一般源于公物的公所有权，这是最为常见的情况，因为一般情况下国有公物是公物的主要组成部分。但是提供和维持公用的权利并非一定源于所有权，[1]在公物所有权主体与公物主体不一致的情况（德国、日本、我国承认私有公物的情形）下，提供并维持公用的权利则源于公物的支配权。

按照我国行政主体概念的通说，我国的行政主体应当大体包括行政机关和法律法规授权的组织，行政机关一般指各级政府及所属部门（乡镇政府所属机构除外）以及一些派出机构，法律法规授权的组织则主要包括经授权的社会团体、事业单位、企业单位和基层自治组织。[2]但是根据《宪法》第12条第2款和第13条的规定，在我国只有国家、集体和个人能够成为财产所有权的主体，我国的行政主体并不具有独立的财产，但是在实践中承担提供和维持公物公用的职权，因此这种提供和维持公用的权利依据不可能源于所有权，只能源于支配权。而在坚持社会主义公有制的我国，公物几乎全部表现为国家所有，行政主体的这种支配权又与作为财产所有权主体的国家息息相关，可以说行政主体对公物支配权的行使是国家所有权行使的具体体现，是追求社会福祉、公共利益的具体实现方式。因此，在我国提供、维持公用的权利依据也仍然是所有权和支配权。公物主

---

[1] 参见[日]盐野宏：《行政组织法》，杨建顺译，法律出版社2008年版，第244页。
[2] 参见曾祥华：《中国行政主体理论再评析》，载《甘肃政法学院学报》2019年第1期。

体一般包括国家、行政机关和事业单位,但是公物的所有权主体与公物主体一般并不一致,公物的所有权主体是国家、集体和个人,一般是国家,而公物主体则是具体行使管理权的行政机关、事业单位等。此外,对于作为公共行政服务物质手段和基础的行政公物而言,由于其是通过公共行政主体的占有和使用来实现其公共利益功能的,因此行政公物的主体应不仅限于行政机关和事业单位,还应包含各级党的机关、军队机关、社会团体、非政府组织(全国妇女联合会等社会团体、红十字会等)。最后,我国也存在私有公物,最常见是在以民俗文化资源为依托的旅游景区中,属于原住民所有和居住的传统建筑实际上属于私有公物,其所有权属于原住民,但是经过公法规则的确认,这类建筑还作为公共资源类旅游资源而存在,是典型的公共公物,在这种情况下公物的主体仍然是行政机关,主要是承担管理职责的规划部门、资源管理部门、景区管理部门等。

(二)公物的目的要素

所谓公物的目的要素,即公物所具备的目的或功能方面的特征及一项财产成为公物需具备的目的要件。一项财产要成为公物最重要的标志就是它的公共用途,[1]提供和维持公用的权利依据无论是源于公物所有权还是支配权,公物的产权无论是属于国家还是私人,公物的本质特征是一样的,即它的公共用途。公共用途(公用目的)

---

[1] 参见林素凤:《论行政法学上之公物制度》,中兴大学法律学研究所1987年硕士学位论文,第14页。

是公物的确定性标志,公共用途具体表现为社会公众对其的公共利用和行政事业单位对其的公务利用,公共用途属于公共利益的范畴。此外,公物的公共用途也是判断公物与私物的重要标准,一项私人所有的财产如果被社会公众所使用且经公法规则确认,则它就是公物,如作为公共旅游资源的私人所有的民俗建筑;另一项国家所有的财产如果并不是直接提供公用,它就不是公物而是私物,如政府的财政资金,财政资金是通过扩大财产和公共预算获得的收益来服务公共利益而并不是直接提供公用。

1. 公共利益与公共用途(公用目的)

公共利益由于其巨大的不确定性和流动性使对其的定义变得极其困难,即只能被描述而不能被定义。公共利益的不确定性主要体现在受益主体的不确定性和公共利益内容的不确定性,公共利益的流动性则体现出公共利益内容具有随着时代变迁而变化的特点。根据纽曼的观点,公共利益分为"主观的公益"和"客观的公益","主观的公益"将关注的焦点放在受益者的数量,即公共利益须是基于文化关系下不确定多数主体所涉及的利益,但是"主观的公益"仍然较难界定公共利益;"客观的公益"则将关注的焦点放在国家目的(任务)这个客观存在,即公共利益是基于国家目的(任务)、社会目标所涉及的利益。[1]而公物无论是供社会公众公共利用,还是供行政事业单位利用进而更好地完成公共行政服务,它在本质上都是通过公共用途实现"国家尊重和保障人权"的宪法承诺,实现公物使用价值和

---

[1] 参见陈新民:《德国公法学基础理论》,山东人民出版社2001年版,第185页。

社会福祉的共享,公共用途是公物制度存在的基础和本质,它当然属于公共利益的范畴。

当然,公物的公共用途(公用目的)虽然属于公共利益的范畴,但是二者还是有差异的,公共用途和公共利益相互联系同时又有区别。第一,公物的公共用途是为了实现公共利益。公物从设置、提供、支配、利用、管理到变更公共用途及处置,其全过程都是为了实现公共利益,公共利益是公物制度存在的基础和基本价值追求。对于公物的公共利用和公务利用,无论公物由谁具体占有或利用,公物使用价值的实现最终都会汇集到公共利益,公共利益是本质,公共用途是现象,通过公共用途实现公共利益,公共用途是抽象的公共利益实现的具体化。第二,公物的公共用途与公共利益略有不同。公共利益实现的途径具有多样性,如法律文件的制定、颁布和修改,对违法者进行行政处罚,以及通过行政诉讼、复议等手段对行政相对人进行救济,这些行为均是公共利益实现的途径;而社会公众通过公共利用及行政事业单位通过公务利用实现公物的公共功能仅是公共利益实现的具体途径之一。换言之,公共用途是公共利益实现较为直接、广泛和具体的方式之一。

2. 公用目的实现的途径

公物公共用途的"公共"二字是公用目的实现的关键,所谓"公共"实际上指的是公物使用价值和利益的共享,这种利益共享主要是通过公物的利用完成的,公物公用目的的实现根据不同公物而有所不同。首先,从利用主体和实现方式上看,社会公众通过自由利用、普通许可利用、特别许可利用公共公物和公营造物而实现公物的公用目的,这种利用具有直接性(尤其是自由利用),即公物使用价值的直接共享;而公共行政主体则通过占有、使用行政公物而实现公物的公用目的,这种利用具有间接性,即行政机关单纯占有、使用行政公物的行为并不会直接使行政公物的使用价值惠及社会公众,但是其效果仍然是公物公共利益功能的发挥。因为行政公物作为一种必需的物质手段,可以辅助公共行政主体完成行政任务、提供公共行政服务,进而实现行政公物的公益性。其次,从发挥公共功能的财产形态上看,公共公物和行政公物公用目的的实现主要依赖物的自然物理属性,即主要是物的手段、物的形态,如社会公众直接享受公园、道路、通信设施、公共旅游资源等公共公物的使用价值,而行政事业单位则通过占有、使用办公场所、办公设备、执法工具等实现行政公物的使用价值,这种实现主要依赖于公物的物的形态;而公营造物公用目的的实现则主要依赖物与人的结合,即物的形态和人的管理及服务的结合,如公立医院、大学、博物馆公用目的的实现除需要一定的财产(医疗设备)和其本身的自然物理功能(治疗、检查功能)作为支撑外,还需要专业人员、管理人员、后勤保障人员等人力因素作为保障。

3. 公物公用的特点

第一,公用的非排他性与同时性。即对于大部分公物而言,使用人平等地使用公物,且不特定多数人可以同时对其使用,这在公共公物和公营造物上有最直接的体现,如对公园、地铁、街道、图书馆、大学、医院等的使用不能因为人的经济情况而有所区分,流浪汉也有权利使用公物。

第二,公用的直接性。公用的直接性即公物使用人使用的是公物本身,获取的利益直接源于公物而不是公物的收益,既包括社会公众直接使用公共公物、公营造物而获益,也包括行政机关占有、使用行政公物而实现公物的公共功能。从中可以看出公物公共功能的实现依赖的是公物本身,这也是财政财产不是公物的主要原因,即财政财产虽然也具有公共利益功能,但是该公用功能的实现并不是直接基于财政财产本身,而是依靠扩大财产和公共预算获得的收益完成的,不具有公用的直接性。

第三,公用的持续性。公用的持续性即公用应当是持久的,在公共用途变更前应当持续地进行公用且公共用途的变更并不是随意的。如同样作为自然资源,石油、天然气一经使用就消耗完毕(对于单个使用者而言),因其用途不具有持续性而不是公物,而自然风光等公共旅游资源则因具有公用的持续性而属于公物。

第四,公用的价值性。公用的价值性即公物之公用应当是有价值的,对其价值的衡量应当以供给机关的公用承诺或法律规定为标准,[1]公用必须符合公物供给时所承诺或规定的使用价值、公用实现方式等要求。如果公物的实际使用价值比承诺或规定的价值低,或者公用实现方式受到阻碍,说明公物供给或管理机关的公物供给或管理职责履行不力,作为行政相对人的社会公众应当可以通过合适的方式(公益诉讼等)谋求救济。

---

[1] 参见余睿:《论行政公产的法律界定》,载《湖北社会科学》2009年第9期。

(三)公物的物的要素

所谓公物的物的要素,是指公物首先是以一定财产形式存在的,但是并不仅限于独立的物态价值,除了常见的独立的物态价值(最常见的公园、基础设施等)外,无体物、环境资源、新财产权等均可成为公物。公物的物的范围与民法上的物既有联系也有区别,在范围上应当比民法上的物更为广泛。

1. 公物中物的通常范围

一般认为整个行政法理论脱胎于民法,并受民法理论影响较大,其中公物之物更是与民法上的物既有联系又有区别。民法上的物一般指人们可以支配的具有使用价值的物质实体和自然力,[1]可支配、有使用价值、客观物质性是民法上的物的三大特征,人类无法支配的物(如太阳)不能成为民法上的物,物也应当具有使用价值和交换价值且以一定财产形式而存在,民法上的物是民事主体可以占有、使用、收益和处分的财产权客体。[2]民法上物的范围除包含以物质形态存在的动产和不动产外,也包括并不是以物质形态存在的无体物(无线电波、行政信息、天空等)。当然,民法上的物的可支配性并不是一成不变的,随着社会的发展,人类可支配的物质实体和自然力范围不断拓展和丰富,因此民法上的物的范围具有历史性,它的范围在不断扩大。公物的物与民法上的物类似,包括动产与不动产、无体物与有体物,具有可支配性(因此太阳不是公物)、使用价值(公共用途)和

---

[1] 参见常鹏翱:《民法中的物》,载《法学研究》2008年第2期。
[2] 参见张俊浩主编:《民法学原理》,中国民主法制出版社2004年版,第299~300页。

客观物质性(以财产形式而存在),而且公物的范围也在不断扩张。

但是公物的物又与民法上的物有区别:首先,公物的物与可以作为民法上排他性财产权的客体的范围不同。民法上的物是人之外具有财产属性、可以成为民法上排他性财产权客体的物质实体和自然力,[1]民法上的物自然是可以作为排他性财产权的客体的,但是并不是所有的公物都具有这种特点。一些关乎国计民生、直接关涉人最基本的自由和自主的国有公物则不是民法上所有权的客体,而是国家控制权的客体,这类财产的存在不以交易为目的,它的目的是社会公众通过公共使用的方式对其享有控制权,这种控制权是保障公民最低限度自由自主的必要途径。其次,从物和物的组合的区别。一般情况从物不能单纯构成民法上的权利客体,但是从物却可以单独成为公物;此外受制于"一物一权"的传统民法理论,"一物一权"指的是单一的物,而公物则可以是物的组合。[2]再次,可支配性方面的区别。由于公物更强调公共利益功能(公共使用与公务使用)而非所有权的占有、使用、收益和处分的权能,因此公物除包含民法上可以为人类所支配的物以外,还包括公法上的空间和海洋。[3]最后,对待无体物的态度。传统公物理论一般不将无体物列为公物,虽然现在理论稍有松动,但是一些国家和地区的法律或理论仍然将公

---

[1] 参见张俊浩主编:《民法学原理》,中国政法大学出版社2000年版,第299页。
[2] 参见俸宇:《行政法视野里的公物利用研究》,清华大学出版社2012年版,第32页。
[3] 参见陈新民:《德国公法学基础理论》,山东人民出版社2001年版,第198页。

物限定为有体物,[1]而民法上的物则包含无体物,"民法上的无体物主要是指电、热、汽、声、射线、自然力、空间等以物理或自然存在的东西"[2]。

2. 无体物

关于公物是否包含无体物,存在两种不同的观点,一种观点认为,只有公物是独立的物态价值即有体物时,行政主体在公物上的支配权及公用目的才能实现,因此公物仅限有体物;[3]另一种观点认为,公物包括无体物(海洋、电气、空间等)。本书赞同第二种观点,即公物包括无体物。公物公用目的的实现主要通过社会公众对公共公物的公共利用和行政主体对行政公物的公务利用来完成,至于是否必须存在独立的物态价值并不影响公用目的的实现。而且随着时

---

[1] 如泰国民商法典《财产法通则》第130条规定:"公共物包括为国家利益或公共利益之用的各种国有财产,具体包括废弃的土地、抛弃的土地,或根据土地法规定恢复国家所有的土地;具有公共用途的公众财产,如滩涂、水道、公路以及湖泊;具有特殊用途的国家财产,如堡垒或其他军用建筑物,政府官厅、军舰、武器以及军火等。"《伊朗民法典》第25条规定:"为了公共利益而使用的下列财产,如桥梁、商场、旅店、水库、学校以及公众可自由出入的场所,任何人不得侵占。以上规定同样适用于公用的人造地下水道和水井。""为公共服务或福利之用的政府财产……无论是动产还是不动产,只要是为公共事务或国家利益而由政府使用的财产,都不能为私人所有。"参见王智斌:《行政特许的私法分析》,北京大学出版社2008年版,第53页注释。

[2] 高富平:《物权法原论》,中国法制出版社2001年版,第422~433页。也有学者认为,在物的财产要素的平台上,将有体物作为分水岭,无体物将是一个内涵相当宽泛的弹性框架结构,包括了有体物之外的具有经济功能的所有财产资源,不仅指向为法律明确承认的知识产权、债权等权利,还包括处于法律边缘的新型财产资源;不仅指向现实世界中的光、电等无形体的能源、自然力,还包括虚拟世界中的虚拟财产。参见常鹏翱:《民法中的物》,载《法学研究》2008年第2期。

[3] 参见侯宇:《行政法视野里的公物利用研究》,清华大学出版社2012年版,第30页。

代的发展,科学技术的进步使人类可支配的物的范围不断扩大,那些关乎社会福祉、承载公共利益功能的物的范围必然不断扩大,仅将公物的范围局限于有体物不利于公物普惠性的增加和社会公众对公物使用价值的分享和期待权的实现。如行政信息这类无体物,随着政府信息公开制度的不断完善,有些行政信息是社会公众必须了解并关乎社会福祉的,而有些行政信息则主要由行政主体为公务使用,行政信息虽然属于无体物,但是符合公物要素和特征的信息都属于公物。

3. 环境资源

是否将某一种物列为公物取决于它的功能和视为公物的必要性。环境资源作为一类对社会公众影响极大、具有有用性和稀缺性的资源,其关乎社会福祉,如容量资源、景观资源、生态平衡自我调节资源、气候资源等对人的生存发展具有极大影响,且随着社会的发展而具有相对的可支配性。如环境容量[1]具有资源属性,当前排污权交易所依赖的重要前提就是环境容量的量化,而科技的发展使对其的量化变得可能。况且当前环境污染严重,环境资源对污染的自身净化和容纳作用越来越有限,给人类的生存发展带来了很大危害,但是对环境资源的管理又很容易陷入"公地悲剧",[2]因此将环境资源视为公物极其必要,既能在理论上正确、全面理解环境污染受害者

---

[1] 狭义的环境容量是指特定环境区域内环境要素对自然界各种生物排泄物的净化能力,广义的环境容量还包括特定环境区域内对人类活动造成的污染的最大容纳量。参见于小龙:《排污权交易研究——一个环境法学的视角》,法律出版社2008年版,第40页。

[2] 肖泽晟:《公物的范围——兼论不宜由国务院国资委管理的财产》,载《行政法学研究》2003年第3期。

索赔权利的实质,也能更好地解释排污权的性质。[1]将环境资源纳入公物进行管理既可以对超出环境资源本来公共用途的使用行为(排污人)进行许可,使排污人付出一定的代价以补偿对其他公物利用人利益造成的损失,同时纳入公物管理也使受到环境污染的受害人得以通过合适的方式寻求救济。

4. 新财产权

根据美国哈佛大学法学院赖奇教授的观点,当今政府凭借其经济基础与福利政策创造了大量的财富,这些财富是公共权力相对扩张和积极介入市民社会的结果。因此财产除了传统意义上的动产、不动产、钱财以外,还包括社会福利、公共职位、经营许可,这些"新的财产"是由政府主动创造且通过公法进行分配的,对社会公众的影响极大,是一类极其重要的财产形态,或者说是一种具有财产价值、可以视为财产的公权利,它们应当受到法律(实体法与程序法)保护。[2]这类"新的财产"及其利益并非来自政府的馈赠,而是公民的一项权利,在美国被称作"政府福利",学者一般称之为"新财产权"或"公法形态下新财产权"。[3]应当说,将具有财产价值的公权利视为财产,并对其进行宪法控制、实体法与程序法的保护是法治先进国家的重要经验和做法。例如,德国对财产权的保护已经扩大并波及

---

[1] 参见高秦伟:《政府福利、新财产权与行政法的保护》,载《浙江学刊》2007年第6期。

[2] See Charles A. Reich, *The New Property*, 73 Yale Law. Journal. 733(1963–1964)。转引自高秦伟:《政府福利、新财产权与行政法的保护》,载《浙江学刊》2007年第6期。

[3] 高秦伟:《政府福利、新财产权与行政法的保护》,载《浙江学刊》2007年第6期。

正向的福利和权利分享;[1]美国也将上述"新的财产"纳入了宪法保障的范围并受到正当法律程序的保护,因为这类"新的财产"关系到人的生存与发展,与生命、自由和财产息息相关。[2]

在我国,在公物(一般是公共公物)是否包含新财产权的问题上,目前尚有争议。一种观点认为,随着传统财产概念的扩张、域外先进国家和地区对财产保护的深化,公物的范围也应有所扩张而包含新财产权,如"全民所有的知识产权、经营许可证、公共职位、国家科研项目等具有财产价值的公权利";[3]另一种观点则认为,公物不应包括新财产权,理由主要是移植英美新财产权理论具有现实困境,并且在理论上不能够将这类公权利视为"物",此外强行移植新财产理论会导致行政法上所有权与民法上所有权的客体不一致等。[4]本书赞同第一种观点,新财产权对人的生存发展极其必要,不仅关系公民个体,实际上还关涉公共利益和社会福祉,它同样具有一定财产形式和使用价值,主要受到公法规则的调整。行政主体不仅几乎是唯一的供给主体同时也是对其享有绝对支配权的主体,应当说虽然不是所有的新财产权都可以成为公物(如过于抽象的社会福利),但是对于那些与社会公众生存与发展息息相关且较为具体的新财产权而言,将其视为公物并纳入公物的管理范畴是极其必要的。

---

[1] 参见肖泽晟:《公物法研究》,法律出版社2009年版,第27页。
[2] 参见高秦伟:《论社会保障行政中的正当程序》,载《比较法研究》2005年第4期。
[3] 张杰:《公共用公物权研究》,法律出版社2012年版,第53页;肖泽晟:《公物法研究》,法律出版社2009年版,第27~28页;王智斌:《行政特许的私法分析》,北京大学出版社2008年版,第55页。
[4] 参见汪秋慧:《共用公物使用研究》,苏州大学2016年博士学位论文,第30~32页。

(四)公物的法律要素

所谓公物的法律要素是指公物是受公法规则调整、由行政主体享有支配权的特性。一项财产仅提供公用不一定是公法上的公物,因为仅仅具有公共利益功能不足以说明其公法地位,公物和其他财产的显著区别在于公物的公法地位和公物的支配权,一项财产要成为公物需要公法规则的确认。前文提到,我国的公物主体具有特殊性,公物大部分是国家所有(国有公物),但是国家概念是极端抽象的,而实践中公物供给、管理的主体是具体的,因此提供、维持公用的权利依据并非源于所有权,而是支配权或者主要是支配权,这种支配权属于公权力的范畴,源于公法规则,[1]它区别于源于拥有所有权的国家对企业国有资产(不含金融企业)、金融企业国有资产的支配权,后者属于私法上的物权。因此,公物所必须具备的要素以及一项财产成为公物所必须满足的要素就是公法规则的确认,经由公法规则的确认使这项财产受到公法规则的调整并受公权力部门的支配,从而具有公法地位。此外,公法规则的确认也是极其必要的。公物公共利益功能和公共用途的持续性依赖公法规则的确认,公法规则的调整、公权力部门的支配和政府的公信力是实现公物公用持续性的必要手段,是保障公物公益性、普惠性发挥的重要前提。

---

[1] 参见林素凤:《论行政法学上之公物制度》,中兴大学法律学研究所1987年硕士学位论文,第11页。

六、公物制度的理论基础

(一) 公私法划分理论

1. 公私法划分的缘起与发展

公私法的划分使行政法的学术体系得以从民法中剥离开来，使行政法律制度的学说从过去的混合体系和混沌状态中解脱出来，[1]对行政法学的发展具有重要意义，对各国法律体系的构建和完善、对法学研究思维与方法的发展均具有重要的影响。公私法划分理论可以说是大陆法系的基础问题。

公元前2世纪，古罗马法理论上存在的公法(涉及古罗马帝国政体的法)与私法(涉及个人利益的法)的划分[2]实际上由于古罗马时期"君主喜欢的东西就具有法律效力""君主不受法律约束"的专制统治而在现实中没有得到良好的体现，公法与私法这一类关于法律最基本和重要的划分有名无分。但是即便如此，古罗马法学家对法律分为公法与私法的探索仍然具有极其重要的意义。18世纪以前，欧洲中世纪的情况与古罗马时期类似，由于教会法占主导地位，涉及如国民间的交易等个人利益的关系与涉及国民与统治者间的关系并

---

[1] 参见[德]奥托·迈耶:《德国行政法》，刘飞译，商务印书馆2002年版，第22页。
[2] 参见[古罗马]查士丁尼:《法学总论：法学阶梯》，张企泰译，商务印书馆2013年版，第5~6页。

没有由私法与公法分别调整和约束，[1]公法与私法划分的观念和理论并没有受到重视。公法与私法的划分理念、学说和影响默默无闻的状态是随着西方资本主义的发展而改变的。随着资本主义经济与制度的发展和完善，随着公私法划分理论与大陆法系各国家法治文化与实践交融的深化，公法与私法的划分逐渐变成大陆法系国家研究的必要命题，公法与私法划分的理论迸发出巨大的生命力，并逐渐在大陆法系中得到普遍遵循。公法与私法划分理论的发展和确立对大陆法系影响深远，公法、私法等依托公私法划分理论的概念依旧是现代法学中的基本概念、基本问题。[2]与大陆法系不同，英美法系并没有将法进行公法与私法对立并列的基本分类，而是在坚持私法的基础上适当拓展和适用公法的规则和理论。

关于公法与私法划分的标准，法国主要有公共权力说、公务说和多元标准说，[3]德国、奥地利等大陆法系国家主要有利益说、隶属说、主体说和综合说等。[4]就法国而言，公共权力说将划分的依据集中于公共权力的行使，行政主体行使公权力的行为为公法调整，事务管理

---

〔1〕 参见[日]美浓部达吉：《公法与私法》，黄冯明译，中国政法大学出版社2003年版，第2页。

〔2〕 参见[美]约翰·亨利·梅曼：《大陆法系》，顾培东等译，法律出版社2004年版，第97页。

〔3〕 参见王名扬：《法国行政法》，北京大学出版社2016年版，第30~45页。

〔4〕 有关文献参见[德]迪特尔·梅迪库斯：《德国民法总论》，邵建东译，法律出版社2000年版，第2~13页；[德]卡尔·拉伦茨：《德国民法通论》，王晓晔等译，法律出版社2003年版，第1~5页；郑玉波：《民法总则》，台北，三民书局1979年版，第8页；史尚宽：《民法总论》，中国政法大学出版社2000年版，第2页；梁慧星：《民法总论》（第5版），法律出版社2017年版，第27~35页。

行为则由私法调整；公务说则以公务活动为标准，行政主体的公务活动由公法调整，而涉及财产的行为由私法调整；多元标准说则认为划分公法与私法的标准不能局限于行使公共权力或实施公务活动，为了合理解释所有的行政行为，法国学者又提出了其他学说，如公共利益说、区别行政法的基本观念和行政法院的管辖权的标准说等。[1]就德国、奥地利等国而言，利益说将公法与私法划分的依据集中于公共利益，法律关系的内容涉及公共利益还是私人利益是区分公法与私法的关键，前者为公法，后者为私法；[2]隶属说认为公法与私法划分的依据在于法律关系的性质，即法律关系是不平等的关系还是平等主体之间的关系，前者因涉及权力者与服从者的关系而属于公法，后者则为私法；[3]主体说认为法律关系的主体是判断公法或私法的关键，公法调整的法律关系中应当至少一方是国家，私法调整的法律关系中双方均是私人；[4]综合说是利益说、隶属说、主体说的综合，即区分公法与私法时避免采用单一标准，而应当综合上述学说的判断标准。即对于公法关系而言，该法律关系参与主体至少一方为国家或代表国家的团体且主体间地位不平等（权力服从关系），调整内容上涉及公共利益；而私法关系则恰恰相反，该法律关系参与主体双方均

---

[1] 参见王名扬：《法国行政法》，北京大学出版社2016年版，第30～45页。
[2] 参见[日]美浓部达吉：《公法与私法》，黄冯明译，中国政法大学出版社2003年版，第21～25页。
[3] 参见[德]迪特尔·梅迪库斯：《德国民法总论》，邵建东译，法律出版社2001年版，第11、12页。
[4] 参见[德]迪特尔·梅迪库斯：《德国民法总论》，邵建东译，法律出版社2001年版，第12页；王继军：《公法与私法的现代诠释》，法律出版社2008年版，第18页。

为私人且地位平等,调整内容涉及私人利益。[1]

当然,随着现代行政事务的日益复杂以及公私法的逐渐相对化(公法私法化、私法公法化),将法律规范或法律规范完全纳入公私法的二元结构难以解释所有的行政法问题,因此必然存在反对公私法二元划分的理论,代表学说是一元论和三元论。[2]一元论的理论基础在于否定公私法的区别,主要是否定公私法在法律关系主体上的差异,这种观点认为现代社会政府与人民之间是权利义务关系而非不平等的权力服从关系,公法与私法的差异是"次要规范的自治创造和他治创造之间的区别"[3]。三元论的理论基础在于在承认公法与私法的前提下加入社会法。社会法是福利国家公权力相对扩张、政府加强干预并介入社会的结果,诸如社会保障法、环境保护法、反不正当竞争法、反垄断法、消费者保护法等社会法将公法与私法的界限变得愈加模糊,而它们夹在公法与私法中间蓬勃发展。社会法理应与公法、私法那样成为法律关系或法律规范的基本分类,即由公私法的二元结构变为公私法与社会法的三元结构。[4]

公私法划分理论的发展对公法的发展极其重要,行政法正是在公私法划分理论的前提下以民法作为比照的对象对自身的法学体

---

[1] 参见金自宁:《公法/私法二元区分的反思》,北京大学出版社2007年版,第10页。

[2] 参见[日]美浓部达吉:《公法与私法》,黄冯明译,中国政法大学出版社2003年版,第9页。

[3] [奥]凯尔森:《法与国家的一般理论》,沈宗灵译,商务印书馆2013年版,第230~231页。

[4] 参见[德]拉德布鲁赫:《法学导论》,米健译,商务印书馆2013年版,第77页。

系、法学方法进行调整和重塑,以便解明公法自身所特有的属性以及与民法的区别,[1]可以说,公私法划分使现代行政法摆脱民法的"束缚"而独立。当然,公私法划分理论的发展与公法的发展之间并不是单向的影响关系,公私法划分理论对公法实践的指导反过来又因实践而获得更大的生命力。成文宪法与现代行政法的出现既是公私法划分理论作用实践的例证,同时实践对理论的回应也是推动公私法划分理论进一步发展的重要力量。

2. 公法与私法的相对化

公法与私法划分理论的产生和发展有其特殊的时代背景。随着福利国家、给付行政、行政国家理念的深化,政府对市民社会的介入更多,从而使传统的私法自治受到影响,公私法二元区分的标准越来越模糊,公法与私法彼此交融。最简单的例子莫过于社会法(社会保障法、教育法、环境法等)中行政法规范与民法规范并存的现象,以及公司自治中采用的诸如社会职责、雇员福利等公法治理手段。公法与私法的相对化是从私法的公法化开始的,而后"国家从公法中逃遁了出来"[2],不仅公共行政可以采用私法的方式,而且大量公共行政服务交由私法主体提供,即公法的私法化,公私法以各种方式纠缠在一起,对二者的界分越来越难,公法与私法的划分由绝对化转向相

---

[1] 参见陈春生:《行政法之学理与体系(一)》,台北,三民书局1996年版,第4-5页。
[2] [德]哈贝马斯:《公共领域的结构转型》,曹卫东等译,学林出版社1999年版,第171页。

对化。[1]但是,公私法的相对化并不意味着公法与私法的划分失去了重要性,也并不意味着公法与私法的相互取代或者公共行政或公共职能履行的社会化或市场化,政府提供公共服务及公共产品的职责并没有因公私法的相对化而削减。当代公共行政改革只是以一种市场化或社会化的方式寻求公共部门与私人组织在合作完成公共服务任务中的优势互补,这种公私伙伴关系的实质其实仍然是以承认公法与私法在价值取向、基本原则和具体规则上的差异为前提的。[2]在这个前提之下,合理的制度安排使公共部门与私人实体充分发挥彼此在资源、权力、专业方面的优势,共同承担风险和责任、分享利益和价值,在合作中实现政府公共行政服务的最优化。[3]因此,公法与私法的相对化并没有消弭二者的界限和公私法划分的重要性,公私法的相对化并不是凌驾或超脱公私法的第三种现象,而只是公法领域与私法领域的混合。[4]此外,承认和厘清公法与私法之间的区别与界分,可以为公私伙伴关系下的政府规制提供基本的方法论,因为承认和厘清公法与私法的差异和各自特点是调整和规范复合领域法律关系的前提,公私法划分的意义仍然巨大。

3. 公私法划分理论与公物

公私法划分理论在公物理论的发展中具有基础作用。公法与私

---

[1] 参见[美]E.S. 萨瓦斯:《民营化与公私部门的伙伴关系》,周志忍等译,中国人民大学出版社2002年版,第167页。

[2] 参见[美]E.S. 萨瓦斯:《民营化与公私部门的伙伴关系》,周志忍等译,中国人民大学出版社2002年版,第2页。

[3] 参见张永志:《公法私法划分与我国构建社会主义市场经济法律体系的关系》,载《法学杂志》1997年第5期。

[4] 参见袁曙宏:《论建立统一的公法学》,载《中国法学》2003年第5期。

法的划分是公物得以区别于私物的重要依据，因为一项财产只有经公法规则的确认才能充分说明其公物地位，公物公共利益功能的发挥只有在公法体系下才能得以实现。将一项财产区分为公物和私物的重要意义之一就在于公物公用目的的实现需要公法规则的调整，以便使公物在使用、收益、处置等方面受到公法的严格限制而不至于出现政府遵循私法规则将公物进行处置而获益的情形。公法与私法的划分以及二者在价值取向、基本原则、具体规则上的差异也表明对公物的供给和管理是政府必须履行的公共任务和公共职责。公法的私法化带来的公物供给与管理的社会化并不能削减行政主体的职责，公法的私法化只是行政主体为完成实现公物公益性、普惠性的任务时所采用的更高效的手段，而决不能成为行政主体放弃职责或谋取利益的机会。以政府对行政公物的管理为例，虽然我国已有实践中存在以市场化的方式对其进行管理的模式（如南宁模式），但是其本质是特殊背景下将非经营性国有资产转为经营性国有资产进行管理，而通常情况下对行政公物的管理一般应由政府为主导，以建章立制、明确产权、加强组织领导和协调等公法手段为主要管理规则。公法与私法划分理论对公物理论具有基础性和持久性的作用，而基础性和持久性其实源于公法与私法存在的天然界碑。当然，公法与私法的相对化在公物供给、管理和处置方面（主要是供给）的体现也充分说明公私合作伙伴关系对公物公共用途发挥的助推作用，表明公物制度的完善与创新需要在厘清和承认公私法界限的同时充分发挥行政主体和私人部门的比较优势，从而实现公物公益性和普惠性的最大化。

(二)行政给付理论

1. 行政给付的概念

行政给付理论由德国学者福斯多夫首先提出,他将现代行政分成维持秩序行政和形成性行政,在该二元结构基础上将公共行政的行为分为侵害行政和给付行政,[1]而行政给付是为人们提供维持生存与发展所不可或缺的物质资源和服务的活动。[2]日本学者则赋予了行政给付更广泛的内涵,即为了保障个人及社会公众物质文化生活的便利以便增进国民福利而给予其利益的行政,它表现在对基础设施(如道路、公园)的提供和管理、社会保障和公共扶持的开展、公共服务的提供等,分为供给行政、社会保障行政和资助行政。[3]我国关于行政给付的定义大致分为最狭义说、狭义说、广义说和最广义说。最狭义说是在制度意义上使用行政给付一词,即根据公民之物质帮助请求予以帮助或救济的制度;[4]狭义说是在行为意义上使用行政给付一词,即将行政给付视为公民特殊情况(如老、弱、孤、寡、贫、残、疾等)下对其的行政救助。[5]最狭义说与狭义说的区别在于对行政给付外延的认识上,最狭义说将对军人的优抚、安置排除于行政

---

〔1〕 参见杨建顺:《日本行政法通论》,中国法制出版社1998年版,第327页。
〔2〕 参见杨建顺:《日本行政法通论》,中国法制出版社1998年版,第327页。
〔3〕 参见[日]盐野宏:《行政法总论》,杨建顺译,法律出版社2008年版,第7页。
〔4〕 参见林莉红、孔繁华:《行政给付研究》,载李龙主编:《珞珈法学论坛》第2卷,武汉大学出版社2002年版,第48页。
〔5〕 参见罗豪才、湛中乐主编:《行政法学》,北京大学出版社2006年版,第213页。

给付之外，认为其属于"社会保障制度中的军人保障"[1]。广义说认为行政给付除包含物质帮助和救济以外，还应包含提供公共服务及利益，[2]外延有所扩大；最广义说认为行政给付在内容上不限于物质帮助和救济、公共服务的提供，应当是"为维护社会公平正义实行的所有积极行政职能的总和"[3]，行政给付既是一种行政行为又是一种制度安排，既是物质帮助、救济又是给予权利与利益的全面给付。行政给付是为维护公民生存权与发展权、实现社会福祉而向个人或组织提供全面保障的行政行为和制度安排。[4]上述概念尽管在行政给付概念的外延上有所不同，但是都将行政给付作为一种理论或实践的出发点，即社会福祉和公共利益的增进和实现。在秩序行政向服务行政转变的发展趋势之下，广义说和最广义说对行政给付外延的把握是准确的，行政给付不仅限于对公民生存权（如物质帮助和困难救济）的保障和维持，而应当更加注重对公民发展权（如物质文化生活的改善）的关注和促进。因此，本书认为，行政给付是行政主体为实现社会福祉和公共利益、保障和维护公民生存权与发展权而进行的一切行政活动及制度安排。

2. 行政给付相对人的宪法及法律权利

从国家的角度看，行政给付是宪法"尊重和保障人权"承诺对行政主体提出的具体要求，行政主体为了大众福祉和社会福利的实现

---

[1] 罗豪才、湛中乐主编：《行政法学》，北京大学出版社2006年版，第213页。
[2] 参见杨解君主编：《行政法学》，中国方正出版社2002年版，第387页。
[3] 于安：《论我国社会行政法的构建》，载《法学杂志》2007年第3期。
[4] 参见柳砚涛：《行政给付研究》，山东人民出版社2006年版，第14页。

需要向公民提供基本的物质保障、困难救济、公共产品和公共服务。从行政给付相对人的角度看,公民有权得到或请求行政主体通过给付行政给予其保障和帮助,这源于行政给付相对人的宪法权利和法律权利,其中宪法权利主要指社会权,法律权利主要指行政受益权。

行政给付相对人的宪法权利主要指社会权。关于社会权的外延,学界尚存争议,但是不可否认的是社会权是一项"复合权利"(权利群),其中包含的具体权利较为丰富。荷兰学者范德文认为社会权主要包括工作权、经济参决权、生活保障权、社会保障权、社会文化发展权,而德国学者布鲁纳认为社会权主要包括工作权、社会安全保险权、文化教育权。[1]一般认为,社会权主要包括生存权、社会保障权、劳动权和受教育权。生存权是指公民根据一定的生存标准可以要求国家保障和维护其生存、生活的权利。[2]根据生存权,国家有不得剥夺或影响公民正常生存、生活的义务以及积极创造条件改善公民生存环境与条件的责任,而公民则享有要求国家在特殊时期(如老、弱、孤、寡、贫、残、疾等)对其进行生存照顾的权利。[3]社会保障权是指公民在尽其努力仍然无法实现基本生存的情形下有要求国家对其进行物质保障和困难救济(或其他积极作为)的权利,它是生存权在特定领域的强调和补充。[4]劳动权是指公民有要求或需要国家保障其可以从事劳动的权利,国家应当尊重、承认(消极义务)和保

---

[1] 参见陈新民:《德国公法学基础理论》(下册),山东人民出版社2001年版,第691~692页。
[2] 参见李步云主编:《人权法学》,高等教育出版社2005年版,第119页。
[3] 参见林纪东:《比较宪法》,台北,五南图书出版公司1970年版,第277页。
[4] 参见马岭:《生存权的广义与狭义》,载《金陵法律评论》2007年第2期。

障、促进(积极义务)公民劳动权的实现。受教育权即公民有要求国家保障其能够自由、平等接受教育的权利。[1]行政给付相对人的法律权利主要指行政受益权,行政受益权是宪法上社会权实现的具体途径。行政相对人可以根据行政法律规范要求行政机关履行消极义务(不作为)或积极义务(作为)以便维护或获得某种利益,这种利益包括但不限于最低限度的生存保障(如医疗保险、养老保险等)、特殊情形的困难救济(如低保、抚恤金等)、日常生活依赖的公共产品和公共服务(如铁路、通信设施等公共公物)以及提升公民生活质量的改善性公共服务(如高等教育、青少年保护、技能培训等)。[2]

根据行政给付理论,国家具有保障公民基本人权、追求和实现社会福祉和公共利益的消极义务和积极义务,对于涉及经济、社会、文化领域公民基本权利的保障,政府更多履行积极义务。行政给付相对人则享有宪法和法律上的要求政府给予其利益的权利。

3.行政给付理论与公物

随着传统以秩序行政为主的行政法向以服务行政为主的行政法的转变,行政给付理论逐渐变得极具生命力。随着政府职能的转变,政府不仅承担着维持秩序的公共任务,还主要承担着追求和实现大众福祉和公共利益的任务,承担着尊重和保障公民的社会权和行政受益权的责任,与此同时,行政法的任务则更加注重推动和监督政府的行政给付和公共行政服务。[3]而公民的社会权与行政受益权的实

---

[1] 参见温辉:《受教育权入宪研究》,北京大学出版社2003年版,第00页。
[2] 参见城仲模主编:《行政法之基础理论》,台北,三民书局1998年版,第917页。
[3] 参见于安:《论社会行政法》,载《现代法学》2007年第5期。

现很大程度上依赖公物的供给、利用和管理,生存权的实现需要大量的诸如通信设施、公共交通设施、道路等公共公物的支撑;社会保障权的实现至少需要行政机关借助行政公物的辅助来完成;劳动权和受教育权的实现也需要作为基础设施的公共公物以及学校、医院等公营造物作为保障。可以说,行政给付的主要途径其实就是公物的供给和对公物利用权的保障,国家通过设置、提供并有效管理公共公物和公营造物来实现公物的公共功能,社会公众则通过对公物的利用实现公物使用价值的共享。换言之,生存照顾很大程度上是政府通过供给和管理公物开始的,而生存照顾的充分实现则是通过社会公众对公物的充分利用来完成的。公物公益性、普惠性既是衡量福利国家、生存照顾的有效标尺,也是生存照顾、行政给付的具体实现途径。

传统以秩序维持为中心、以侵害行政为客体而建构的传统行政法体系凸显出其不足,而以生存照顾为内容、以公共服务为宗旨的给付行政则成为行政法的中心。在我国,随着经济体制转轨和政府职能转变,传统行政法日益表现出不适应的一面,社会迫切要求构建新的行政法。于安教授将这种新的行政法称为"社会行政法",并指出"社会行政法的主要任务是保障公民社会权和其他公法受益权的有效实现,对政府履行行政给付和其他公共管理与公共服务义务进行监督"。行政给付成为国家的义务,而对公物的设置、命名和管理则很大程度上承担了行政给付的任务,保障社会公众宪法上的社会权的实现是通过保障社会公众对公物的利用权来完成的。同时,社会公众对公营造物(如教育机构等)的利用、对大量以基础设施呈现的公物的利用也是社会公众实现行政法上受益权的重要途径,公物利用的保障、公物公益性的维护依赖于国家的行政给付和对人民的生存照顾。

(三)新公共服务理论

1.新公共管理

20世纪70年代,西方世界出现了诸多危机。首先是经济发展的衰退造成政府财政收入的衰减和公民生存权与发展权充分实现的受阻,而凯恩斯主义的盛行、西方政府公权力的扩张和官僚机构的膨胀又使政府出现严重的财政危机。政府的财政危机和公共机构膨胀的矛盾又严重影响了行政效率和公共服务供给的质量,随之而来的是公民对政府的日益不满、信任危机和政府公信力的大打折扣,政府的公共管理陷入了严重的危机,西方世界急需通过对自身管理理论的重塑和制度安排的革新改变传统低效的官僚行政,摆脱这些危机。正是在这样的时代背景下,以新古典主义的公共选择理论、委托代理理论、交易成本理论和私人部门管理理论为基础的新公共管理理论应运而生。此后美国著名行政学家登哈特夫妇基于对传统公共行政和新公共行政的反思和批判,提出新公共服务理论,试图改进和取代新公共管理理论。[1]

新公共管理理论的核心和精髓是企业家政府理论,实际上是将

---

[1] 参见娄成武、董鹏:《多维视角下的新公共管理》,载《中国行政管理》2016年第7期。

"管理主义"或"新管理主义"的部分价值取向、基本原则运用于公共行政的结果。新公共管理主要有以下观点：政府的职责在于掌舵而不是划桨，在公共服务的提供上政府并非一定要亲力亲为，而是要掌握社会发展的方向、将公共服务市场化并对服务提供者进行监督；政府应当重视和挖掘市场在变革中的潜力；政府应当改变过去为官僚政治服务的状态，政府行为的出发点是满足公众的需要；将市场化的竞争机制引入公共行政服务；政府应当是有使命感的组织，而不只是死气沉沉、照章办事和机械完成行政任务的组织；政府应当注重结果导向，讲求效果，按效果而不是按投入拨款；政府应当将公共行政服务进行授权，而不是服务；政府应当是有事业心的组织，争取收益但是避免浪费；政府应当更加重视事前的治理（预防），不能只重视事后的治理（弥补和修正）；政府应当适当改变过去自上而下的等级制，代之以分权之下的参与和协作。[1]总的来说，对于新公共管理理论和实践的主要内容和出发点可以大致从四个方面进行理解，即对行政效率的重视、管理模式与方法的改变、公共服务供给方式的革新、政府与公民关系的重塑。对行政效率的重视是指注重行政效率的提高和成本的降低；管理模式与方法的改变指的是在管理模式和方法方面对私人企业经验的充分借鉴和吸收，新公共管理理论认为公共部门与私人企业在管理上不存在区别，完全可以从私人企业那里借鉴和吸收管理模式和方法；公共服务供给方式的革新是指改变传统只由

---

[1] 参见[美]戴维·奥斯本、[美]特德·盖布勒：《改革政府——企业家精神如何改革着公共部门》，周敦仁等译，上海译文出版社1996年版，第62～67页。

公共部门提供公共服务的低效状态，在公共服务的供给上引入市场化的竞争机制，实现公共服务的市场化；政府与公民关系的重塑是指政府与公民的关系应当重塑为负责任的企业家与对公共服务有选择权、评价权的顾客或消费者之间的关系。[1]

新公共管理在促进公共行政去除传统弊病方面取得了重大成就。它推进了政府集中统一式管理向分权式管理的转化，将传统的集中统一与服从转变为公共产品提供上的市场化、公共权力的社会化，在操作层面上由于吸收和借鉴私人部门的管理方法而增加了公共组织的灵活性，在公共行政中加入了人格化因素。此外，新公共管理直击传统公共行政官僚驱动的弊病，转为公众导向，这些都对提高公共行政的效率有重大意义。[2]但是新公共管理的重要前提是对公共部门与私人企业在管理模式及方法上差异的否定，更多的是通过吸收企业管理技术而在操作层面上对传统公共行政进行修正，这种过度依赖技术理性、追求行政高效的做法，在本质上与传统公共行政的管理主义相一致。

2.新公共服务

20世纪80年代美国著名行政学家登哈特夫妇基于对传统公共行政和新公共行政的反思和批判，提出了区别于新公共管理的新公共服务理论，其主要理论基础是民主公民权理论、社区与公民社会理

---

[1] 参见[美]戴维·奥斯本、[美]特德·盖布勒：《改革政府——企业家精神如何改革着公共部门》，周敦仁等译，上海译文出版社1996年版，第23-24页。

[2] 参见楚明锟、杨璐璐：《论新公共服务与新公共管理的同异性》，载《中州学刊》2010年第4期。

论、组织人本主义和新公共行政、后现代公共行政理论。[1]新公共服务理论对新公共管理理论最集中的批评就在于企业家政府理论的缺陷以及因此造成的政府向私有化企业家转化的倾向,他们"忙于掌舵的时候,是否忘记了谁拥有这艘船呢"[2]。新公共服务理论与新公共管理理论最大的区别在于其背后承载的理念,即以公民为中心的民主理念与以依赖操作层面的变革为中心的管理理念。新公共管理主要有以下观点:政府的职责既不是掌舵,也不是划桨,而应当是服务。作为管理主体的政府和作为管理对象的公民应当是服务者和服务接受者之间的关系,这是公共管理的控制关系转向服务关系发展趋势的要求。政府公共行政的最终出发点和目的是实现公共利益,公共利益的目标导向和主导地位要求公共部门在理念上树立公平、公正、共享的公共利益理念,在行动上(如决策制定、公共产品及服务的供给)以上述理念作为依据和评判标准。政府不能只注重生产率,还应当注重人的主体地位,人才是最终的目的,因此政府应当重塑自身,使其成为怀有公共服务理想、以公民为中心的组织,而公务人员则必须树立公平、公正、共享的公共利益理念。政府与公民的关系不是企业家与顾客或消费者的关系,因为公民不是顾客,公民不是被动地接受政府的公共产品及服务,在公共行政中公民有权依据其意愿和能力积极参与其中,政府应当尊重和承认公民公众参与的权利。在公

---

[1] 参见[美]珍妮特·V. 登哈特、[美]罗伯特·B. 登哈特:《新公共服务——服务,而不是掌舵》,丁煌译,中国人民大学出版社2014年版,第19~22页。

[2] [美]珍妮特·V. 登哈特、[美]罗伯特·B. 登哈特:《新公共服务——服务,而不是掌舵》,丁煌译,中国人民大学出版社2014年版,第14页。

共行政中,公民权的保障、公共利益的追求比企业家精神更重要,政府不应该过度追求效率和企业家政府理论之下的顾客满意度,除了结果导向外还应更加注重过程,即尊重公民在治理中的主体地位,并保障公众参与权的实现。公共行政不应仅具有战略性,必须要有民主性,注重公共权力向公民的授权和分享;行政官员的责任是复杂和综合的,不仅应当关注法律规范的责任规定,还应考虑职业标准、民主规范、公民需要、公共利益等。[1]

新公共服务是对新公共管理的批判继承,二者都质疑传统官僚制行政并提出了各自行之有效的变革策略,都承认效率价值观并寻求公共行政的高效管理。[2]但是新公共服务最大的贡献在于,它的理论基础和价值取向关涉公民权、民主、公共利益和社会福祉,它以公民为中心,在结果上以满足公民需要为出发点,在过程中承认公民的治理主体地位和公众参与权利。

3. 新公共服务与新公共管理的差异

新公共管理与新公共服务的差别主要体现在五个方面,即政府自身的定位、政府与公民间的关系、对待公共利益的态度、效率与公平的关系、公民在公共治理中的地位。

第一,政府自身定位的区别。新公共管理将政府定位为"掌舵"者,即政府的角色不在于直接提供公共服务,并且公民因其顾客的定

---

[1] 参见[美]珍妮特·V.登哈特、[美]罗伯特·B.登哈特:《新公共服务——服务,而不是掌舵》,丁煌译,中国人民大学出版社2014年版,第54-55页。

[2] 参见竺乾威:《从行政到管理——西方公共行政范式的变化》,载《公共行政人力资源》2001年第1期。

位而并不是共同治理的主体;而新公共服务则认为政府不该是社会新的发展方向的掌控者,[1]不是"掌舵"者而是"服务"者,且应当尊重公民权利和公民在公共治理中的主体地位。

第二,政府与公民间的关系的区别。新公共管理将自己视为有责任的企业家,将公民视为顾客;[2]而新公共服务则认为公民绝不等同于顾客,因为顾客处于一种被动接受的地位,[3]且顾客作为个体更关注个体的利益,新公共服务将公民视为"权利的享有者和责任的承担者"[4],公民是公共治理的积极参与者,应当处于一种主体地位,且公民是一个存在共同目的(公共利益)的群体。

第三,对待公共利益的态度。新公共管理持一种个人利益观,政府与公民之间关系的定性(企业与顾客的关系)实际上就是将个人利益放在了首位,并且新公共管理认为公共利益只是公民依据其个人意愿作出个人选择时的副产品;[5]而新公共服务则是以公民为中心,明确政府的职责在于实现公共利益。[6]

第四,效率与公平的关系。新公共管理的主要目标及出发点就

---

[1] 参见[美]珍妮特·V.登哈特、[美]罗伯特·B.登哈特:《新公共服务——服务,而不是掌舵》,丁煌译,中国人民大学出版社2014年版,第90页。
[2] 参见[美]戴维·奥斯本、[美]特德·盖布勒:《改革政府——企业家精神如何改革着公共部门》,周敦仁等译,上海译文出版社1996年版,第155页。
[3] 参见郑珊:《新公共管理:背景、特征与启示》,载《前沿》2005年第5期。
[4] [美]珍妮特·V.登哈特、[美]罗伯特·B.登哈特:《新公共服务——服务,而不是掌舵》,丁煌译,中国人民大学出版社2014年版,第58页。
[5] 参见[美]珍妮特·V.登哈特、[美]罗伯特·B.登哈特:《新公共服务——服务,而不是掌舵》,丁煌译,中国人民大学出版社2014年版,第74页。
[6] 参见[美]珍妮特·V.登哈特、[美]罗伯特·B.登哈特:《新公共服务——服务,而不是掌舵》,丁煌译,中国人民大学出版社2014年版,第78页。

是追求管理效率的最大化，而公平并不是其中最重要的；[1]新公共服务则将公共行政的核心建立在对公共利益的追求和公平公正价值的实现之上，虽然仍然注重管理过程的高效，但是认为公平是最重要的。[2]

第五，公民在公共治理中的地位。新公共管理将公民作为顾客看待，即公民处于被动选择和接受公共产品及服务的地位，并不重视和承认公民参与公共治理的主体地位；而新公共服务是以公民为中心的，公民应当是权力的分享者和责任的承担者，承认公民参与公共治理的主体地位和公众参与权，并认为公共利益的实现需要依靠公民的参与。[3]

4. 新公共服务理论与公物

新公共服务理论在追求公共行政的管理效率的同时提倡民主价值和公共利益以及以公民为中心的理念及实践，承认公民在公共治理中的主体地位，注重公众参与，这些都对我国公物制度的完善具有借鉴意义。对于坚持社会主义公有制的我国而言，大量公物属于国有资产，国有公物（社会公共财产）与国家私产分离是为了针对国有公物这种承载公共利益功能的国有资产实行区别于国家私产的管理，有所区分和更加严格的管理是为了避免行政机关"监守自盗"、

---

[1] 参见［美］戴维·奥斯本、［美］特德·盖布勒：《改革政府——企业家精神如何改革着公共部门》，周敦仁等译，上海译文出版社1996年版，第6页。

[2] 参见竺乾威：《从行政到管理——西方公共行政范式的变化》，载《公共行政人力资源》2001年第1期。

[3] 参见［美］珍妮特·V. 登哈特、［美］罗伯特·B. 登哈特：《新公共服务——服务，而不是掌舵》，丁煌译，中国人民大学出版社2014年版，第74页。

避免行政机关借助公物牟利而造成公共利益的流失，最终的目的是以公民为中心和公共利益的实现。公物公用目的的实现和保障除需要严格和科学的公物形成、管理和处置机制以外，对于某些有关公物的行政行为，还需要积极发挥社会公众的参与权。如重大基础设施的规划与建设，虽然其建设目的主要是公共利益，但是如果可能会牺牲或影响一定区域或范围内公民的利益，则有必要举行听证，通过保障公民的参与权来实现公物的公共利益功能。

七、本章小结

公物存在的最重要的目的就是提供公用，唯有公用才能实现其公共利益功能，但是一项财产要成为公物只具有公共用途不足以说明其公法地位，还需要经过公法规则的确认、受公法规则的调整并接受行政主体的支配。在我国，公物的主体应当不仅限于行政机关，还应包括中国共产党的机关、司法机关、军队机关、承担公共行政服务的事业单位（包括参公事业单位）和非政府组织等。此外，本章认为，根据公物的四大要素，以及为了避免"公地悲剧"的发生，新财产权也应当被视为公物，公物的外延是个历史概念，随着时代的进步公物的外延将不断扩大。公物的理论基础包括公私法划分理论、行政给付理论和新公共服务理论。公私法划分理论是整个公物制度最直接、核心和基本的理论基础，当前公法的私法化和私法的公法化浪潮不仅没有削弱公私法划分理论的价值和对公物制度的理论支撑，反而更强调了公法与私法之间界限的明晰；行政给付理论为公物制度提供了极其重要的宪法基础和法律基础，行政给付相对人的社会权和受益权为公物供给、管理及对利用人权利的保障提出了要求；新公共服务理论的"管理即服务""对待公民而非顾客""更重视公共利益而非效率""加强合作与公民参与"为解决当前公物提供与管理民营化、市场化过程中出现的诸多问题提供了参考。

第二章　公物利用的一般原理

　　公物利用的一般原理是对不同种类公物利用共通原则和规则的提炼，统领整个公物利用制度。而公物利用最基本的问题就是公物利用关系，无论是公物利用的方式、原则、保护还是公物利用的收费、公物利用主体的权利义务，都产生于或扎根于公物利用关系，公物利用关系是公物利用的基础。公物利用主体对公共公物（公众用公物和公营造物）、行政公物的利用基本反映了公物利用的完整形态，这一方面是由公物的基本分类决定的，另一方面也是由两种利用形态可以完整（或直接或间接）地体现公物的公共利益功能所决定的。本章在对公物进行类型化处理的基础上，分别探讨了公物利用关系的成立要件、利用关系成立的法律效果，探讨了公物利用的原则、方式、收费。虽然不同类型的公物利用有自身的特点，但是本章探讨的是统领整个公物利用制度、适用于两种公物利用形态的共通原理，是对公物利用一般规律的总结和梳理，最终的目的仍然是尝试探索我国公物利用的保障和公物公共利益功能发挥的路径。

第二章 公物利用的一般原理

一、公物利用的一般原理和公物利用类型化研究

（一）公物利用的两种基本形态：公共公物、行政公物

1. 两种利用形态在实践表现方面的联系与区别

本书将公物利用类型化为两种基本形态，即公共公物和行政公物。类型化研究的目的是在深刻把握两种不同类型公物和公物利用自身特点的前提下，探讨每种利用形态区别于其他利用形态的规则，进而形成不同的公益性保障路径。同时，类型化的基础和前提是两种利用形态存在差异，但是二者差异背后仍然存在共性规则和原理。

例如，对公共公物的利用和行政公物的利用而言，以社会公众对其的利用为例，一般情况下社会公众对诸如城市道路、广场等公共公物享有当然的公法利用权，社会公众对其的利用是公物的本来利用，公物管理机关（通常是行政主体）不能肆意剥夺；但是社会公众（如拜访人）对诸如办公场所等行政公物的造访和利用则是公物的目的外利用，一般认为需要许可，且德国公物理论认为许可的性质（或者说这种情况下目的外利用的法律性质）并非截然断定为公法关系或私法关系，而要根据拜访人的行为与办公大楼的公法用途之间的关系而定。这是同一主体对不同类型公物利用而产生的差异，但是同时也反映了二者差异中的共性，同一主体对不同公物的利用方式的差异并未超脱本来利用与目的外利用的范畴。又如，公共公物包括

079

公众用公物和公营造物，以社会公众对其的利用为例，社会公众对公众用公物的利用通常只依该物的因素（如物理性质等）和公共用途即可实现对该公物使用价值的分享，无须借助人员辅助或其他服务辅助，如市民在公园里散步，利用公共照明设施看书等；但是社会公众对公营造物的利用则不同。公营造物是人与物的结合体，人的因素和物的因素密不可分，缺少任何一种因素，公营造物的公共用途都难以实现，利用人不可能仅依靠物的因素就完成利用，必须辅以人力，最常见的如市民对公立医院、公立高校的利用，除了利用医疗、教育资源等物的因素外，还需借助相关的医疗卫生、高等教育服务。对公众用公物和公营造物的利用虽然有所不同，但是其公共利益实现都具有直接性。

类型化研究的目的并非止步于梳理和呈现不同公物利用形态的特点和区别，而在于根据不同的公物利用形态把握每种利用形态的核心问题，从而为保障公物利用权、实现公物的公益性提出有针对性的完善建议。笔者以公物的分类和公物利用的特点为依据，对两种不同公物利用形态进行比较，如表2-1所示。

表 2-1　公物利用的两种形态的比较

对比项	公物利用（之一）：公共公物的利用		公物利用（之二）：行政公物的利用
	公众用公物的利用	公营造物的利用	
概念界定	公众用公物的利用是指社会公众对公众用公物和公营造物的公共利用	公营造物的利用是指社会公众对公营造物中"物"的因素和"人"的因素的利用。由于公营造物是人与物的结合体，离开任何一个因素，公营造物的公用目的将无法实现，因此社会公众对公营造物的利用突出表现为将人与物作为一个整体的利用。如社会公众享受公立大学的教育服务，除了需要利用校舍、图书馆、书籍等"物"的因素外，还要享受公立大学中的教学机构、后勤部门等教职工提供的教学、管理和其他服务	行政公物的利用是指行政主体对行政公物的公务利用。由于行政公物是公共行政服务的物质载体，因此公务利用具有特殊性，它是行政主体行使管理职权、完成行政任务的一部分
利用主体	社会公众	社会公众	公共行政主体，具体包括党政机关、社会团体、非政府组织、军队
利用方式（公用目的的实现方式）	公物的公用目的是通过社会公众对公物使用价值的直接使用和分享而实现的。社会公众对公众用公物的利用最直接体现了公物的公益性，是公物"国家所有即全民所有"最直接的实现途径	公营造物与公众用公物的利用均体现公共利用，或者说社会公众对公营造物的利用体现了发挥公物公共利益功能的直接性。但是公营造物的利用与公众用公物的利用最大的区别在于社会公众对公营造物的利用不仅局限在对实体状态的"物"的利用，更表现在享受服务，而提供服务的"人"的因素在公益性的实现方面发挥着更为关键的作用	公物的公用目的是通过公共行政服务而间接实现的。此处的"间接"是指虽然公物的利益并未被社会公众直接分享，但是由于行政公物是完成公共行政服务的物质手段，而行政机关积极履行国家职责、完成公共行政服务是实现公共利益的保障，因此公物的公用目的是通过公物利用实现的

续表

对比项	公物利用(之一)：公共公物的利用		公物利用(之二)：行政公物的利用
	公众用公物的利用	公营造物的利用	
两种利用形态研究的侧重点	对公物利用开展一般原理的探究和类型化研究是把握公物利用共通原理和不同利用类型各自特点的关键，目的在于探索有针对性的公物公益性保障和公物利用权保障的路径。 第一，对于公共公物利用而言，公众用公物与公营造物的利用既有联系又有区别。就区别而言，公营造物利用关系的是行政法之债的性质，利用人只能取得某种债权性质的法律地位，该法律地位赋予利用人给付请求权，即要求公营造物管理机关实施特定给付、提供特定服务，而对公营造物公物(公营造物管领之物，也属于公物的范畴)原则上无直接支配权；而公共公物的利用关系则不同，在公共公物利用中，利用人被赋予物权性的法律地位，公共公物的利用系权利行使的行为，是利用人对物的直接支配权的体现。 就公众用公物与公营造物的联系而言，二者构成的整个公共公物利用制度的核心在于保障利用权、增加普惠性，因此本书着重研究公物利用权的保障。本书尝试将公物利用权和公共公物公益性保障的切入点放在公物利用权的功能划分上，即作为基本权利的公物利用权按照德国法上的"基本权利功能划分法"，将公物利用权划分为三种功能(防御权功能、受益权功能、客观价值秩序功能)，由此公物利用权的保障将转化为三种功能的实现路径和三种功能对应的不同国家义务的履行。 第二，对行政公物的利用而言，由于行政主体对行政公物的利用不像社会公众对公共公物那样属于权利和利益的赋予和分享，行政主体对行政公物的利用具有内部性，因此行政公物的管理很大程度上影响了行政公物的利用，管理和监督失效将带来滥用利用权、违法利用等严重后果，如公车私用、超标使用行政公物等。因此行政公物利用制度的重点在于完善管理、规范利用、监督利用		

2. 两种利用形态在理论研究方面的不同侧重

对公物利用开展一般原理的探究和类型化研究是把握公物利用的共通原理和不同利用类型各自特点的关键，目的在于探索有针对性的公物公益性保障和公物利用权保障的路径。

第一，从公共公物利用的角度看，公众用公物与公营造物的利用既有联系又有区别。二者的区别在于公营造物利用关系的是行政法之债的性质，利用人只能取得某种债权性质的法律地位，该法律地位赋予利用人给付请求权，即要求公营造物管理机关实施特定给付、提供特定服务，而对公营造物公物（公营造物管领之物，也属于公物的范畴）原则上无直接支配权；而公共公物的利用关系则不同，在公共公物利用中，利用人被赋予物权性的法律地位，公共公物的利用系权利行使的行为，是利用人对物的直接支配权的体现。

二者的联系在于二者构成的整个公共公物利用制度的核心在于保障利用权、增加普惠性，因此本书侧重研究公物利用权的保障。本书尝试将公物利用权和公共公物公益性保障的切入点放在公物利用权的功能划分上，即将作为基本权利的公物利用权按照德国法上的"基本权利功能划分法"，将公物利用权划分为三种功能（防御权功能、受益权功能、客观价值秩序功能），由此公物利用权的保障将转化为三种功能的实现路径和三种功能对应的不同国家义务的履行。

第二，对行政公物的利用而言，由于行政主体对行政公物的利用不像社会公众对公共公物那样属于权利和利益的赋予和分享，行政主体对行政公物的利用具有内部性，因此行政公物的管理很大程度上影响了行政公物的利用，管理和监督失效将带来滥用利用权、违法利用等严重后果，如公车私用、超标使用行政公物等。因此行政公物利用制度的重点在于完善管理、规范利用、监督利用。

（二）逻辑上：公物利用与两种形态系总分关系

在逻辑上，公物利用被类型化为公共公物、行政公物两种不同形态，是一种总分关系。公物要实现社会主义公有制的目的、要实现

"国家所有"向"全民所有"的价值转化,依赖公物使用价值的充分共享、公物利用的充分保障。具体而言,就是要依赖两种利用形态,其中公共公物利用制度的核心在于保障利用、增加公物的普惠性,行政公物利用制度的核心在于完善管理、规范利用、监督利用、高效利用。

(三)理论上:一般原理与具体规则系共性个性关系

公物利用的两种形态具有各自的突出特点,因此在制度核心、具体规则上产生了较大差异。如对公共公物而言,为使公物的本来公共用途得以发挥进而实现公共利益,公共公物利用制度强调公物供给的增加和普惠性的增加,在具体规则上强调对公物自由利用的保障;而对于行政公物而言,由于行政公物的利用主体主要是行政主体,行政公物主要是行政主体完成公共行政服务的物质手段,其利用具有一定程度的内部性和封闭性,如果管理不力、监督不力,则会出现行政公物利用的低效、浪费、滥用甚至违法利用(如公车私用)问题,此时不仅行政公物的公益性难以发挥,还会侵害纳税人的权益。因此,行政公物的利用强调加强和完善管理、促进管理效能与利用实效的同步优化。

但是即便两种公物的利用形态具有各自的特点和制度侧重点,仍然存在大量的共同原则与规则需要提炼为一般原理。如公物利用的原则,无论哪种利用形态,都需要合乎公物本来的公共用途,需要合法合规利用公物。此外,更为重要的是,无论不同的公物利用形态会产生多么复杂的管理、监督或救济等各种性质的法律关系,公物利用关系都是其根基和核心。因此,公物利用的一般原理与三种形态具体规则之间系共性与个性的关系,既需要把握个性,也需要重视对共性部分的研究与梳理,这也是本章要解决的主要问题。

二、公物利用关系

(一) 公物利用关系的成立

公物利用关系,是指依据法律、合同或者习惯,享有利用权的公民、法人或其他组织利用公共公物、行政公物所形成的具有法律意义的关系。尽管公共公物的利用和行政公物的利用在利用主体、公益实现的方式等方面存在较大差异,但是公物利用关系的成立具有基础地位,公物发挥公共利益功能是从利用关系的成立开始的。公物利用关系的成立包括两个要件:利用关系的主体、符合公物利用要求的利用事实。

1. 利用关系的主体

公物利用关系的主体一般包括公物所有人、公物管理人、公物利用人。在公物利用关系中,公物所有人一般是国家,公物管理人一般是行政主体,不过由于国家这个概念具有巨大的抽象性,且国家一般通过立法机关、行政机关、司法机关行使对公物的权利,因此可以认为公物的所有人是行政主体。

行政主体是公物利用关系中极其重要的当事人,具有特殊性,其承担着设置公物、提供公物、利用公物、养护管理公物、维护保护公物利用等职责。具体而言,首先,行政主体是公物的主要提供者。行政主体通过使用公物的来源（如税收等）、合适的方式（如公私合作）设置公物，并以命名的方式赋予公物公法地位。一项财产提供公用并最终具有法律意义是公物利用关系的起点，而行政主体在其中扮演着重要角色。其次，行政主体是促使公物公用目的达成和维护公物利用秩序的主要力量。行政主体在公物利用关系中作为管理者，通过对公物的养护保持公物的使用价值，通过对违法利用公物的行为和其他影响公物公益性的行为的规制（前者如对违法利用人的处罚，后者如对公物收费的控制）促使公物公用目的的达成。最后，行政主体本身也是公物的利用者，这主要指行政公物利用关系。行政公物是行政主体完成公共行政服务的物质手段，行政主体通过对行政公物的利用间接实现公物的公益性。

公物利用人是公物利用关系中最重要的主体，包括行政公物的利用人和公共公物的利用人。行政公物的利用人一般指占有利用本单位行政公物或由资产共享共用机制调入借入从而利用行政公物的行政主体。在行政公物利用关系中，由于行政公物利用和管理的内部性，有时公物利用人和管理人难以完全割裂，不过不可否认的是，对行政公物利用人而言，规范和监督利用是行政公物利用制度最需要关注的。

对于公共公物利用关系而言，公物利用人具有何种法律地位是影响公物利用的基础问题。公共公物利用关系中公物利用人的法律地位主要体现在以下三个方面：第一，公物利用人（一般是指公共公物的利用人）具有主观法律地位而非客观法律地位，这对公物利用人的影响主要体现在司法救济的有效性上。承认公物利用人的主观法律地位意味着因公物利用而产生的纠纷应当通过司法途径解决。当然，需要注意的是，并非所有公物利用的争议都具有可诉性，如公营造物管理机关发布的属于公营造物"运营关系"范畴的命令，如公立高校发布的教学计划、作息安排，该命令属于内部行政行为，不具有可诉性。第二，一般情况下公物利用人处于公法上的地位而非私法上的地位，发生的争议应当适用公法规则，产生公法责任而非私法责任，通过公法方式解决。如公众用公物利用人由于公物设置和管理瑕疵而遭到损害，应当由国家承担行政赔偿责任（国家赔偿）而非民事赔偿责任。第三，关于公物利用人是否享有行政法上的物权，法国曾经存在两种理论，第一种理论认为无论共同利用人还是独占利用人都不享有行政法上的物权；第二种理论认为应当区分公共利用人和独占利用人，独占利用人的法律地位构成行政法上的物权，可以对抗第三人，在受到私人侵犯时可以提起诉讼，但是处于不稳定状态，和民法上物权有所不同。[1]目前，法国、德国、日本等行政法理论均承认公物利用人享有行政法上的物权，但是对于公共公物利用关系而言，公众用公物和公营造物利用人的地位略有不同。公众用公物利用人享有物权性法律地位，其对公物具有直接支配权，而公营造物利用关系系行政法之债的关系，法律只赋予利用人债权性质的法律地位，利用人并不享有对公营造物的直接支配权，而仅享有给付请求权。

---

[1] [法]莱昂·狄骥：《宪法论》，法文版第三册，第346页。转引自王名扬：《法国行政法》，北京大学出版社2016年版，第276页。

2. 符合公物利用要求的利用事实

利用关系主体是公物利用关系赖以成立的人的要素,符合公物利用要求的利用事实则属于公物利用关系赖以成立的行为要素。首先,利用人对公物进行事实上的利用是利用关系成立的前提。其次,利用行为应当为有权利用,即利用人应当享有利用权。社会公众对于大多数公众用公物享有利用权,而公营造物利用一般需要经过许可,行政主体对本单位占有的行政公物也享有利用权。因此,享有利用权的公物利用行为才有可能成立公物利用关系。最后,公物利用关系的成立除要求享有利用权的利用主体实施利用行为外,还要求其利用行为应当符合公物的设置目的、符合利用规则或属于习惯利用。

(二)公物利用关系成立的法律效果

公物利用关系成立后,即产生一定的法律效果,可以从公物管理机关的权利义务和利用人的权利义务两方面来看。

1. 公物管理机关的权利义务

由于公物管理机关地位的特殊性,公物管理机关的权利义务通常不易区分,或者说公物管理机关的权利其实也是其职责和义务。公物管理机关履行义务的内容一般也由其权利内容所限定。例如,公物管理机关行使公物管理权,对公物进行日常维护养护以保持其使用价值;又如,公物管理机关行使公物警察权,对破坏公物利用秩序的行为予以排除妨害,上述权利的行使其实也是公物管理机关的义务履行。如果公物管理机关怠于履行上述义务,不仅会面临内部行政责任,在公物设置与管理瑕疵造成利用人损失的情形下,还须承担国家赔偿责任。

第一,公物管理权。所谓公物管理权是指为了维持公物的良好状态、保障公物的公用目的而由公物管理机关行使的一切管理权能;是公物管理机关采取积极行动保证公物的公用目的和公共功能的管理权能。[1]公物管理权是一种概括性权能,[2]既有事实行为,如由公物管理机关自行对公物进行形态上的修缮、位置上的移动等;也包括民事法律行为和行政法律行为,前者如为了维修损坏的照明设备而与专业人员签订维修合同,后者如公物管理与利用规则的确定、公物底册的建立与保管。公共公物的管理是保证公物公用状态的前提。此外,公共公物的管理根据内容的不同,可以分为积极方面的管理权和消极方面的管理权,积极方面是指公物管理机关主动作为以保持公物的公用目的,消极方面是指公物管理机关防止和消除有碍公物公用目的的行为。[3]公共公物的管理责任一般由公物管理机关承担,所需支出一般应由财政资金保障。由于保持公用、维护公物利用人对公共利益的分享权是公物管理机关的公法职责,因此公共公物的损坏导致公物利用人的损失而引发的赔偿责任,显然应当由公物管理机关承担。

对于公共公物利用关系和行政公物利用关系,管理人在其中的管理权内容略有区别,但是管理权的内容都包括日常养护、修缮、改扩建,公物范围的确定,公物底册的建立和保管、公物产籍管理,公

---

[1] 参见王名扬:《法国行政法》,北京大学出版社2016年版,第237页。
[2] 参见梁凤云:《行政公产研究》,中国政法大学2001年硕士学位论文,第43页。
[3] 参见梁君瑜:《作为复合型主观公权利的公物利用》,载《时代法学》2015年第2期。

物类别的变更、公用目的的变更和消灭,公物结构的保全,排除和防止任何贬损公物公益性的行为等。其一,就公物管理机关对行政公物的管理权而言,其内容主要包括以下四点:(1)行政公物在部门间的流转和配置,如行政公物的调拨和调剂,公物仓统一负责闲置资产的管理与调剂使用;(2)行政公物的信息化管理,如对行政公物的评估、清查、统计报告;(3)主动接受外界对行政公物管理情况的监督,如根据中共中央《关于建立国务院向全国人大常委会报告国有资产管理情况制度的意见》,政府应当定期向本级人大常委会报告国有资产管理情况,发布国有资产管理情况的综合报告;(4)公物规则制定的权力,如河南省制定了《河南省省级政府公物仓管理暂行办法》。此外,还包括监督检查、产权纠纷处理等。其二,就公物管理机关对公共公物的管理权而言,其内容主要包括以下两点:(1)公共公物的公用负担,即行政机关为了完成公用的任务而对私人财产科以一种负担,如发生紧急灾害时行政机关临时使用他人的土地、房屋等;(2)对公共公物利用的限制,即由于资源稀缺性等对公共公物的利用进行一般许可或特别许可,如道路占用许可、矿物开采许可、河道取水许可等。[1]

第二,公物警察权。所谓公物警察权是指公物管理机关对违反公物管理与利用规则的行为进行干预的权利,又称为公物治安权。[2]由于违反公物管理与利用规则的行为是对公物本来公用目的的破坏

---

[1] 参见梁凤云:《行政公产研究》,中国政法大学2001年硕士学位论文,第51页。
[2] 参见侯宇:《行政法视野里的公物利用研究》,清华大学出版社2012年版,第115页。

和对其他公物利用人权益的影响,因此公物警察权的行使是为了消除上述行为,以便保障公物的公用目的。与公物管理权更多地表现为积极权能相区别,公物警察权则是通过应对和消除妨碍公物公用目的的行为而消极地保证公物的安全,实现对公物利用秩序的维护,因此,公物警察权与公物管理权的另一个重要区别是,公物管理权制裁违反者的方式一般是将其排除在公物利用关系以外,即禁止其对公共公物的利用,而公物警察权则可以对违反者进行行政处罚。此外,由于公物警察权对违反者的权益影响较大,有时候还会对公物的公用目的产生影响,因此治安管理机关在行使公物警察权时应当注意比例原则,且不能贸然行使公物警察权。当公物管理权和公物警察权发生冲突时,依通说适用补充原则,即公物警察权一般只有在公物管理机关不能或不愿消除妨害的情况下才能发动。以公营造物利用关系为例,如果公立高校发生打架斗殴,一般应首先由学校(公营造物管理机关)处理,如果学校显然不能或不愿排除妨害时,派出所(治安管理机关)才能介入排除妨害。

第三,公物家宅权。所谓公物家宅权是指公物管理机关拒绝不符合利用资格的利用人进入公物处所,以保障公物处所不受侵犯的权利。例如,一般情况下政府办公场所等行政公物主要供行政主体内部使用,因此公物管理机关有权拒绝公民以私人目的(如商业目的)进入政府办公场所;又如,公立中学作为典型的公营造物,其设置目的是增进特定区域内适龄学生的精神和智识,因此公物管理机关有权拒绝除教职工、学生以外的其他人群进入学校。

2. 公物利用人的权利义务

第一,利用权。一般来说,公物利用权从两个意义上反映公物利用的状态。从最广义和宏观的角度来看,即"公物凝聚着人民有权从国家获取利益的价值底蕴,公物利用即上述获益活动的总称"[1]。在这个意义上,公物利用权表现为两种形态:一种是社会公众直接利用公共公物而受益的权利;另一种是社会公众享受行政主体利用行政公物进行公共行政服务而间接受益的权利。[2]两种形态共同构成公物利用权,并将公物利用权界定为主观公权利。从这个意义上界定公物利用权,则公物利用权的性质被当作一个抽象的整体来探讨,并不区分不同的利用形态,这个角度的弊端是无法做到具体问题具体分析,并且主要是针对公共公物利用中的自由利用而言的。因此,本书从微观层面界定公物利用权,所谓公物利用权就是公物利用人可以依据公物设置目的对公物进行利用的权利。无论是在公共公物利用关系还是行政公物利用关系中,对公物的利用都是利用人的首要目的和行为,但是问题的关键在于利用权属于什么性质的权利,这在公共公物的利用和行政公物的利用中差异很大。因此本书将利用人的利用权区分为公共公物利用权和行政公物利用权。

在行政公物利用关系中,行政公物主要是作为公务活动的物质手段由行政主体利用,因此行政公物利用权一般表现为公共行政服务的有机组成部分,而不属于主观公权利。换言之,行政主体作为行

---

[1] 梁君瑜:《作为复合型主观公权利的公物利用》,载《时代法学》2015年第2期。
[2] 参见梁君瑜:《作为复合型主观公权利的公物利用》,载《时代法学》2015年第2期。

政公物的利用人并不具有主观法律地位,即使因为行使利用权而发生纠纷,也通常在行政机关内部解决,并不能诉诸司法途径。当然,在行政公物利用关系中,公物利用人(行政主体)有权根据具体公物的设置目的、利用规则利用行政公物。

在公共公物利用关系中,由于公共公物包括公众用公物和公营造物,且公众用公物和公营造物利用又各自包括不同的利用方式,如公众用公物的自由利用和许可利用,公营造物的公法利用和私法利用,各种利用方式的性质都有差异,因此本书此处所称公共公物利用权,仅指利用人采取最惯常的方式对那些与公众生产生活直接相关的公共公物的利用权,如社会公众对城市道路、高速公路、公园、广场、绿地、照明设施、公立医院、公立学校、地铁站、客运站、机场等公共公物的利用,不讨论通过矿物开采许可、河道取水许可等对公物的特别许可利用或独占利用。相比于行政公物利用权,公共公物利用权具有基本权利的性质,属于基本权利。首先,基础设施、医疗机构、教育机构等公共公物直接关系公民最低限度的自由和自主,公民对其的利用必不可少,"公物利用权是一种涵盖环境权、生存权和发展权的复合型人权"[1]。其次,由于社会公众对公共公物的依赖性,公物利用权具有不可转让性。最后,不同类型的公物所涉及的公共公物利用权可以导出其他权利,如通行权、渔业权、利用教育设施权等。

总之,对公物利用人而言,利用权是最基础的权利。虽然行政公物利用权和公共公物利用权在性质上有所差异,但是二者都表现为

---

[1] 张杰:《公共用公物权研究》,法律出版社2012年版,第219页。

利用人可依公物设置目的对公物进行使用并受益的权能。

第二，其他权利。利用权是公物利用人最主要的权利，此外，利用人还享有排除妨害请求权、损害赔偿请求权。排除妨害请求权指的是利用人面临影响公物公用目的阻碍时可以请求公物管理机关排除妨害的权利；损害赔偿请求权指的是因公物设置或管理瑕疵造成利用人损害时利用人可以请求管理人赔偿的权利。

第三，公物利用人的义务。公物利用人应当遵守公物利用规则，合乎公物公用目的地利用公物，且不得影响其他利用人；服从公物管理人的管理，不得给管理人妥善管理公物的行为造成不便；对于付费利用的公物，利用人应当缴费。

三、公物利用的原则

（一）合法利用公物原则

公物的合法利用原则要求公物的利用应当满足以下要求：符合公物本来的公共用途；公物的利用需遵从规则、符合法律规定或习惯；不得损害其他公物利用人的权益。

第一，公物的利用应当符合公物本来的公共用途。所谓公物本来的公共用途是指公法规则确认的公物的公共功能，一般情况下公物的主要功能与公法规则确认的公共功能相一致，例如，对于公共公物，道路的通行功能、航道的航行功能、照明设备的照明功能。但是有时公物的公共功能不限于公物的主要功能，如道路、广场的主要功能分别是通行和休息,同时这些公共场合还是公民行使《宪法》第35条规定的集会、游行和示威自由的地点。又如,对于行政公物,公务用车的本来公共用途是为完成公务活动提供交通工具,行政主体只能用来完成公务活动而不能公车私用。公物利用人在公物本来公共用途的范围内对公物进行利用是符合公物公用目的的,是公民的基本权利,公物利用人超越公物本来公共用途对公物进行目的外的利用,则是对公物公用目的的破坏。例如,高速公路的公共用途是满足高速机动车的快速通行需求,因此三轮车、自行车在高速公路上通行就是对公物本来公共用途的破坏;又如,城市公园的公共用途是满足居民的休闲娱乐,因此摆摊设点、进行经营活动则是对公物公共用途的破坏。

第二,公物的利用符合法律规定或习惯。当法律(广义上的法律,包括行政机关规定的公物管理规则)对公物利用的方式、范围、程序、限制有明确规定时,公物利用应当符合法律规定。如为了维护公路、桥梁、隧道等基础设施的完好和保护公共交通安全,《公路法》第50条第1款规定了在相应公路、桥梁、隧道上行驶的车辆应当符合相应的限载、限宽、限高及限长标准,因此车辆在利用这些公物时应当符合公物管理规则。当法律没有对公物利用的方式、程序、限制进行明确规定时,公物利用应当符合习惯,如曾在"抖音"和"头条"等平台上广泛传播的"广场舞大妈和运动爱好者对公共篮球场的争执",从公物利用的角度看,在篮球场上打篮球是符合这类公物的利用习惯的,因此"广场舞大妈"占用大量的时间在公共篮球场跳广场舞,实际上是对公物的公共用途的破坏,也是对其他公物利用人权利的影响。

第三,不得损害其他公物利用人的权益。公物利用人即使是在公物公用目的的范围内利用公物且并未违反公物管理规则和习惯的情形下,仍然存在损害其他公物利用人权益的可能,因此公物的合法利用原则要求公物利用人不得损害其他利用人的权益,如驾驶人、乘车人不得在高速公路行驶中持续抛物。

(二)充分发挥使用效能原则

所谓充分发挥使用效能原则,是指公物的利用应当最大化地实现其公共利益功能。充分发挥使用效能原则要求公物利用人可以自由平等利用公物,只有公物利用人可以自由平等地享受公物的使用价值,公物的使用效能才能充分发挥。自由利用意味着公物利用人可以自由地利用公物而不受不当禁止,因为自由利用公物是宪法确立的公民自由的具体体现,缺乏对公物的自由利用,平等就是空中楼阁。对公物的自由利用是实现公物公用目的最主要的途径,提供充足的可以由公民自由利用的公物是政府的职责所在。当然,任何自由都是有限制的,公物的自由利用应当符合公物的合法利用原则,即对公物的利用应当符合公物本来的公共用途,不得妨碍公物的公用目的,不得影响其他公物利用人的权利。平等利用意味着公物利用人处于平等、无差别利用公物的地位,这是宪法规定的公民平等权的具体实现途径,也是公物公共利益功能的应有之义。

如对公共公物利用而言,自由平等利用公物意味着社会公众可以按照自己的需求选择利用公共公物的种类和方式,只要其利用符合法律规定和公物的公共用途,国家就应当履行消极义务,不能对公物利用进行过多干预,不能过度增加社会公众的公物利用成本。此外,社会公众应当平等地利用公共公物,公物管理机关不应当设置差别待遇。实践中出现的景区门票对本地人与外地人之间的差别定价、景区针对本地人的年卡优惠政策就是对平等利用原则的破坏。因此,应当消除不合理的因素导致的对公物利用人利用成本的不合理分担,以及因此造成的不平等。对行政公物利用而言,自由平等利用意味着行政主体应当足以根据公务活动和公共行政的需要利用行政公物,不同行政主体之间的公物配置和利用不能出现不合理的差别待遇,即不同行政主体应当按需配置和利用行政公物,应当杜绝公物分配的苦乐不均、分配失衡导致的不公平,否则将严重影响行政公物使用效能的发挥。

(三)非营利原则

非营利原则要求公物利用人免费或者在特定情形下仅需付出较低对价就能利用公物,这是由公物的公共利益功能决定的。所谓付出较低对价,是指如果利用人支付的费用属于规费,则征收规费应当以填补建设成本为限,不能以营利为目的,当收费填补建设成本后应当停止收费;如果利用人支付的费用属于价金,一般是社会公众利用公私合作兴建的公众用公物和公营造物的情形,此时私营组织以营利为目的虽然具有合理性,但是国家仍然要对私营组织的收费行为予以规制。非营利原则更多地体现在公共公物的利用中,但是行政公物的利用仍需符合该原则。如公物需求机关通过政府公物仓制度,从公物仓中借入所需资产,一般无须付费,因为公物仓制度本身就是通过对特定资产的统一管理、调余补缺从而实现行政公物利用的集约化。

对公共公物而言,非营利原则则显得更为重要,因为对公物利用的高收费不仅是对公物公用目的的破坏,而且高收费变相剥夺了低收入群体对公物的利用权,不符合公物利用的自由平等原则。当然,公共公物的无偿利用并不是绝对的,在那些无偿利用可能导致"拥挤效应"而造成公物利用低效,或者无偿利用可能对未利用公物的群体产生不公的情形下,公物利用的收费就存在合理性。前者如一些以极具稀缺性的自然资源为依托的国有景区(如九寨沟),征收门票等使用费具有一定调控供需的作用,在某种程度上可以避免景区超负荷营运而导致的资源破坏;后者如高速公路,由于高速公路的使用人是特定群体(至少是"有车族"),免费则意味着将特定群体使用公物所产生的国家支出分摊给未使用公物的群体,而这是不公平的。

公共公物无偿利用的原则对公物管理机关提出以下要求:第一,公物的管理和营运主体应当坚持非营利原则。原则上公共公物的管理和运营主体不得为了追求经济利益而运营和管理公物,既不能在主观上以营利为目的,也不得在实际的运营和管理中采取获得经济利益的手段。追求经济利益与公物的公益性相背离,即使允许运营和管理主体在不影响公物公用目的的前提下获得经济效益,[1]实践中也很难做到。因此为了抑制公物管理和运营机关借助公物牟

---

[1] 参见王名扬:《法国行政法》,北京大学出版社2016年版,第267页。

利从而破坏公物公共利益功能的冲动,应当对公物的营利严格限制。第二,加强对公物利用收费的法律规制。公物利用的非营利原则在公私合作、私营主体参与公物设置的情况下可能难以实现,因为私营主体具有逐利性。为了吸引社会资本投资公物建设从而保证公物的充足供给,向私营主体承诺一定的营利空间是合理的,但是政府仍然应当在公物的福利目的与私营主体的营利目的间尽量保持平衡。

四、公物利用的方式

根据不同的标准,公物的利用方式有不同的分类,此处所称利用方式是公众用公物、公营造物、行政公物都可体现的一般性、共同性的利用方式。

(一)本来利用与目的外利用

这种分类的标准是公物利用行为是否超过公物本来的公用目的,本来利用是合乎公物设置目的和公共用途的利用,而目的外利用是超出公物设置目的和公共用途的利用。同一主体在不同情形下对同一公物可以有不同的利用方式,如某人在公园、广场休闲散步属于对公众用公物的本来利用,而某人在公园内摆摊设点进行经营活动则属于目的外利用。同一主体在同一情形对不同公物可以产生不同利用方式,如某人进入图书馆查阅资料,属于对公营造物的本来利用,而某人进入行政机关处所,则一般认为属于目的外利用。

(二)公共利用和独占利用

这种分类的标准是利用人的人数和利用的排他性,公共利用指利用主体广泛、一般公众均可公共利用的情形,独占利用是指特定的人独占利用公物的情形。就公共公物而言,一般情况下社会公众对公众用公物和公营造物的利用大多属于公共利用,但是通过特许取得矿业权、渔业权而对这类自然资源公物的利用则属于独占利用。就行政公物而言,由于行政公物的目的主要是担当行政主体进行公共行政服务的物质手段,大多数情况下行政公物只由行政主体内部使用,因此可以将行政主体对行政公物的利用理解为独占利用。

(三)无瑕疵利用与瑕疵利用

这种分类标准是公物利用行为是否存在瑕疵,所谓瑕疵,是指不符合公物利用规则或者对其他利用人的权益产生不利影响。无瑕疵利用,是指利用行为完全符合公物利用规则、不会对公物利用或其他公物利用人的权益带来不利的情形;而瑕疵利用,则是指利用行为不符合利用规则或妨碍公物利用的情形。以公营造物为例,学生在公立学校遵守纪律、服从教学安排属于无瑕疵利用,学生在学校内聚众斗殴、严重影响教学秩序则属于瑕疵利用。对于瑕疵利用,公物管理机关基于管理权可以排除妨害,并采取一定制裁措施,如果情形严重,可以剥夺利用人的利用权。如上述例子学校作出开除决定,但是由于开除决定涉及利用人享有权利的人格主体的法律地位,这类决定属于公营造物的基础关系,所以这类决定属于行政处分行为,具有可诉性,如果利用人不服该决定可以提起行政诉讼。再以行政公物为例,公务人员驾驶公务用车开展公务活动为无瑕疵利用,而公车私用则属于瑕疵利用。

(四)公法利用与私法利用

这种分类标准是公物利用关系的性质。所谓公法利用,是指基于公法上的原因而产生公物利用关系的情形,公法上的原因一般包括公法性质的许可、行政协议、法律规定等;私法利用,则是指在公物上设立私法目的公物利用。对于公法利用,以公营造物为例,初中生基于《教育法》关于义务教育的规定而上学就属于基于法律规定而产生的利用关系,属于公法利用。对于私法利用,以公众用公物为例,在公园摆摊设点进行营利活动、在城市道路上设置报亭均属于私法利用;再以行政公物为例,有些机关将其食堂开设外卖窗口进行营利活动即属于私法利用。一般情况下私法利用并不符合公物的设置目的和本来的公共用途,因此设置私法利用要注意不能妨碍公共公物的公共利用和行政公物的公务利用。此外,在私法利用中,当事人处在平等的民事关系中,如产生纠纷应当适用私法规则、寻求私法救济。

五、公物利用的收费

公物利用的收费主要指对公共公物和公营造物利用的收费,公物收费的高低直接影响公物公用目的是否实现,是公物利用中极其重要的问题。下文主要研究以下几个问题：第一，公物免费利用与收费利用各自的合理性。免费利用固然是公物公用目的的要求，但是对于特定公物，免费利用会带来低效和不公，因此合理的收费标准是弥合公用目的对免费利用的要求和免费利用公物带来的不公与低效之间张力的关键。第二，公物收费标准受哪些因素的影响。这是确定公物收费标准和将公物收费类型化处理的依据。第三，公物收费的类型化处理。通过对影响公物收费因素的分析，本书试图建立公物收费的五种类型，以便明确不同收费类型对应的相应种类的公物。第四，公物收费的法律控制。从公物利用收费的原则、用途、收费公开、票据制度等方面加强对公物收费的法律控制，以保证公物的公益性。

（一）公用目的与"拥挤效应"之间的张力

在公物利用中存在着一对矛盾，即公用目的对平等、免费、自由、非排他利用公物的要求和所有公物均免费利用情形下低效和不公的矛盾，这是公物的复杂特性决定的。一方面，公物承载着公共利益功能，关乎全体社会成员的社会福祉，免费利用似乎是其应然之义；另一方面，对于有些公物而言，它们并不是经济学上的纯粹公共物品而属于准公共物品，具有一定排他性和竞争性。出于平等主义的考量和社会公平的追求，公物利用收费又具有正当性。公用目的对高收费的排斥和免费利用情形下的低效和不公之间存在巨大张力。

1. 公用目的对高收费的排斥

公物一般应当以无偿利用为原则，一般不得对公物利用人收费，因为这与公物增进大众福祉的初衷相背离。公物本身承载的公共利益功能决定了其公用的核心价值,而国家向公物利用人收取较高的费用显然会阻碍公物公用目的的实现,是对公物利用人财产权的克减。高收费在本质上也是一种歧视性措施,是对公共资源在低收入群体与高收入群体间不平等的分配,实际上很可能会剥夺低收入群体享受公物使用价值的权利。此外,在公物国家所有即全民所有的宪法规定之下,国家只是公物国家所有权的名义上的所有人,其行使国家所有权的占有、使用、收益、处分权能时受到了诸多限制,其职责是代表全民意志对公物的利益进行公平分配,以便实现公物的公用目的。因此,对于关系全体社会成员最低限度自由和自主的公物,国家原则上不得对使用人进行收费或者高收费。

例如,就收费公路而言,这类基础公物的公益性不仅体现在车辆使用人对该类基础设施的利用上,过高的通行费是对车辆使用人对公共利益的分享和期待权的损害;还体现为一些间接利益,过高的通行费由于加剧了物流成本而影响经济建设;此外,即使并没有直接利用收费公路的社会群体也一定程度上获得了交通便利带来的间接利益,如房地产开发商、安全及时收到快递的民众,而过高的通行费实际上是缴费义务人对这些间接受益者的补贴。[1]又如,公共资源作为国有景区旅游资源的最重要的依托,其产生和发展往往源于大自然的恩赐或者历史文化的传承,背后蕴含着丰富的观赏价值、社会文化

---

[1] 参见赵志荣:《收费公路的定价机制:美国经验借鉴》,载《公共治理评论》2014年第2期。

价值、科研价值,过高的门票价格或者其他使用费实际上剥夺了低收入群体享受公物使用价值的权利,有悖于公物的公用目的。

2. 免费利用带来的低效和不公

公物的公用目的显然排斥对公物利用人的高收费,但是如果所有公物都由社会公众免费利用,则会产生"拥挤效应",公物利用的过度拥挤带来的低效和不公仍然是对公物公用目的的贬损。在经济学上,对于纯粹的公共物品而言,其非竞争性决定了增加其供给并不会带来总成本的增加(不存在"拥挤效应"),而在边际成本为零的基础上对其进行收费会降低纯粹公共物品的总需求,从而出现消费不足的问题,而消费不足则会带来公共福祉的损失,[1]因此在纯粹公共物品的利用中,收费不仅不能起到降低社会总成本、提高效率的作用,反而会造成资源的闲置浪费进而损害公共利益,因此此时由政府免费提供、社会公众免费利用是最高效的。例如,假设公共资源(如自然或人文资源)具有可再生性、可复制性,且以公共资源为依托的国有景区具有足够的接待游客的能力,则此时国有景区就具有纯粹公共物品的特性,其边际成本为零,对游客收取门票及其他使用费的行为会导致利用人的减少和消费不足,这将造成以公共资源为依托的旅游资源的浪费进而导致社会福利的损失,因此在这种情况下公物收费并不高效。

然而,显而易见的是,上述例子中的旅游资源并不是完全没有竞

---

[1] 参见[美]约瑟夫·E. 斯蒂格利茨:《公共部门经济学》(上)(第3版),郭庆旺、杨志勇、刘晓路等译,中国人民大学出版社2013年版,第111页。

争性和排他性的纯粹公共物品,而属于具有一定排他性和竞争性的准公共物品。从经济学上讲,准公共物品免费使用并不是最高效的。在免费的情况下,随着使用者的增加,边际成本的变化将分为两个部分,在拥挤点出现以前,边际成本始终保持不变,需求的增加(利用人的增加)不会对边际成本产生丝毫影响。而拥挤点出现以后,需求的增加会带来边际成本的持续增加,此时边际成本并不会由单个使用者内部消化,而是以对全体使用者带来负外部效应的形式呈现,这将造成即使是在边际成本已经远超边际收益的情形下,对该准公共物品的需求和使用仍然不会因此减少,从而造成消费过度膨胀、使用效率低下和社会福利受到损失。[1]如以公共资源为依托的国有景区,在免费参观游览的情况下,当景区的接待能力尚能满足当前的游客数量(拥堵点未出现)时,每增加一个游客并不会带来景区边际成本的增加;而当景区的接待能力已经超负荷时,每增加一个游客就会增加景区的边际成本,且即使边际成本持续增加,由于无须付出对价,消费者仍然会不断涌入,而这会造成对公共资源的破坏,景区日常维护成本的增加,人身财产安全保障等管理成本的增加,公共资源观赏价值、社会价值等降低的后果,作为公物的国有景区的公益性将大打折扣。当然,要求公物利用人付出金钱成本未必是解决"拥挤效应"的唯一办法,如对于某些特定的景区,可以采用预约登记、排队利用的措施。由于时间面前人人平等,国家通过要求利用人付出时间成

---

[1] 参见[美]约瑟夫·E. 斯蒂格利茨:《公共部门经济学》(上)(第3版),郭庆旺、杨志勇、刘晓路等译,中国人民大学出版社2013年版,第110~111页。

本的方式调节需求和供给之间的关系,更加体现一种平等的理念,既可以实现公物的公用目的、保证社会公平,又能够尽量避免"拥挤效应"。

对于那些属于准公共物品的公物而言,免费利用除了会降低效率、有损公物公共功能以外,还会导致不公。原因在于,对于一些看似惠及全民但是实际由特定群体利用的准公共物品而言,全民税收实际上并没有为所有人享用,受益人仅仅是特定的群体,利益的分配是可见和集中的,[1]如果全体纳税人承担缴费义务以支付特定群体利用公物产生的国家支出,这是一种严重的社会不公。以高速公路为例,如果不考虑设置方式而全部免费通行,则可能造成的结果是很大一部分高速公路的成本实际上是通过全民税收而被所有人分担,但是实际利用高速公路的群体仅由拥有或使用私家车的人构成,而大量没有车的人则享受不到高速公路的使用价值。可见,当某些公物的受益分配相对集中或者某些资源的利益仅由特定群体享受时,特定群体因为利用公物或享受利益而产生的国家支出不应当由全体社会成员"买单",这项费用应当由这个特定群体或个人承担,或者付出金钱(缴费)作为对价或者承担其他负担(如前文提到的付出时间成本)。正是在这种情况下,收费具有一定正当性,其理由在于保障公物公共利益的同时还要兼顾社会公平。

除了对一些公物免费利用可能使没有利用该公物的群体利益受

---

[1] 参见[美]E.S.萨瓦斯:《民营化与 PPP 模式——推动政府与社会资本合作》,周志忍等译,中国人民大学出版社 2015 年版,第 27 页。

损、造成不公外,所有公物均免费利用还将损害一些具有收费合法性的主体,这与公物的设置方式有关。仍然以公路为例,对于那些政府还贷公路和经营性公路,收费主体通过贷款、集资与投资等方式对公物的设置进行了必要的投资建设,获得了公路收费的合法性,应当受到法律保护,要求免费利用甚至节假日停止收费都是对上述收费主体利益的损害,同样是一种社会不公。[1]

(二)二者之间张力的弥合:合理的收费标准

公用目的对高收费的排斥和免费利用造成的不公与低效之间张力的弥合需要建立合理的收费标准,实际上,公物收费标准的确定离不开大陆法系"规费"的概念。所谓规费,一般指国家向公共产品和公共服务使用人课征的费用。对于公共产品及服务的使用人来说,规费征收意味着他们因享受国家某一具体给付所需支付的对价,[2]"规费征收的目的并非在满足国家一般行政支出之费用,此应由租税收入支付,而系填补国家因特定给付的行为或维护特定设施所增加之额外支出"。[3]规费与税收不同,税收具有无偿性,即国家征税后并没有相应的对待给付义务,纳税人获得的回报不具有直接性,而是国家通过财政支付的方式提供面向全体社会成员的普遍的公共

---

[1] 参见孙大伟:《收费公路节假日免费之合法性考量——兼论〈收费公路管理条例〉的修订》,载《政治与法律》2013年第7期。
[2] 参见陈清秀:《税捐、规费、受益费与特别公课》,载《律师通讯》1993年第12期。
[3] 萧文生:《自法律观点论规费概念、税费分类及费用填补原则》,载《中正大学法学集刊》第10期(2006年)。

产品和服务。[1]而规费是特定公共产品及服务的使用者因享受特殊利益而向国家付出的对价,可见规费的回报具有直接性,付出的成本与享受的利益是一一对应的,且规费征收的对象是特定群体。

换言之,规费与税收的显著区别体现在回报的直接性和受益的特殊性,征收规费的行为产生规费义务人(特定群体)直接享受特定公共服务的法律效果,而税收则不会给纳税人带来(普遍的群体)直接回报。引入"规费"概念的意义在于将公物收费的问题转化为公物使用费到底由国家还是公物使用人承担的问题,即哪些公物的使用费应当由政府以税收形成的财政资金支付(使用者免费利用),哪些公物的使用费应当由公物利用人以规费的方式支付(使用者付费利用),这实际上是由公物收费标准的影响因素所决定的。

对于公物的自由利用,大陆法系传统的公物理论认为收费是对公物公用目的的妨碍,[2]只有由社会公众无须许可地免费利用公物才能充分体现公物的公共功能,公物利用的收费只能是例外。[3]大陆法系关于公物自由利用以免费为原则的传统理论彰显了公物的公共利益功能,明确了社会公众公物利用权,对实现大众福祉和公共利益具有重要意义。但是公物自由利用的免费原则并非排斥对公物利用的收费,这一方面是由于以免费为原则的理论过于空泛,另一方面也由于在现实中公物的构成十分丰富,并非所有公物都具有完全的

---

〔1〕 参见葛克昌:《税法基本问题》,台北,元照出版有限公司2005年版,第363~364页。
〔2〕 参见王名扬:《法国行政法》,北京大学出版社2016年版,第270页。
〔3〕 参见[德]汉斯·J.沃尔夫、[德]奥托·巴霍夫、[德]罗尔夫·施托贝尔:《行政法》(第2卷),高家伟译,商务印书馆2002年版,第455页。

非竞争性和非排他性。因此，大陆法系国家和地区一般并不将公物自由利用的免费原则视为一种宪法原则，而更多地在法律保留的意义上（或者说收费法定主义的意义上）运用免费利用的原则，即法律（狭义的法律）可以并且只能由法律来设定公物利用的收费。[1]

关于公物利用的收费，我国行政法学界主流的观点是公物是否收费应当考虑公物利用的类型和公物设置的方式。就公物利用的类型而言，自由利用以免费为原则，而许可利用则以收费为原则；就公物设置的方式而言，自然公物和以税收为资金来源全资建设的人工公物以免费为原则，以政府贷款建设、公私合作等方式设置的人工公物则以收费为原则，但是要对公物利用的收费进行法律控制。[2]

关于公物收费的标准，一般认为应当考虑公物设置的方式、公物收费的用途或目的、公物的使用方式。[3]除此以外还应当考虑公物利用需求的基本性、收费手段与效果间的关系（成本与收益）、受益群体的范围、公物提供主体的收费意愿。[4]还有一种观点认为，如果提供某一公共产品或服务的职责属于国家的一般任务，则使用费应当由税收承担，不得对利用人收费；而当某一公共产品及服务的利益主要由个别人或群体获得时，则应当向利用人收费，即个别化归属标准。[5]当然，判断某项职责是否属于国家的一般任务仍然需

---

[1] 参见王名扬：《法国行政法》，北京大学出版社2016年版，第270页。
[2] 参见肖泽晟：《公物法研究》，法律出版社2009年版，第193~198页。
[3] 参见肖泽晟：《公物法研究》，法律出版社2009年版，第203~206页。
[4] 参见马颜昕：《论公物公众使用收费的标准》，载《现代法学》2018年第1期。
[5] 参见萧文生：《自法律观点论规费概念、税费分类及费用填补原则》，载《中正大学法学集刊》第10期（2006年）。

要对诸多复杂因素进行综合考量。此外,有学者在考察和借鉴美国收费公路定价机制的基础上,从公共财政学的角度提出了"5W"基础设施收益分析框架,即"(1) Whom to benefit(受益对象),(2) Where to benefit(受益范围),(3) When to benefit(受益时机),(4) Which mechanism to repay(受益回收机制),(5) At what pricing level(受益定价水平)"[1],用以对公共设施的经济性和公平性进行衡量,从而把握受益人获得的利益与其承担的成本之间的关系。只有在接受特定公共设施服务的受益人所付出的成本与其受益程度相当时,这些公共设施(基础设施)的效率才是最高的,同时也是最公平的。[2]

可见,在收费公物的范围和公物收费的标准问题上,我国理论界虽然并没有形成统一的观点,但是基本上都认为影响公物收费的标准并非单一的而是复杂的,应当采用一种综合性的、复合型的标准体系。

(三)影响公物收费标准的五个主要因素

公物收费的标准受诸多因素的影响,同时这些因素也决定了一个公物是否应当收费以及其收费的类型。具体而言,影响公物收费标准的因素,或者说确定公物收费标准需要考虑的因素主要有五个:

---

[1] 赵志荣:《收费公路的定价机制:美国经验借鉴》,载《公共治理评论》2014年第2期。

[2] 参见赵志荣:《收费公路的定价机制:美国经验借鉴》,载《公共治理评论》2014年第2期。

公物需求的基本性、公物的形态和设置方式、公物利用方式、比例原则和公物受益的对象及范围。

1. 公物需求的基本性

公物承担着现代社会主要的行政给付任务,"国家尊重和保障人权"宪法承诺的实现很大程度上依赖于公物的供给,保证社会公众免费或者花费较低的成本享受公物的使用价值是国家的应尽责任。但是社会公众对公物的需求在类型、质量、方式上都体现出巨大的差异,如不同的收入群体可能在对公物的需求上不尽相同,同样是为了满足出行需求,有的人更多依赖公交、地铁等公共交通,有的则更多依赖出租车、滴滴等服务更优质的方式。在同样满足社会公众基本通行权益的情况下,要求政府提供公路、桥梁、公共交通轨道、公交车、地铁等公物是合理的,而要求政府提供出租车、网约车则是不合理的,因为对这种较为优质的服务的需求并不是一种基本需求,如果全部由政府包揽,一方面政府的财政难以支撑,另一方面由政府大包大揽也无法保证公物供给的精细化。

因此,将对公物的需求区分为基本性需求和非基本性需求是有必要的。对于那些基础性的生产或生活资料,与社会公众的生活息息相关、需求普遍、价格弹性较小的物品以及主要关涉中低收入群体需求的物品,国家不得向公物利用人收费或者只能收取低廉的费用,[1]换言之,对这些公物利用的满足是国家的一般任务,公物的使

---

[1] 参见盛斌杰:《对价格工作"保基本"的思考》,载《价格理论与实践》2014年第1期。

用费不应当由公物利用人承担,而应当由国家以税收形成的财政资金支付,如社会公众对普通道路、桥梁、公园的需求就是基本性需求。而对于那些主要面向高收入群体的物品、需求并不普遍的物品,国家可以对公物利用人收费,最典型的如高速公路,因为一般情况下只有车辆使用人(中高收入群体)甚至需要长途出行的车辆使用人才需要使用高速公路,因此这种需求不属于基本性需求,国家可以对高速公路的公物利用人收费。当然这种收费是不能以营利为目的的或者仅允许合理的利润回报,不能破坏和影响公物公用目的的实现。

2. 公物的形态和设置方式

就公物的形态而言,如自然资源、山川大河等自然公物,它们的产生是由于大自然的馈赠,国家对这些资源的所有权是一种名义上的所有权,国家仅是全民意志的代表而获得了对这些资源的利益进行公平分配的资格,真正的所有权人是社会成员,因此原则上国家不能通过向自然公物利用人收费的方式进行牟利。如大部分以公共资源为依托的国有景区,其旅游资源主要得益于自然的恩赐(如自然景观)和历史文化传承(如历史人文景观),全体社会成员都有权对其自由、平等、免费和非排他地利用,且国家对旅游资源的保护、管理所付出的成本也不得转嫁给利用者,因为对公共资源的保护是出于对当代和下一代利益的保护,这属于一般的国家任务,原则上不得对以公共资源为依托的景区收取门票和其他使用费。当然,自然公物免费利用只是原则,对于那些在一定程度上具有竞争性和排他性的不可再生和复制的自然资源,如世界遗产类景区或森林公园,其接待游客的能力非常有限，当景区超过承载能力时需求的增加将导致公共资源的严重破坏，因此可以要求这类公物的利用人付出相应对价，但是应当注意并非一定要收费，只有当采取其他措施（如预约登记、排队使用）均无助于公物的公用目的实现时才可以收费。而对于那些具有很强稀缺性、不可再生且主要由特定主体利用的具有竞争性的自然资源，如矿产资源，由于其主要由特定主体利用而非公共利用，或者说矿产资源公益性的实现途径并不是公共使用，因此国家可以对利用者收费。

而对于人工公物而言，其收费标准的确定则主要受该人工公物资金来源的影响，不同的资金来源导致不同的收费标准。对于由政府出资兴建的人工公物，由于其资金主要源于税收或捐赠，通过财政资金提供惠及民众的人工公物也是税收的主要作用之一，公物利用人可以免费利用，国家不得向公物利用人收取费用。此外，由政府出资兴建人工公物也是政府积极进行行政给付、开展公共事业的职责要求。如《收费公路管理条例》第 4 条明确规定由政府全资兴建和接受捐赠建设的公路，不得收取车辆通行费。但是对于政府贷款兴建的公路，收费有其合法性和必要性，可以对公路利用人收费，但是仍然应当对公路收费进行法律控制，如对这类公路的收费定价不得过高，不能以营利为目的，而应当以偿还贷款和利息为限；收费期限也应当严格限定在贷款清偿之日，之后就不能再对公物利用人收取通行费。此外，出于对公路这类公物公用目的的保障与监督，收费机关应当定期公布公路收费情况，且在调整收费标准时应当举行听证，接受社会公众的监督。[1]对于公私合作兴建的公物,由于私营企业参与公物设置的行为主要是以营利为目的,且在建设或经营该公物时付出了成本,对公私合作兴建的公物的利用人进行收费具有必要性。最为常见的是以BOT方式兴建公物,即对于一些基础设施建设项目,政府以授予企业一定期限特许经营权为交换条件,实现由私营企业投资建设从而节约财政资金的目的,待特许经营期限届满,企业再将基础设施移交政府,在这种情况下应当允许私营企业通过向利用人收费的方式回收投资并获得合理的利润。[2]需要注意的是,虽然在某些情形下政府可以委托私人投资者提供公共产品及服务,而且吸引社会资本提供公共产品及服务往往是高效的,但是这并不能免除政府提供公物、追求公益的公法责任,政府仍然承担保障社会公众利用权、维护社会公众对公共利益期待与分享权的义务和责任。公私合作建设公物是政府在能力不足(资金不足)时充分发挥社会资本优势设置公物的手段,最根本的出发点仍然是对公共利益的追求和公民权利的保障,因此即使收费也应当保证公物的公用目的,不得影响和贬损公物的公共利益功能。这一方面要求政府在公私合作设置公物时不得忽略自身的职责和公共利益追求,另一方面要求公私合作设置公物的收费标准"必须注意平衡福利目的与营利目的之间的冲突,以期既能吸引必要的资本,公平地补偿已经承受风险的投资者,

---

[1] 参见肖泽晟:《从公众参与到利益衡量和理由说明——重大公共资源配置行政决策程序法治化的方向》,载《法学杂志》2013年第9期。

[2] 参见肖泽晟:《BOT法律问题研究中的几个误区》,载《南京大学法律评论》2003年第1期。

又能对现存和未来相关公共利益提供适当的保护"[1]。

3. 公物利用方式

对于属于公物自由利用的情形,由于自由利用是对公物本来公共目的的利用,并未超过公物本来设置之目的,不会对公物的公共用途和其他公物利用人造成影响,因此应当以免费为原则。即使在必须收费的情况下,收费标准也应当考虑公物的公共服务性和缴费义务人的缴费能力,不得设置过高的费用以致普通公众无法承受,也不得随物价上涨而浮动。对于属于特别利用的情形,由于特别利用已经超过公物设置之目的,会对公物的公共用途和其他公物利用人造成损害,因此为维护公物的公共利益功能和弥补对其他公物利用人造成的损害,应当以收费为原则,但是收费标准的确定应当综合考虑对公物自由利用和公物公益性的影响、特别利用人的具体利用方式和所获经济利益等因素,按照对待给付的原则对上述因素进行综合考量,确定收费标准。对于由某些特定的主体独占利用公物的情形,独占利用导致公物的使用价值和利益仅仅由独占利用人享有而排斥他人对该公物的利用,是一种超过和妨碍公物公用目的的利用方式,为了平衡独占利用人和其他未从公物中受益的人之间的利益关系,应当对独占利用人收费,这种收费属于典型的规费,即特殊群体因享受特定公共产品及服务应当支付的对价,因此对独占利用人的收费不应当设置上限而只适宜设置下限。此外,对独占利用人收费的标准确定还应当平衡独占利用人的利益和不特定公众的利益。

---

[1] 肖泽晟:《公物法研究》,法律出版社2009年版,第198页。

政府既不能出于公共利益的考量而对独占利用人收取不合理的过高的费用,从而损害独占利用人的合法权益;也不能对独占利用人收取不合理的过低的费用,从而导致独占利用人和未利用该公物的公众的利益出现失衡。因此,在此时独占利用权的授予宜采用公平竞争的方式,而独占利用收费标准的确定则非常有必要引入公众参与机制。

4. 比例原则

比例原则既是公物收费的重要原则,也是确定公物收费标准的重要因素。一项公物是否收费以及收费高低应当遵循比例原则(狭义的比例原则)的要求,即恰当性、必要性和相当性。[1]

所谓恰当性要求,是指对某些公物利用的收费至少应当是有可能的,并非所有公物都可以收费,只有满足一定条件的公物才具有收费的可能。对于纯粹的公共物品而言,因其不存在经济学上的拥堵点,对于这一类公物,如城市的公园、道路等而言,它们具有非排他性和非竞争性,对其需求的增加一般既不会影响其他利用人的需求和利用状态,也不会增加总成本,因此没有收费的必要和可能,[2]如果对其进行收费则不符合比例原则对收费恰当性的要求。此外,那些由国家提供并且可以保证供给大于需求的公物、不具有需求弹性的公物,也不具有收费的可能性。而对于那些可能出现供给不足而

---

[1] 参见应松年主编:《当代中国行政法》(上卷),人民出版社2018年版,第97~98页。

[2] 参见[美]保罗·萨缪尔森、[美]威廉·诺德豪斯:《经济学》(第19版),萧琛等译,商务印书馆2013年版,第34页。

导致供需矛盾的公物,如以公共资源为依托的国有景区,它接待游客的能力是有限度的,且这类不可再生和不可复制的资源不可能无限增加供给,因此对这类公物的收费存在可能性。

所谓必要性要求,是指对某些公物采取收费的措施必须是所有公物调节机制中损害最小的一个。由于公物的公用目的决定了社会公众有权自由、平等、免费和非排他地利用公物,对公物的收费是对公物公共功能的一种破坏,是对社会公众行使公物利用权的妨碍,因此即使出于调节资源配置、保障公物公益性的目的,也应当保证收费是实现上述目的无法替代的必需且损害最小的一种方式。以国有景区为例,以网上预约、排队利用的方式要求利用者付出时间的成本,可以更好地反映利用者的真实需求,因为时间在某种程度上比金钱对不同收入的群体而言更加平等,对该公物有迫切需求但是收入有限的利用人通过付出等待时间而利用公物,更能体现平等的理念。

所谓相当性要求,是指公物收费的收益应当大于为此产生的成本。一般情况下由社会公众平等、自由、免费和非排他地利用公物是实现公物公用目的最高效和低廉的方式。而对某些特殊公物而言,如果片面地要求其非排他性和竞争性则会影响公物的公用目的,造成成本的激增、低效和不公。因此为了避免上述后果可以采取收费方式,但是收费同样需要付出成本,如硬件设施(收费站、围墙等)、人力资源(审批机关、收费机关等)的投入和由此造成的公物利用的低效,如果公物收费使这些新增的成本大于收益,就不符合公物收费的相当性要求,是否收费以及收费标准的确定必须在公物收费的收益和成本间进行衡量。

5. 公物受益的对象和范围

如前文所述，公物使用费的支付一般表现为支付规费和税收两种方式，前者意味着特定公物利用人因为享受特定的公共物品及服务而需要对因此产生的国家支出付出对价，后者意味着国家以税收得到的财政资金为对价承担了普遍的公物利用人利用公物的成本。换言之，对于那些受益群体特定、范围相对局限的公物，国家提供公用并非基于行政的一般任务，在这种情况下利用公物产生的成本应当由利用人支付；而对于那些受益群体普遍、范围较广、关涉国计民生和长远利益的公物，国家提供公用是行政的一般任务，在这种情况下利用公物的成本不应当由利用人承担，而应当由国家的财政资金支付。如公路、通信设备、绿化设施、照明设施等基础设施和涉及基础教育、文化等领域的公物，一般应当由国家"兜底"保障而不能向利用人收费，或者在有必要收费的情形下也应当加大财政补贴、减少利用人的利用成本，这是由公物的公共利益功能决定的。需要注意的是，衡量某一公物的受益对象和范围不能以地域为标准，而应当以公共性为标准，因为无论是照明设备、绿化设备、道路等基础公物还是承载教育文化价值的公立学校、公立医院等公营造物，它们的利用者很大程度上都局限于其生活区域内。换言之，公物利用权的行使和公物使用价值共享的现实性必然受制于地域，但是这并不能否定公物的公共性。

从以上分析可以看出，确定公物收费标准应当考虑的因素是多元的，单一的标准难以回应公物在利用人的需求、设置方式、利用方式、受益范围等方面的复杂性，即使是在将行政的一般任务作为公物收费标准确定的主要考量因素的情形下，判断某一种提供公用的职责是否为行政的一般任务也需要参考复杂的因素。此外，不同因素的重要性也不同，一项公物之上上述因素的排列组合直接影响公物的收费标准，从而为公物收费的类型化处理提供了最直接的依据。

具体而言，公物需求的基本性是确定公物收费标准的最重要因素。公物的公共功能是在普遍意义上体现着对公共利益的追求和基本权利的保障，而对于具体的公物而言，不同公物的作用决定了社会公众对其的依赖度。对于那些关系国计民生、对公民的生活生产具有最基础作用的公物，社会公众显然对其有极高的依赖性，如水资源等自然资源、道路、照明设施、通信设施等，对这些公物的提供和保障显然应当主要由国家承担，这是政府基本行政给付任务的体现。此时公物利用人应当免费利用，即使出于避免"拥挤效应"、解决免费利用的不公与低效的目的或者由于设置方式（如还贷公路、公私合作兴建公物）而需要向利用人收费时，也应当加强对公物收费的法律控制。如保持较低的价格、确定公物收费的法定主义原则（只有狭义的法律可以设定公物收费项目）、限定公物收费标准的确定和调整主体（全国人大常委会或地方人大及其常委会）、引入公众参与机制、接受公众和媒体监督等。

当然，公物需求的基本性所要求的公物利用的免费或低收费并非意味着只能由国家来设置公物。无论是基本性需求的公物还是非基本性需求的公物，公物的设置、管理与运营都并非只能由国家承担，私营主体经过委托也可以承担公物的供给，如常见的 BOT 公物，在这种情况下资金来源就成为影响公物收费标准的重要性且仅次于需求基本性的要素。无论是政府还贷公物还是公私合作下由私营主体筹资兴建的公物,收费都具有合理性。但是在确定收费标准时,必须注意公物设置方式的公私合作并没有改变公物的公共利益功能,也不能豁免政府提供公用的责任,应当平衡福利目的与营利目的之间的冲突,保证公物的公用目的。当然,对于国家以财政资金或捐赠兴建的公物,由于公物利用成本已经由利用者通过纳税而支付,必须坚持免费原则。

公物利用方式、比例原则、受益范围由于涉及公物的公用目的、对其他公物利用人的影响、成本收益的匹配、公物利用的公共性,因此也是确定公物收费标准需要综合考量的因素。

(四)收费标准的确定主体及公众参与机制的必要性

1. 收费标准的确定主体

现阶段,围绕我国公物收费的各项权力一般由行政机关享有,由当地的财政部门、价格管理部门、相关主管及业务部门共同确定或报本级人民政府批准,或直接由某一级人民政府确定。由于很多公物的收费与当地居民的生产生活密切相关,对其收费标准的确定应当属于宪法规定的某一行政区划内的重大事项,因此公物收费标准的确定权最好由全国或地方人大及其常委会行使,行政机关则主要负责公物收费的具体管理工作。一方面,这样的权力划分可以形成对行政机关的有效制约、抑制行政机关通过公物牟利的冲动;另一方面,由全国或地方人大及其常委会履行公物收费标准确定主体的职责也是建设规范化、法治化有限政府的有效手段,为保障公物的公益性、发挥公物的普惠性提供有效的制度性保障。[1]

2.公众参与机制的必要性

因公物与社会公众生产与生活息息相关,且公物使用成本的增加在一定程度上会影响公物公用目的的实现,因此对于公物收费标准的确定和调整,都应当引入听证制度。听证制度是有效保证社会公众分享公物使用价值的长久性制度保障,而且可以有效避免行政机关出于对私利的追求利用公物进行牟利,而将成本转嫁至社会公众的问题。

(五)公物收费的类型化处理:五种类型及收费标准

上述影响公物收费的因素是公物收费类型化处理的基本依据。根据定价方式和收费作用的差异,公物收费的类型主要有免费、成本性收费、效率性收费、营利性收费和混合性收费。

1.免费利用

免费利用,是指公物的使用费已经由国家通过财政资金的方式予以支付,公物利用人在利用公物时无须支付任何费用或仅支付象征性费用的情形,这是公物公用目的对社会公众免费利用公物的要求,是公物公益性最直接的体现。免费利用的公物主要包括:(1)由国家财政资金兴建的属于基本性需求的公物;(2)大部分自然公物;(3)属于纯粹公共物品的公物;(4)免费向公众开放的私人公物。

第一,由国家财政资金兴建的属于基本性需求的公物。需求的

---

[1] 参见肖泽晟:《公物法研究》,法律出版社2009年版,第202~203页。

基本性和社会公众对该类公物极高的依赖性决定了该类公物利用的普遍性，或者说受益群体和范围的广泛性，因此一般应当免费利用，这是国家完成行政给付、保障公民权利的责任，这区别于同样由财政出资兴建的但是使用和受益群体较为特定情况下的成本性收费。而国家以财政资金出资兴建则意味着即使对该类公物的利用将产生一定使用成本，使用成本也由社会公众通过纳税而提前承担，因此无须利用人在利用过程中承担。

第二，大部分自然公物。自然公物一方面来自大自然的恩赐，另一方面关系全体社会成员最低限度的自由和自主。在"国家所有即全民所有"之下，自然公物（自然资源）实质意义上的所有权人是全体国民，社会公众需要通过公共使用的方式实现对自然公物的控制权，而国家作为名义上的所有权人，则具有保障社会公众公物利用权、实现公物公用目的的责任。因此，对于大部分自然公物而言，应当由社会公众免费利用，如水流、草原、森林、荒地等。但是，对于土地而言，城市土地的免费利用较为特殊，城市土地显然属于全民所有的具有基本性需求的公物，是公民安居乐业最基本的条件，因此其利益应当被社会公众所分享。但是由于土地资源的极端稀缺性，由全体国民直接免费利用是不现实的，国家可以通过转让土地使用、开发与经营权的方式对土地资源进行调控，以便最大限度地实现土地资源的公共利益功能。但是土地使用权的转让也意味着将全体社会成员的公共利用转化为开发商或购房人的特许独占利用，政府通过这种方式取得了丰厚的土地收益。换言之，国家实际上是以排斥其他社会成员对土地利益的平等分享为代价获得了土地收益，土地收益是将社会公众的公共利用变为特殊群体的独占利用所发生的价值转换。[1]因此,按照公物理论,从应然的角度看,由于土地资源应当被全体社会成员共同使用和分享,因此政府不应是土地收益的唯一受益权人,政府在获得土地收益后应当通过恰当的方式弥补未获得独占利用的其他社会成员的损失。如通过完善的住房保障制度满足公民的住房需求,或者将土地收益用于其他公物的供给、保障公民的公物利用权。

第三,属于纯粹公共物品的公物。如果某类公物属于具有非排他性和非竞争性的纯粹公共物品,如城市道路、广场、河流、湖泊、照明设备、绿化设施等,社会公众对这类公物利用的增加一般并不会带来利用成本的增加,也不会阻碍或影响其他利用人利用该公物,则这类公物应当由社会公众免费利用,不得收费。

第四,免费向公众开放的私人公物。虽然国有公物是公物的主要组成部分,但是私人提供公用并经公法规则确认的财产也属于公物。如根据《博物馆条例》的规定,国家鼓励博物馆向社会公众免费开放,并应当对免费公开的博物馆(不限于国有博物馆)给予必要的经费支持,这从法律上赋予了私人博物馆成为公法意义上公物的资格。因此对于私人提供公用并免费向社会公众开放的博物馆,显然不应当向利用人收取使用费。

---

[1] 参见余睿:《公物权理论视角下我国住房保障制度之反思》,载《桂海论丛》2014年第1期。

2. 成本性收费

成本性收费,是指收费标准的确定不考虑营利,而主要用来弥补因公物利用人利用公物时产生的国家支出的情形。一般情况下适用成本性收费的公物主要是由财政出资兴建的,公物利用对象和受益范围相对特定,并且属于非基本性需求的公物。由于享受特定公物利益的是特定个人或群体,因此这种收费的性质属于规费,使用费应当由特定的使用人承担,且收费标准不得过高或过低。因为一方面,收费标准过高是公物利用人对公共利益期待和分享权的破坏,是对公物公共目的的妨碍;另一方面,国家不得因成本性收费而获得额外的收益;但是如果免费利用或者收费标准过低则意味着公物使用费全部或部分由纳税人承担,对那些未利用公物、未享受公物使用价值的社会公众有失公平。因此对于这类公物,公物收费的标准不能过低或过高,应当以弥补支出为限。

关于成本性收费情形下具体确定收费标准的问题,一般认为应当适用对等原则和费用抵偿原则,[1]除此之外,还应当在具体的情况中参考适用成本回收原则。[2]对等原则侧重从利用人的角度权衡收益与成本的关系,即收益负担应当以给付价值为限,公物利用人付出的对价或承担的负担应当与从公物利用中获得的收益对等。费用抵偿原则侧重从国家支出的角度权衡收益与成本的关系,费用应当以弥补和抵扣公物利用所产生的国家支出为限,即公物利用人缴纳的

---

[1] 参见朱海齐:《论行政规费》,载《中国行政管理》2001年第2期。
[2] 参见萧文生:《自法律观点论规费概念、税费分类及费用填补原则》,载《中正大学法学集刊》第21期(2006年)。

使用费应当正好可以弥补国家建设、管理和运营该公物所支出的成本,过高的使用费是对公物利用人利益和公物公用目的的损害,过低的使用费则由于将成本转嫁给一般财政而对纳税人有失公平。成本回收原则实际上也是从弥补国家支出的角度权衡收益和成本,其与费用抵偿原则非常类似。

具体而言,费用抵偿原则一般针对的是在市场上并无相同或可替代给付的公共产品及服务,此时规费的额度主要从行政机关的立场出发。但是为了避免行政机关随意设定费用,也应当存在一个客观的标准对规费的额度进行审查,[1]如房产证遗失后补办,这类行政服务是无法替代的,因此享受这类公共服务需要征收规费的额度更多地从行政机关的立场出发,考量这类公共服务的直接或间接成本,如材料、人工等。而成本回收原则一般针对在市场上存在相似、可替代给付的公共产品及服务,由于这种情况下规费在很大程度上具有类似于"价格"的性质("市场重要性"),[2]因此在确定收费标准时应当在考量国家支出时兼顾市场因素。

3. 效率性收费

从经济学的角度看,对公共产品及服务利用效率最高的方式是定价水平与边际成本和需求曲线的平衡点相吻合,定价过高将导致需求不足从而损失效率,定价过低将导致"拥挤效应"而损失效

---

[1] 参见萧文生:《自法律观点论规费概念、税费分类及费用填补原则》,载《中正大学法学集刊》第21期(2006年)。

[2] 参见萧文生:《自法律观点论规费概念、税费分类及费用填补原则》,载《中正大学法学集刊》第21期(2006年)。

率。[1]属于纯粹公共物品的公物在免费利用时是最为高效的,而对于那些仅考量服务支出作为定价标准就能实现供需平衡的公物,或者说以费用填补为原则的定价刚好处于边际成本与需求曲线的平衡点的公物,成本性收费也是最高效的。换言之,对于一些公物,免费利用和成本性收费既能实现公物的公用目的,又能在公平与效率之间保持均衡。但是成本性收费受限于其主要以服务成本作为规费额度临界点的定价机制,[2]这种收费方式的供需调节能力十分有限,毕竟这种定价方式是以服务成本为主要和基本考量因素的,市场因素只是参考。但是对于某些公物而言,成本性收费并不能准确地把握供需关系,并因此可能导致低效。当成本性收费的定价高于边际成本与需求曲线的平衡点时,此时的公物使用费会导致需求下降从而产生需求不足的效率损失;而当成本性收费的定价低于边际成本与需求曲线的平衡点时,此时的公物使用费则会因需求膨胀从而产生"拥挤效应"。因此,对于某些公物,成本性收费难以准确把握供需关系,过高或过低的定价导致低效,这同样是对公物公用目的的妨碍,因此需要效率性收费。

效率性收费同样不以营利为目的,只是在定价机制上除考虑直接和间接支出外,还主要考虑市场因素,即供求关系。合理的效率性收费的定价应当与边际成本与需求曲线的平衡点相吻合,一般情况下适用效率性收费的主要是那些稀缺性、拥挤性更强的公物,但是

---

[1] 参见[美]保罗·萨缪尔森、[美]威廉·诺德豪斯:《经济学》(第19版),萧琛主译,商务印书馆2013年版,第37页。
[2] 参见章剑生:《行政收费的理由、依据和监督》,载《行政法学研究》2014年第2期。

这类公物仍然是由国家以财政资金兴建的非基本需求类的公物,这一点与成本性收费的公物完全一致。这类公物由于资金源于财政资金,政府收取使用费不得以营利为目的,即效率性收费并不是政府牟利的手段,而只是宏观调控的手段,而调控供需最终的目的仍然是发挥公物公共利益功能。由于这类公物具有极强的稀缺性和拥挤性,所以政府在确定收费标准时就不能只将费用填补或收回成本作为主要目标,而应当以平衡供需、提高公物利用效率为目标。[1]

由于效率性收费的确定标准一般以调控供需、寻求定价和边际成本与收益平衡点的吻合,边际成本与收益平衡点的确定至关重要,可以参考的途径主要有三种:(1)引入市场机制;(2)依赖政府决策;(3)社群自治。

第一,引入市场机制。即在公物供给尤其是公物经营中让市场发挥配置资源的决定作用。通过市场对供需关系、利用者(消费者)具体需求、缴费能力与产品效能等方面的把握,实现公物利用的高效与公物公用目的平衡。当然,即使在引入市场机制的情况下,政府也仍然有在合理范围内调控和干预价格的责任。例如,对于政府主导的采用市场运营模式的国有景区,如安徽黄山、云南玉龙雪山、贵州黄果树景区、浙江乌镇、海南天涯海角景区等,政府是景区所有权的代表,并负有行业管理、政策制定、资金管理及监督的责任。但是将景区的经营权部分或完全委托给民营企业或国有企业,企业经过缴纳转让费、通过整体租赁或承包经营的方式取得景区的经营权和开

---

[1] 参见江利红:《论行政收费范围的界定》,载《法学》2012年第7期。

发权,以市场化的方式负责景区的资源开发与经营[1],即便如此,政府仍然在景区门票及使用费的确定上具有法律控制的权力,如设定政府指导价,取消套票实行一票制,规定景区门票价格调整的公众参与机制等。

第二,依赖行政决策。即公物的效率性收费的定价完全依赖政府的决策。这源于政府在公共行政管理中积累的信息优势,这种信息优势是合理定价的基础。对于政府专营模式的国有景区,景区经营管理权由国家或地方政府成立的管理机构行使,如故宫、九寨沟、泰山等景区,[2]在这类特殊公物的经营和定价中,政府掌握着足够的自然资源与生态环境保护、景区承载能力、相关的交通流量等必要的信息,有利于合理定价。

第三,社群自治。多中心治理理论认为,在特定条件下,可以打破资源使用费定价的国家或市场的二元理解,社群成员通过设计有效的相互合作的机制完全可以实现自主治理,在定价中实现均衡、公平和高效。

4. 营利性收费

营利性收费,是指公物收费在一定程度上以营利为目的的情形,即公物利用人支付的公物使用费不仅能弥补该公物的建设、运营、管理等成本,公物收费主体还能获得一定投资回报。营利性收费多适

---

[1] 参见王玉成:《我国旅游景区管理体制问题与改革对策》,载《河北大学学报(哲学社会科学版)》2017年第3期。

[2] 参见王玉成:《我国旅游景区管理体制问题与改革对策》,载《河北大学学报(哲学社会科学版)》2017年第3期。

用于公私合作兴建的公物,由于这类公物在设置中引入了私营主体和社会资本,因此具有一定盈利空间。营利性收费与效率性收费在引入市场机制调节资源配置和考虑、平衡供需方面具有相似性,但是营利性收费中私营主体投资显然具有很强的逐利性,以实现投资回报的最大化为目标。最常见的是 BOT,在这种情况下收费标准的确定显然远远超过了对成本的弥补,而更多考虑利润最大化。但是即使如此,通过 BOT 等公私合作的方式兴建公物也只是对公物供给方式的创新,公物作为"公益物品"的本质和其承载的公共利益功能并没有发生丝毫变化,政府追求公共利益的目标和保障公物公用的责任也没有变化,社会资本的引入和对公物的建设、运营、管理并不能豁免政府的公法责任,因此政府对公物供给的调控和对公物收费的法律控制极其必要。

具体而言,首先,公物的成本与收益在不同地区差异极大。由私营主体提供某种公物时,在放任市场配置资源和缺少政府规制的情况下,在运输成本、经济规模等因素的影响下,由于提供相同种类和质量的公物在落后地区的成本更高而在发达地区成本较低,为了尽量减小提供公物的成本,私营主体显然会优先考虑将公物投入发达地区。换言之,放任市场竞争将导致回报率高的地区公物供应明显增加,而回报率低的地区公物供给明显不足,从而造成公物供给在发达地区和落后地区的分配失衡,因此政府应当适当调控、交叉补贴。[1]

---

[1] [英]安东尼·奥格斯:《规制:法律形式与经济学理论》,骆梅英译,中国人民大学出版社 2008 年版,第 32~33 页。

其次，某些公物由于具有自然垄断性，由于竞争不足容易导致私营主体利用排他性的垄断势力提高公物使用价格、降低服务质量，从而使全体社会成员丧失对这些重要资源的控制权，因此需要政府采取措施、引入竞争，保证服务质量，确定合理的定价水平。

最后，公私合作的逐利性虽然在公私合作兴建公物中存在合理性，但是公物的公益性、福利性仍然是根本，政府有必要采取措施尽量实现营利目的与福利目的之间的平衡，既不能将公物供给的风险转嫁给社会资本，也不能忽视公物的公用目的和社会公众对公共利益的期待和分享。此外，政府在引入社会资本投入公物建设时不能片面强调公物使用费对收回投资的作用，因为公物建设往往会给私营主体带来间接收益，如开发商可能从基础设施完善带来的土地增值中获得更高的间接收益，在这种情形下，公物营利性收费的确定显然应当考虑这种间接收益对公物成本收益的影响，以便确定合理的价格水平，实现营利目的与公益追求的平衡。

5. 混合性收费

混合性收费，是指那些影响收费标准的因素以混合状态出现在同一公物或同一类公物中时，应当根据不同因素分别定价的情形，这源于公物的复杂性。适用混合性收费的主要包括：(1)政府与社会资本合作(Public-Private Partnership, PPP)模式兴建的公物；(2)拥挤性与稀缺性以不同程度同时存在的公物；(3)基本性需求与非基本性需求共存的公物等。

第一，PPP模式兴建的公物。国家发展改革委、财政部《关于规范实施政府和社会资本合作新机制的指导意见》规定："政府和社会

第二章 公物利用的一般原理

资本合作项目应聚焦使用者付费项目,明确收费渠道和方式,项目经营收入能够覆盖建设投资和运营成本、具备一定投资回报,不因采用政府和社会资本合作模式额外新增地方财政未来支出责任。政府可在严防新增地方政府隐性债务、符合法律法规和有关政策规定要求的前提下,按照一视同仁的原则,在项目建设期对使用者付费项目给予政府投资支持;政府付费只能按规定补贴运营、不能补贴建设成本。除此之外,不得通过可行性缺口补助、承诺保底收益率、可用性付费等任何方式,使用财政资金弥补项目建设和运营成本。"PPP模式中公物的资金来源往往由社会资本和财政资金共同组成,因此在确定使用费标准时应当分别核算,对于由政府公共财政投入的部分,应当采取免费、成本性收费或效率性收费,在实际确定使用费时应当将上述费用从营利性收费中扣除,以保证这类公物的公益性。[1]此外,由于PPP项目一般是公益性极强的基础设施,如采取PPP模式的北京地铁4号线、南京地铁1号线南延项目,因此在政府与非政府主体共享与分配项目带来的利益时,政府应当采取补贴等措施降低公物利用人的利用成本,对使用费进行法律控制。

第二,拥挤性与稀缺性以不同程度同时存在的公物。最常见的是那些区分淡季与旺季的公共景区,这类公共景区在淡季与旺季所表现出的稀缺性和排他性完全不同,因此较为公平和高效的收费方式是根据时段分别定价,在淡季时可以免费或采用成本性收费,在旺季则可以考虑效率性收费。以我国公共景区为例,国家发改委发布

---

[1] 参见刘薇:《PPP模式理论阐释及其现实例证》,载《改革》2015年第1期。

的《关于完善国有景区门票价格形成机制 降低重点国有景区门票价格的指导意见》(发改价格〔2018〕951号)规定了对季节性较强的景区根据淡旺季分别定价,并提出了具体要求。[1]

第三,基本性需求与非基本性需求共存的公物。由于基本性需求和非基本性需求对社会公众的影响极大,社会公众对公物的需求越基本,收费标准应当越低,主要考虑免费利用和成本性收费;而社会公众对公物的需求若并非基本性的,则应当考虑效率性收费、营利性收费,因此根据公物之上不同项目的需求分别定价较为高效。最常见的例子是铁路客运,低收入群体对普通列车的需求属于基本性需求,因此应当适用成本性收费,而且随着运营成本的降低,车票价格也应当相应降低;而对于高铁中的商务座和一等座而言,高收入群体对其的需求属于非基本性需求,因此应当适用效率性收费、营利性收费。

总之,由于实践中公物收费标准的确定受资金来源、需求程度、受益范围、排他性与竞争性的程度等多重因素的影响,且同一种公物可能同时存在多种因素,在确定公物收费标准时应当综合考虑、分别定价,将公物的"公益物品"的定位和公共利益的功能放在首位,同时在资金来源、投资主体多元的情况下还应当兼顾投资者的合法权益。

---

[1]《关于完善国有景区门票价格形成机制 降低重点国有景区门票价格的指导意见》规定:"各地区可根据景区实际情况,对其门票价格实行政府定价或政府指导价。季节性较强的景区,可分别制定淡季、旺季门票价格,引导客流均衡分布,淡旺季票价应保持合理比价关系。对实行政府指导价的景区,可以采取价格上限管理方式,允许景区经营管理者在不超过政府规定上限价格的范围内,根据旅游市场供求状况自主确定具体价格水平。""关于完善国有景区门票价格形成机制降低重点国有景区门票价格的指导意见……"

(六)公物收费的法律控制

1. 明确公物收费原则

明确公物收费的原则是实现对公物收费的法律控制,实现公物收费法治化的重要途径。公物收费标准的确定和调整、主体的确定(公物收费的管理权限),以及公物收费的期限等都应当遵守公物收费原则,公物收费原则应当至少包括:(1)不得违背公物公用目的的原则;(2)公物收费的法律保留原则;(3)公物收费的比例原则。

第一,不得违背公物公用目的的原则。由于公共公物公益性实现的最主要的途径是社会公众对公物使用价值的分享,唯有平等、自由、免费和非排他地使用公物才能使社会公众最直接和有效地享受公物的使用价值,而对公物征收使用费的行为和许可使用人许可利用公物的行为本来就是对公物公益性的贬损。因此在这种情况下必须通过对收费行为附加一定的限制,以确保收费行为不得违背公物的公用目的,保证公物的公益性和普惠性,如对公物收费上限、期限的限制,以及不得在免费、优惠等方面实行歧视政策等。

第二,法律保留原则。公物的公用目的决定了国家增加公物公益性和普惠性、保障社会公众公物利用的责任。一方面,公物收费是对公物公用目的、公物利用权的限制;另一方面,公物收费与财产权征收或税收类似,都是对公民基本权利(财产权)的克减。因此建议确定公物收费的法律保留原则(公物收费的法定主义原则),即涉及公物收费的权力应当由全国人大及其常委会行使。全国人大及其常委会通过立法的方式对公物收费进行设定,具体包括公物收费的标准、主体、项目、期限、公物使用费的调整程序等,而法律以外的规范性文件对公物收费的规定只能被限定为对法律规定的具体化。[1]对于全国性的公物而言,公物收费由全国人大及其常委会设定,这是"国家所有即全民所有"的必然要求;对于地方性的公物而言,地方性公物收费的设定可以由法律授权地方人大及其常委会制定地方性法规的方式来具体决定。

第三,比例原则。比例原则作为行政法上的"帝王条款",同样也是公物收费的重要原则。对于社会公众而言,一方面,要求对公物采取收费的手段可以有效解决"拥挤效应"等问题,从而更有益于公民公物利用权的实现;另一方面,要求社会公众为使用公物付出的成本不得多于其从公物上获取的收益,即公物使用人付出成本与获得利益的对价性。对于国家而言,公物管理部门或其他部门应当对公物的公共利益和收费对公物公用目的的贬损进行权衡,进而保证公物收费是不可替代的、必需且有效的手段,如果有其他更为合适的不妨碍公物公用目的的手段,则需优先采取这些手段。

2. 明确公物收费用途

对本来应当由社会公众自由、平等、免费和非排他利用的公物进行收费,其收费显然应当专款专用,不得任由行政机关使用。一般来讲,公物收费用于公物日常维护、公物的管理、偿还贷款(通过贷款设置公物的情形)等,公物收费的用途应当严格限定在法律规定的限度之内。以风景名胜区有偿使用费、公路的车辆通行费、水资源费为

---

[1] 参见肖泽晟:《公物法研究》,法律出版社 2009 年版,第 199~200 页。

例,国家或地方都对该类公物收费的用途进行了相应的规定,《风景名胜区条例》第38条第2款明确规定景区的门票收入和其他收入一般用于公共资源的保护和管理;《收费公路管理条例》第36条第2款明确规定车辆通行费用主要用于偿还贷款和有偿集资款。

3. 建立收费公开制度

建立收费公开制度是保障公民知情权,保障公物利用权的有效手段,包括建立健全公物收费标准确定和调整的听证制度,定期公布公物收费的专款专用情况,公布公物收费项目的依据、收费主体、审批机关,收费后出具相关票据等。例如,《收费公路管理条例》第27条明确规定了收费公路经营管理者应当在收费站设置公告牌,公告牌应当载明收费审批机关、收费标准、收费期限等重要内容。

4. 完善收费票据制度

收费票据不仅是公物利用人履行缴费义务后应当取得的书面凭证,也是收费监管部门、审计部门用于核查公物收费情况的重要依据。完善的收费票据制度对于保障公物利用权,倒逼行政机关依法履行收费、专款专用等职责具有重要意义。立法应当进一步明确规定公物利用人在履行缴费义务后取得相关收费票据的权利,而收费机关则具有在公民缴费义务完成后出具相关票据的义务,并应当明确规定收费机关不履行上述义务时,公物利用人有拒绝交费的权利以及收费机关的法律责任。

六、本章小结

本书将国有公物利用类型化为两种基本形态：公共公物和行政公物。类型化研究强调两种利用形态的个性，而一般原理则强调两种利用形态的共性，国有公物的公共利益功能通过两种利用形态得以完整发挥。就国有公物利用关系而言，其成立需要两个要件，即利用关系主体和符合公物利用条件的利用事实。就利用关系主体而言，行政主体的地位较为特殊，其一般既是行政公物的利用主体，也是公共公物和行政公物的管理主体。作为利用主体，其利用行政公物的行为是公共行政的有机组成部分，不具有主观法律地位；作为管理主体，其享有公物管理权、公物警察权、公物家宅权。由于公物利用对社会公众的影响极大，行政主体作为管理主体有义务通过消极或积极的行为维护公物利用秩序、保障社会公众的公物利用，因此上述权利虽属于行政机关的权利，同时也是其义务和职责。区别于行政主体，社会公众通常是利用人，尤其是公共公物的利用人，公众享有的对公共公物的利用权是一项基本权利。公共公物利用和行政公物利用均需要符合公物利用的原则，即合法利用原则、充分发挥使用效能原则、非营利原则。

此外，对公物的公益性影响极大的是对公物利用的收费。公物利用收费有两个核心问题，其一，是否收费。这涉及公物使用费是特定使用群体承担的规费还是由国家通过财政资金支付的问题，这是由公物需求的基本性、公物的形态和设置方式、公物的利用方式、公物受益对象和范围等因素决定的。其二,收费标准以何为限。这涉及公物收费的定价机制。由于不同种类的公物在公物的形态、公物设置的资金来源、社会资本的参与程度等方面均存在较大差异,因此不同种类的公物采取的定价机制显然不同,有不以营利为目的的成本性收费和效率性收费,有以营利为目的的营利性收费,也存在混合性收费。尽管如此,公物作为"公益物品"的性质不会改变,政府提供公用、追求福利目的的责任不会改变,因此对公物利用的收费应当加强法律控制。具体而言,公物收费标准的确定、调整以及有关公物收费的一切权限均应当由人大及其常委会行使;公物收费应当符合不违背公物公用目的的原则、比例原则和法律保留原则,且行政机关应当保证公物收费的用途符合法律的规定。此外,为了规范和监督公物利用的收费行为,应当完善收费公开制度和票据制度。

第三章 公物利用的基本形态（之一）：公共公物

公共公物是给付行政最直接的体现，也是实现公共利益和大众福祉的主要途径。在分类上公共公物包括公众用公物和公营造物，在外延上公共公物极其广泛，从公共公物存在状态的分类角度看，包括河流、湖泊、海洋、草地、森林、水资源、矿产资源等自然公物，还包括一系列人工公物，如公共资源类国有景区、通信设施、照明设施、城市土地、城市道路、高速公路、公园、广场等公众用公物，博物馆、公立医院、强制戒毒所、公立高校等公营造物。对社会公众而言，对公共公物的利用最直接地体现了公物的公共利益功能。

本书将公共公物分为公众用公物和公营造物，因此公共公物利用的基本形态包括公众用公物和公营造物，可以说这是公共公物利用的"微型"类型化研究。本章按照公众用公物和公营造物的分类对二者的利用进行了探讨，对于公众用公物，主要探讨自由利用和许可利用；对公营造物，主要探讨公法利用和私法利用。虽然公众用公物的利用和公营造物的利用存在差异，但是整个公共公物利用制度的核心和侧重点在于保障公物利用权、增加公物普惠性，因此本书尝试以"基本权利功能划分法"将作为基本权利的公物利用权做功能上的划分，以此将公物利用权的保障具体化为公物利用权不同功能的实现路径和相应国家义务的履行。

一、公共公物利用的特殊性：突出保障利用权、增加普惠性

（一）利用主体的广泛性、利用需求的基本性、公益实现的直接性

区别于行政公物的利用主体通常是行政主体，公共公物的利用主体是社会公众，利用主体和利用范围具有广泛性。诸如城市道路、高速公路、公园广场等公共公物，具有极强的公共利益功能，其使用价值往往关系公民的生活和基本权利的实现，因此社会公众对公共公物的利用需求具有基本性。同时，公共公物公益性的实现是由社会公众对公共公物的直接利用实现的，因此公益实现具有直接性，这区别于行政公物的利用。行政公物的利用由于利用主体和范围的内部性，社会公众无法直接利用行政公物，因此无法直接获得公益，此时公益的实现是行政主体借助行政公物完成公共行政服务来实现的，这是行政公物公益实现的间接性。

（二）利用主体的权利保障和设置、管理主体义务履行的对应性

所谓利用主体的权利保障和设置、管理主体义务履行的对应性，是指社会公众在多大程度上享受公物的使用价值，在多大程度上分享公共利益，很大程度上取决于公物的设置和管理主体的义务履行情况。公共公物普惠性的增加和利用权的保障，一方面，源于国家积极提供和设置公物，积极行使公物管理权以维护和增进公物的使用价值，如根据社会公众的需求兴建城市道路，发展公共交通，如定期

维护、养护公共公物,增加其使用寿命;另一方面,源于国家不断通过体制机制改革和对违反公物法行为的惩治,不断减少影响公物公共功能发挥的因素,如对于公私合作兴建的经营性高速公路,国家应当对私营组织的收费行为予以规制,从而切实减轻公物利用人的利用成本,提升公物的普惠性和公益性。

(三)公共公物利用制度的重点:保障公物利用权

由于公共公物与公民的生产生活密切相关,甚至关系公民最低限度的自由和自主,因此保障公民对公共公物的利用权、增加公物的普惠性最直接地体现了公物承担的实现社会主义目的的任务,也是公物从"国家所有"转向"全民所有"最直接的途径,整个公共公物制度的核心就在于最大限度地发挥公物的公共利益功能。而对于不同种类的公共公物,其利用制度的侧重点又有所不同,公众用公物利用的重点在于保障权利,而公营造物利用的重点则在于维护秩序。这与行政公物的利用有很大区别,由于行政公物是行政机关进行公共行政服务的物质手段,行政公物的公益实现具有间接性,且行政公物的利用主体与管理主体通常都是行政主体自身,因此行政公物利用的重点在于通过强化管理和监督实现规范利用和高效利用,避免公物滥用(如公车私用)、乱用(如重购置轻保养)。

二、我国公共公物的规范依据

在我国,公共公物属于学理概念,在官方和法律文件中并未使用,也并不存在"公物法"或"公共公物管理法",但是这并不代表我国公共公物制度缺乏规范依据。我国公共公物具有宪法、法律、行政法规和其他规范性文件依据,对公共公物的设置、利用、管理主要以专门法的形式予以具体规定,缺乏对公共公物一般规则进行规定的法律文件。

(一)宪法

公共公物的宪法依据主要体现在《宪法》的第一章"总纲"和第二章"公民的基本权利和义务"中,具体包括第9条关于自然资源国家所有即全民所有、合理利用自然资源以及禁止侵占和破坏的规定,第10条关于土地国家所有和集体所有、土地征收征用、土地合理利用和禁止侵占的规定,第12条第1款关于社会主义公共财产神圣不可侵犯的规定,第14条第3款、第4款关于国家改善人民物质文化生活、建立社会保障制度的规定,第19条~第24条关于发展教育事业、自然科学和社会科学事业、医疗卫生事业、体育事业、文化事业、培养人才、加强精神文明建设的规定,第26条关于保护和改善生活及生态环境的规定,第33条第3款关于国家尊重和保障人权的规定,第35条关于言论、出版、集会、结社、游行、示威自由的规定,第43条~第47条关于公民劳动权、休息权、特殊情形下获得物质帮助的权利、受教育权、进行文化活动的权利的规定。

由此可见,上述宪法规范既为国家提供公共公物、保障公共公物的利用提供了直接依据,同时也赋予了国家公物供给及保障的义务和责任,明确了公民公物利用的基本权利。如第9条第1款关于自然资源公物国家所有的规定即赋予了国家作为名义上的所有权人代表全民意志公平分配利益的资格和责任,同时明确了社会公众通过公共利用的方式享有对自然资源公物的控制权。第33条第3款关于尊重和保障人权的规定,实际上明确了国家提供公物和保障公物利用的基本目标。第19条~第24条关于发展教育事业、自然科学和社会科学事业、医疗卫生事业、体育事业、文化事业、培养人才、加强精神文明建设的规定,由于国家推动上述事业的发展和公民对其公益的享受离不开具体的基础设施,如道路、体育场馆、文化场馆、医疗机构,因此这些条款都是赋予和明确政府公物供给职责的规定。从对上述相关规范条文的梳理来看,我国公共公物的宪法规范更多地体现为赋予权(权利与权力)责(责任与义务),是一种原则性规定,并没有具体涉及公共公物提供、管理、救济和对公物利用权的保障。

(二)法律及行政法规

公共公物领域存在大量法律和行政法规依据。法律主要以行政性法律为主,行政法规则是对法律规定作出的具体和细化规定,并且一般是按照特定种类的公物以专门法的形式对其进行详细规定,其内容基本覆盖了公共公物的设置、利用和管理。以公路为例,法律层面主要是《公路法》,主要涉及公路范围、公路的管理体制、公路规划、公路建设、公路养护、收费公路和违反《公路法》的法律责任;行政法规层面如《收费公路管理条例》《城市道路管理条例》等对公路领域的特别问题进行了细致化的规定。

1. 法律层面

具体而言，按照自然公物和人工公物的分类，公共公物在法律层面的规范依据如下：(1)有关自然公共公物的法律主要有《草原法》《海域使用管理法》《海洋环境保护法》《海上交通安全法》《水法》《水污染防治法》《野生动物保护法》《土地管理法》《森林法》《渔业法》《气象法》《防洪法》《航道法》《深海海底区域资源勘探开发法》《环境保护法》《水土保持法》《可再生能源法》《海岛保护法》《矿产资源法》《防沙治沙法》等；(2)有关人工公物的法律主要有《港口法》《公路法》《文物保护法》《民用航空法》《档案法》《旅游法》《体育法》《教育法》《高等教育法》《电力法》《铁路法》《邮政法》《建筑法》《非物质文化遗产法》《道路交通安全法》《人民防空法》《土地管理法》《公共图书馆法》《著作权法》等；(3)无论是自然公物还是人工公物都可能涉及的法律有《刑法》《价格法》《行政许可法》《行政处罚法》《行政复议法》《公共文化服务保障法》《统计法》等，其中《价格法》《行政许可法》对公共公物的利用影响较大。

2. 行政法规层面

按照自然公物和人工公物的分类，公共公物在行政法规层面的规范依据如下：(1)有关自然公共公物的行政法规主要有《野生植物保护条例》《海洋倾废管理条例》《内河交通安全管理条例》《国内水路运输管理条例》《渔港水域交通安全管理条例》《取水许可和水资源费征收管理条例》《水文条例》《土地调查条例》《森林法实施条例》《退耕还林条例》《水生野生动物保护实施条例》《陆生野生动物保护实施条例》《森林防火条例》《草原防火条例》《长江河道采砂管理条例》等；(2)有关人工公共公物的行政法规主要有《历史文化名城名镇名村保护条例》《文物保护法实施条例》《道路交通安全法实施条例》《自然保护区条例》《城市道路管理条例》《城市绿化条例》《公共场所卫生管理条例》《电信条例》《道路运输条例》《风景名胜区条例》《博物馆条例》《铁路安全管理条例》《传统工艺美术保护条例》《铁路交通事故应急救援和调查处理条例》《电力设施保护条例》《广播电视设施保护条例》《民用机场管理条例》等。

(三)其他法律文件

涉及公共公物的其他法律文件包括地方性法规、规章及其他规范性文件、政策文件等。由于其他法律文件是关于特定公共公物的法律法规的细化和具体规定，因此基本覆盖城市道路、收费公路、水上航线、国有景区、森林、土地、公园等公共公物的管理及利用，如涉及国有景区的有《江苏省云台山风景名胜区管理条例》等。

三、公众用公物的自由利用和许可利用

(一)公众用公物利用方式的分类

1. 国内外学者观点综述

根据不同的分类标准可以对公众用公物利用方式进行不同的分类。法国学者一般将共用公产(本书所称公众用公物)分为公共使用和独占使用，其中，又将独占使用分为普通独占使用和特别独占使

第三章 公物利用的基本形态(之一):公共公物

用。[1]公共使用是指社会公众可直接使用公产的情形,此时不需要向行政主体申请便可获得使用权利,公共使用是公产公共用途最直接的体现,社会公众均对共用公产享有非排他的使用权利,公共使用一般适用自由利用、无偿利用原则。独占使用是指须经申请以便获得单独占用、使用一部分共用公产权利的情形,独占使用分为特别的独占使用和普通的独占使用。[2]特别的独占使用是公产使用人例外地单独使用公产的情形,这种使用在一定范围内具有排他性,一般分为固定的特别独占使用和临时的特别独占使用。前者如在道路上设置铁路、管道、固定报亭等,即独占使用具有固定性,使用者使用公产时一般将其设备设施固定于公产(如管道深入道路的底土)之上;后者如在道路上临时摆摊设点、开展夜市、美食节等活动,即独占使用具有临时性、流动性,使用者使用公产时一般不会将其设备设施固定于公产(如夏季烧烤店将桌椅放在店外的道路上)之上。由于特别的独占使用显然已经超出公物本来的公共用途,是对公众用公物的特别利用,因此一般不适用自由利用原则和无偿利用原则,通常不仅应当进行收费,还应当经过特别的程序才可获得特别独占使用(行政特许或行政协议)的权利。普通的独占使用是指公产设定的目的就是供特定群体个别使用,因此对于公物本来的公共用途而言,普通的独占使用是在公用目的范围内的公产使用方式。

在德国,一般将公众用公物的利用分为一般利用和特殊利用。一般利用是指无须特别批准,任何人都可以按照公物的高权性目的

---

[1] 参见梁凤云:《行政公产研究》,中国政法大学2001年硕士学位论文,第211页。
[2] 参见王名扬:《法国行政法》,北京大学出版社2016年版,第274~276页。

的规定(命名)使用该公物的公共权利,[1]一般利用的内容一方面由法律规定,另一方面由命名确定。由于一般利用是在公物公用目的范围内的利用,因此一般利用以无偿为原则、以收费为例外,且收费必须经正式法律的授权。[2]就道路法而言,德国学者认为一般利用的内容客观上源自限制使用方式的命名,主观上源自"交通方面"的使用目的,[3]因此通行和依法停车过夜均符合交通的目的,即符合有意改变位置的交通目的的判断标准。而在道路下铺设管道、在路面堆放物品、在道路上修建报亭等设施就不符合交通目的,因为其不是有意改变位置的行为,因此不属于一般利用。公物沿线居民的利用尽管在一定程度上也超过了公物的公用目的和一般利用,但是沿线居民的利用不属于特殊利用,也无须许可并可免费利用,这源于公民的基本财产权利。[4]特殊利用,是指超出公物公用目的而需要经过特别批准的情形,由于其超过了公物的公用目的,是对公物一般利用的妨碍,因此需要许可。就道路法而言,诸如出于商业目的驾驶或停放机动车、在道路上堆放物品、在道路沿线设置广告牌等均属于特殊利用。[5]

---

〔1〕 参见[德]汉斯·J.沃尔夫等:《行政法》(第2卷),高家伟译,商务印书馆2002年版,第495页。

〔2〕 参见[德]汉斯·J.沃尔夫等:《行政法》(第2卷),高家伟译,商务印书馆2002年版,第498~499页。

〔3〕 参见[德]汉斯·J.沃尔夫等:《行政法》(第2卷),高家伟译,商务印书馆2002年版,第499页。

〔4〕 参见[德]汉斯·J.沃尔夫等:《行政法》(第2卷),高家伟译,商务印书馆2002年版,第509页。

〔5〕 参见[德]汉斯·J.沃尔夫等:《行政法》(第2卷),高家伟译,商务印书馆2002年版,第516页。

第三章 公物利用的基本形态(之一):公共公物

日本学者一般将公众用公物的利用方式分为一般利用、许可利用与特许利用。一般利用,是指无须公物管理机关的意思表示而由社会公众直接利用的情形;许可利用,是指公物的利用事先被禁止,使用人须经申请以便解除该禁止而对公物进行利用的情形;特许利用,则是需要向公物管理机关申请、在获准取得特别使用权后对公物的利用。[1]此外,韩国学者将公共用公物使用分为一般使用、许可使用、习惯上特别使用和行政财产目的之外的使用等。[2]

总而言之,无论是法国法上的公共使用、特别独占使用、普通独占使用,德国法上的一般利用和特别利用,日本法上的一般利用、许可利用与特许利用,还是韩国法上的一般使用、许可使用,域外公众用公物利用的最基本分类方式都是以公物利用与公用目的范围的关系以及是否需经申请为标准的。

在我国,不同学者依据不同的标准就公众用公物的利用方式提出了不同的分类,较有代表性的观点是大陆学者肖泽晟、台湾地区学者李惠宗。肖泽晟将公众用公物的利用分为自由利用和许可利用、普通利用和特别利用、公共利用和独占利用、公法利用和私法利用。[3]李惠宗将公众用公物的利用分为一般利用、许可利用、特许利用、习惯利用和私法利用;[4]此外,还有其他学者根据不同的标准对

---

[1] 参见[日]盐野宏:《行政组织法》,杨建顺译,北京大学出版社2008年版,第264~265页。
[2] 参见[韩]金东熙:《行政法》,赵峰译,中国人民大学出版社2008年版,第206页。
[3] 参见肖泽晟:《公物法研究》,法律出版社2009年版,第170~173页。
[4] 参见李惠宗:《行政法要义》,台北,五南图书出版公司2002年版,第248页。

147

公众用公物进行了相应分类。[1]

具体而言,根据肖泽晟的观点,公众用公物的利用分为:自由利用、许可利用,普通利用、特别利用,公共利用、独占利用,公法利用、私法利用。自由利用与许可利用的分类标准是公物的利用是否需要事前许可,自由利用是指社会公众无须获得许可便可利用公物的情形,许可利用是指利用人需经公物管理机关事前明示或默示许可才能利用公物的情形。许可利用是在资源稀缺性前提下出于对公物利用人利益的平衡和公物利用秩序的维护而对公物利用采取的有条件的限制,许可利用尽管是对公物利用人的限制,但是这种方式有利于公物本来公共用途的实现。[2]普通利用与特别利用的分类标准是公物利用是否超过公物的公用目的,普通利用是指在公物公用目的范围内对其利用的情形,特别利用是指超过了公物本来公共用途的范围而对其利用的情形,如在公园摆摊设点、将餐桌设置在饭店以外的道路上。[3]公共利用与独占利用的分类标准是排他性的强弱,公共利用是指几乎不具有排他性而由社会公众共同使用的情形,独占利用是指由特定利用人排他地利用公物的情形。公法利用与私法利用的分类标准是公物利用关系的法律性质,公法利用是指依公法行为

---

[1] 梁凤云将公共公产的利用分为自由使用、许可使用、特别许可使用、共同使用、独占使用,参见朱维究、王成栋主编:《一般行政法原理》,高等教育出版社2005年版,第255页。侯宇将公共公物的利用分为公法利用、私法利用,一般利用、特别利用,公共利用、独占利用,自由利用、许可利用,有权利用、无权利用,无瑕疵利用与瑕疵利用,本来利用和目的外利用,参见侯宇:《行政法视野里的公物利用研究》,清华大学出版社2012年版,第121~125页。

[2] 参见肖泽晟:《公物法研究》,法律出版社2009年版,第170页。

[3] 参见肖泽晟:《公物法研究》,法律出版社2009年版,第171页。

进行利用的情形,如行政协议、许可或特许或仅基于公法对公物的命名;私法利用是指在不影响公物公用目的前提下以私法为目的的仅需经公物所有权人同意的利用,如在公园内摆摊设点。[1]

根据李惠宗的观点,公众用公物的利用分为一般利用、许可利用、特许利用、习惯利用和私法利用。一般利用是指对公众用公物的利用在公用范围内的情形。许可利用,是指尽管对公众用公物的利用在公用范围之内但是仍需获得许可的情形,包括限制使用和许可使用,[2]前者指出于对公物利用秩序和公用目的的维护而对特定群体的公物利用行为予以限制的情形,如特定道路对超过一定重量、高度的车辆的限制;后者指需获得许可才能对公物利用的情形,可分为基于公物警察权与基于公物管理权两种,基于公物警察权的许可利用如在道路上设立广告牌,基于公物管理权的许可利用如进入公园的门票。[3]并且许可利用并非设定权利行为,而是对符合条件者解除其限制、允许其利用,反之则对其利用进行限制和禁止。许可利用是对公物的一时的利用,区别于持续的、独占的特许利用,属于自由使用的范畴。[4]特许利用是指需经申请而取得特别使用权后对公众用公物进行持续的、独占的、排他的利用的情形。[5]习惯利用是指利用人无须特许而对公物依习惯特别利用的情形。习惯利用源于习惯利用人对公物利益天然的追求,如河流沿岸居民的取水权,因

---

[1] 参见肖泽晟:《公物法研究》,法律出版社2009年版,第173页。
[2] 参见翁岳生主编:《行政法》(上册),中国法制出版社2002年版,第478页。
[3] 参见翁岳生主编:《行政法》(上册),中国法制出版社2002年版,第478页。
[4] 参见翁岳生主编:《行政法》(上册),中国法制出版社2002年版,第478页。
[5] 参见翁岳生主编:《行政法》(上册),中国法制出版社2002年版,第479页。

此习惯利用既具有特许利用的持续性特点,在排他性和独占性方面又没有像特许利用那样具有决定性,习惯利用不得影响公物的公用目的。[1]私法利用是指在不妨碍公共使用的情况下,管理者不得与第三人设定私法上的使用关系,如在火车公车上登刊广告、在停车场设置商店等。[2]这种分类方式稍显混乱,原因在于分类的标准并不相同。[3]

2. 本书观点

从公众用公物利用理论研究的严谨性、普适性的角度出发,本书采纳自由利用与许可利用的分类,并将许可利用进一步分类为普通许可利用和特别许可利用。原因在于,尽管根据不同的分类标准,公众用公物的利用存在多种分类,但是仍然存在较多的交叉,这种情况下自由利用与许可利用可以相对全面地涵盖公众用公物利用的情形,且能准确反映不同利用情形的本质特征。第一,就自由利用、公共利用、普通利用而言,公共利用、普通利用一般也是自由利用,但是公共利用、普通利用更多的是从公物利用的形态或外在表现上对公物利用的描述,而自由利用则更多着眼于这种利用形态之下公物利用的本质特征。以社会公众对公园的利用为例,社会公众对公园的利用在形态上(利用人数)表现为公共利用,在利用内容上(休闲娱乐)表现为普通利用,但是自由利用所蕴含的宪法上的公民自由、公共利益的分享则充分体现了公众用公物利用的公共功能。第二,

---

[1] 参见翁岳生主编:《行政法》(上册),中国法制出版社2002年版,第481~482页。
[2] 参见翁岳生主编:《行政法》(上册),中国法制出版社2002年版,第482页。
[3] 参见侯宇:《行政法视野里的公物利用研究》,清华大学出版社2012年版,第121页。

就许可利用与特别利用、许可利用与公私法利用而言,大多数情况下许可利用均是特别利用,而对于属于特别利用的许可利用的情形,既有可能以公法利用的形式呈现,也有可能以私法利用的形式呈现。以同样是对公路超出通行目的的利用为例,举办马拉松比赛、举行游行示威等活动和在公路下方铺设管道、在公路沿线安装伸向上空的广告牌完全不同:前者由于直接占用公路本身,是对公路主体部分的利用,严重影响了公物本来的公共用途,并且严重限制了其他公物利用人的公共利用,因此这种特别利用显然应当经过公法上的许可,属于公法利用;而后者由于深入公路底土和延伸至公路上空,对公物的本来公共用途影响较小或影响微乎其微,对其他公物利用人的公共利用影响较小,这种经过"批准"(如《公路法》第 56 条第 1 款)的行为实际上产生的是私法同意的效果,属于私法利用。可见,特别利用一般是许可利用的理由,而公法利用、私法利用则被具体的许可利用的情形所包含。因此,本书认为采纳自由利用和许可利用的分类方法更有利于公物利用的研究。

(二)公众用公物的自由利用

1. 公众用公物自由利用的界定

本书认为,公众用公物自由利用,是指公物利用人无须许可、在公众用公物本来公共用途范围内的利用,包括普通的自由利用和增强利用。所谓普通的自由利用,是指社会公众自由、平等、免费和非排他地对公众用公物的利用,如在道路上通行、利用路灯等照明设备、在公园休闲娱乐等。所谓增强利用,是指公众用公物的沿线居民

151

由于其特殊位置和利用习惯而对公物进行增强利用的情形，将公众用公物的增强利用视为自由利用已经逐渐得到认可。

2. 公物附近居民对公物的增强利用权

公物附近居民对公物的增强利用权的依据主要是习惯权利原则、平等及互惠原则、对生存保障的要求。第一，习惯权利原则。由于公物附近居民对公物的利用是长久以来客观存在的习惯行为，且公物附近居民确信该种利用是天然、合法和约定俗成的，因此其对公物的利用应当被保护。公物附近居民的增强使用应当被权利化，即应当由立法承认公物附近居民具有对附近公物无须许可而增强使用的权利。第二，平等及互惠原则。公物附近居民由于位置特殊一般对该公物具有一定的依赖性，也比偶然利用者对该公物的需求更强烈，因此出于平等原则，应当允许公物附近居民对公物进行一定程度的特别利用。此外，国家对公物的开发与供给一般都会向公物附近居民施加负担或类似的等效措施，换言之，国家和其他公物利用人对公物利益的分享在一定程度上是以影响和削减公物沿线居民权益为代价的。如公路的建设与运营必然会为沿线居民带来噪声、灯光、安全等方面的影响，因此出于公用负担平等分担的考量，公物附近居民理应获得利益补偿，即增强利用权。[1]第三，对生存保障的要求。对于某些特殊公众用公物而言，附近居民对其的需求具有基本性，对其的利用具有极高的依赖性，或者说对这类公物的利用已经关系附近

---

[1] 参见［德］汉斯·J.沃尔夫等：《行政法》（第2卷），高家伟译，商务印书馆2002年版，第488页。

居民的自由权和生存权,如沿海渔民捕鱼和养殖的权利关系沿线渔民的生存与发展。因此不仅应当承认公物附近居民对公物的增强利用权,还应当在公物出现多元用途和利益冲突时优先考虑公物附近居民的依赖性用途。

当然,虽然出于习惯权利原则、平等互惠原则和生存照顾原则,将公物的增强利用纳入自由利用具有合理性,但是并非公物附近居民对公物进行的任何方式、内容的利用都属于增强利用。判断增强利用权的范围应当考虑以下几个方面:第一,需求的基本性或者利用的依赖性。如果对公物的利用关系到附近居民的自由权与生存权,或者这种公物利用是极其必要的,都应当属于增强利用,前者如渔民的捕鱼权,后者如德国法上公路沿线企业出于"与外部往来"的目的而将企业道路与公共道路网络连接的需要。第二,是否为习惯利用。通常在不影响公物公用目的实现的前提下的习惯利用属于增强利用。第三,公物附近居民是否承担了超过其他公物利用人的负担或义务。如公路沿线居民对道路的利用,由于其与其他利用人相比,显然较多地承担了噪声、安全等风险,因此在不影响通行的情况下在沿线道路上临时堆放物品属于增强利用。第四,是否超过公用目的的范围。对于将桌椅摆放在饭店外的道路上,在与其不动产相邻的公路上停车,沿线经营者设置自动售货机,为了进入住所而无限制地在人行道上驾车行驶等行为,不仅不符合道路利用的依赖性和必要性,也超出了道路本来的通行功能而属于对道路的不合理利用,因此不属于增强利用。

3. 自由利用的性质

关于自由利用的性质,存在不同学说,主要有反射利益说、权利说、折中说三种,下文具体说明。

(1)反射利益说

反射利益说将公民视为国家权力的客体,行政机关执行法律的行为会给公民带来收益,但是获得这种收益并非公民的权利,而仅仅是一种行政行为的反射效果,因此对于这种利益,个人不得在法律上主张。[1]根据这种观点,公物利用人对公物的自由利用并非源于社会公众的公物利用权,而是基于公物行政的反射效果。[2]换言之,由于社会公众只是行政给付的客体,因此公物作为行政给付的重要方式,公众因自由利用公物而获取的利益仅是公物法的反射效果,社会公众并没有积极地请求创设公物、维持公用的权利,也没有消极地请求排除妨害(包括公用废止的行为)和要求补偿的权利。[3]这种观点将公共利益与私人利益割裂开来,不利于公物利用人权利的保障,且在尊重公民的主体地位方面稍显落后,因此广受诟病。

(2)权利说

现在一般认为自由利用是一种权利,但是自由利用究竟属于哪种权利,存在平等权构成论、自由权构成论、公权利说、诉讼利益扩大说几种观点,分述如下。

---

[1] 参见涂怀莹:《行政法原理》,台北,五南图书出版公司1987年版,第465页。
[2] 参见宋明中:《公物理论及其利用者地位之研究》,台湾辅仁大学法律学研究所1977年硕士学位论文,第235页。
[3] 参见宋明中:《公物理论及其利用者地位之研究》,台湾辅仁大学法律学研究所1977年硕士学位论文,第208页。

其一,平等权构成论。这种观点从平等的视角出发,认为公物的公共利益功能意味着每个公民都有自由平等利用公物的权利,公众用公物的自由利用属于平等权的范畴。[1]虽然平等权构成论在否认自由利用的反射利益性质,进而承认自由利用的权利属性方面是一大进步,但是自由利用属于平等权的性质无法全面涵盖公众用公物的公共利益功能,且平等权是一个过于抽象的概念,因此平等权构成论具有较明显的缺陷。

其二,自由权构成论。这种观点认为公众用公物的自由利用属于私法上的自由权,对其的侵害产生私法上的侵权效果,公物利用人在遭到不法侵害时有权寻求救济以便排除妨害。[2]但是这种观点实际上主要适用于公物利用人遭到非国家的第三人侵害时的救济,对于公物管理机关对公物的设置、公用的变更和废止等国家行为,公物利用人是否可以依此自由权对其进行对抗则并无明确见解,因此也存在一定局限性。

其三,公权利说。该观点认为,自由利用是公物从开始公用到公用废止前由物之支配主体使用的公权利,但是对公民是否享有对国家提供、维持、废止公物公用的请求权,尚存在争议。而社会公众是否可以依据自由利用的权利属性要求国家设置公物、维持公用,以及公众是否享有在公物公用废止时得到保障(如行政诉讼)的权利,这两点对公物利用人极其关键,因此公权利说也存在不足之处。

---

[1] 参见翁岳生主编:《行政法》(上册),中国法制出版社2002年版,第485页。
[2] 参见侯宇:《行政法视野中的公物利用研究》,清华大学出版社2012年版,第170页。

其四，诉讼利益扩大说。根据诉讼利益扩大说，不仅"权利被侵害者"需要行政诉讼的救济，"法律保护或值得保护之利益的被侵害者"也应当具有行政诉讼的原告资格而得到行政诉讼的救济，因此公众用公物的自由利用作为一种反射利益（"法律保护或值得保护的利益"）也应纳入司法救济。诉讼利益扩大说虽然并未将自由利用予以权利化，但是其将自由利用人的权益纳入司法救济，这无疑是对公物利用人权利的极大保护和对公物公益性的保障。有学者称诉讼利益扩大说是将公物的自由利用置于权利化转向的中间地带，使不属于权利而是反射利益的自由利用也可以获得类似于权利遭到侵害时的法律保护。[1]但是对于"法律保护或值得保护之利益""诉讼利益"等概念的界定标准，该学说并未进行清晰的回答，因此也存在一定不足。

（3）折中说

折中说认为对公众用公物自由利用性质的认识不应当非黑即白，即否定公物的自由利用是与公法权利或者反射利益相对立的观点，而应当根据利用人对公物利用的依赖程度来具体判断其到底属于公法权利还是反射利益。对于某些公物利用情形，自由利用属于公法权利，公物利用人的权利应当受到宪法财产权的保障，公物利用人因公用废止而导致损失的可以请求救济；[2]对于某些公物利用情形，自由利用属于反射利益，公物利用人以公用废止为由寻求司法救

---

[1] 参见张建文：《转型时期的国家所有权问题研究——面向公共所有权的思考》，西南政法大学2006年博士学位论文，第187页。

[2] 参见陈新民：《行政法学总论》，台北，三民书局1998年版，第337~338页。

济的合理性极小。[1]

关于如何判断何种自由利用属于公法权利还是反射利益,一般认为应视利用人对公物利用的依赖程度而定。[2]对公物的自由利用属于依赖利用的,则属于公法权利;而对公物利用仅是事实利用的,则属于反射利益。依赖利用,是指公物利用人对该公物的自由利用直接关系生活或权利行使的情形,如山区居民对山区通往外界唯一道路的利用属于依赖利用。换言之,公物利用人的生活及权利行使根本无法脱离对该公物的利用,公物利用人对该公物的需求具有基本性和依赖性。因此依赖利用具有"权利化"的必要,应当被认为是一种公法权利,或者至少应当理解为"法律保护之利益"。在这种情形下,公用废止是对公物利用人自由权、生存权的严重侵害,因此需要得到法律保护。事实利用,是指公物利用人对该公物的自由利用具有可替代性、并无依赖性的情形。无依赖性指的是对公物的利用与其生活和权利行使无关;可替代性指的是由于利用人公物利用方案选择的多样性和可替代性,即使公用废止也不会对利用人造成基本生活的困境。因此事实利用不具有"权利化"的必要,仅属于反射利益。

本书赞同折中说。折中说是对反射利益说和权利说的批判继承,是对权利说中公权利说和诉讼利益扩大说的进一步修正,既较好地解决了公物自由利用绝对化为权利后可能造成的司法超负荷运转

---

[1] 参见翁岳生主编:《行政法》(上册),中国法制出版社2002年版,第490页。
[2] 参见翁岳生主编:《行政法》(上册),中国法制出版社2002年版,第490页。

问题,也避免了对公物依赖利用人权利保障的缺乏。因此本书认为,公众用公物自由利用的性质应当依具体情况而定,依赖利用的自由利用属于公法权利,事实利用的自由利用属于反射利益。

(三) 公众用公物的许可利用

1. 许可利用的界定

根据前文对域外和国内学者关于许可利用概念的考察,从用词和语义上看,就国内学者的观点而言,由于许可利用的概念界定、公物利用方式的分类标准不同,如根据李惠宗关于公物利用方式分类的观点,特别利用与其所称许可利用并列,但是此时的特别利用大致等同于本书所称许可利用;根据侯宇的观点,特别利用在外延上包括许可利用和特许利用,但是侯宇所称特别利用大致等同于本书所称许可利用;根据肖泽晟的观点,独占利用包括普通独占利用和特别独占利用,其所称独占利用大致相当于本书所称许可利用。抛开表述上的差异,无论是特别利用、许可利用、独占利用还是本书所称许可利用,关注的焦点是一致的,即这种类型的公物利用因超过了公众用公物本来公用目的而须经事前许可。因此本书将公众用公物的许可利用界定为公物利用人超过公众用公物本来公用目的而须经普通许可或特别许可方可利用的情形。

公物许可利用是由资源的稀缺性和公物需求、利用方式的多样性决定的。首先,从资源稀缺性的角度看,公众用公物具有稀缺性和有限性,甚至有些公物具有不可再生性。很多公众用公物具有准公共物品的性质,这些公物不具有完全的非排他性,自由利用、免费利

第三章 公物利用的基本形态（之一）：公共公物

用将导致"拥挤效应"的出现，会造成社会总成本的严重升高，并将牺牲一定公物利用的效率。其次，从公物需求、利用方式的多样性角度看，社会公众对同一种公众用公物的需求具有多样性，并同时导致了利用方式的多样性。如对道路的需求，有通行的需求、经营商业活动的需求、堆放物品的需求、铺设管道或设置广告的需求，不同的需求显然导致不同的公物利用方式，而有些利用方式已经超过了公物本来的公用目的，是对本来公用目的和公共利益的破坏，且会严重影响其他公物利用人的权益。在这种情况下，行政权力有必要也有义务介入，采用普通许可和特别许可的方式对公物利用进行调控，以便调和不同利用主体之间的多元利益冲突，保障公物的公用目的，维护公物利用秩序。

需要注意的是，存在两种对超过公物公用目的利用但是仍然无须许可的特殊情况，第一种是公物附近居民的增强利用，第二种是行使基本权利的公物利用。第一，对于公物附近居民的增强利用，前文提到，公物附近居民由于其位置特殊而具有对公物利用的依赖性、习惯性，并承担额外负担，因此应当允许公物附近居民在适当的、必要的限度内进行超过公用目的的利用，而且这种利用无须许可。例如，公路沿线居民为自己的企业在公路旁设置指示牌和广告牌，农民在农田沿线公路上晒玉米粒、在自家房前的道路上临时堆放物品，适当占用道路修建车棚等。但是公物附近居民对公物的利用如果超过了适当利用公物的必要限度，即越过了允许超过公用目的的适当范围，此时的公物利用须经许可。如将桌椅摆放在饭店外的道路上营业、在与其不动产相邻的公路上停车、沿线经营者设置自动售货机、为了进入住所而无限制地在人行道上驾车行驶等。第二,对于行使基本权利的公物利用,尽管公物利用人的有些利用行为已经超过了公物本来或主要的公用目的,但是国家出于对公民行使言论、宗教、通信等基本权利和自由的保障,应当将这种利用归入自由利用的范畴而无须许可。

2. 自由利用与许可利用的区别

自由利用与许可利用的分类标准是公物利用是否超过了公物的公用目的,以及是否应具备事前许可的外在条件。在公物公用目的范围内的利用属于自由利用,而超过公物公用目的范围的利用则一般为许可利用。但是由于公物种类和公物利用形态的多样性,上述标准变得过于抽象,在实践中依此标准很难对某些公物利用行为进行自由利用与许可利用的区分,因此还需要其他更为具体的区分标准。在这方面本书赞同周健《论公物的特别使用及其许可》中提出的区分标准,即从客观行为与主观目的和基本权利行使两个角度进行考察。[1]

首先,从客观行为与主观目的的角度考察。只有在客观行为和主观目的的两方面都是基于公物本来公共用途的公物利用才属于自由利用,而在客观行为与主观目的两方面缺少一个方面即为许可利用。主客观方面的判断标准尽管在自由利用与许可利用界分上过于苛刻,但是有利于对公物公用目的的保护,有利于对其他公物利用人权

---

[1] 参见周健:《论公物的特别使用及其许可》,东南大学2006年硕士学位论文,第10~11页。

利的保障。依此标准,在公路上通行、临时泊车、在公园踏青等显然属于自由利用,而在公路下铺设管道,在公园摆摊设点等,则由于主观目的并非基于公物的公用目的而属于许可利用。其次,从基本权利行使的角度考察。一般情况下如果公物利用的行为是基本权利的行使,如基于政治、宗教、文化、基本生存等目的,且实际上是对宪法规定的基本权利的行使,亦不会对其他公物利用人的权益造成影响,则属于自由利用。如果公物利用的行为并非基本权利的行使,如在公园中摆摊设点从事商业活动,其并非基本权利的行使,且借助公园获取自身收益是对其他公物利用人的不公,因此属于许可利用。

对于上述两个具体的区分标准,一方面,是对以公用目的为基本判断标准的补充;另一方面,主客观方面标准由于是对公用目的标准最直接的考察,因此与基本权利行使的标准相比,更具重要性和普适性。而基本权利行使的标准由于具有一定的抽象性和多变性,因此只是一种重要的参考。

3. 普通许可利用

公众用公物的普通许可利用,是指公物利用虽然超过公物的公用目的,但是并非对公用目的的完全排斥,因而需要许可的情形。普通许可利用的逻辑是对利用的禁止和对禁止的解除,即由于资源的稀缺性,为了调和公物利用人之间的多元利益冲突,维护利用秩序,先行对公物利用设置禁止条件,不符合条件的人禁止利用该公物,符合条件的人经过许可则取得解除禁止的法律效果,可以利用公物。因此,普通许可利用区别于自由利用人对公物占有和利用的非排他性和非竞争性，属于"对自由使用附条件的加强加重使用"[1]；但是其又同时区别于特别许可利用人（以下简称特许利用人）对公物占有和利用的独占性和持续性，因此普通许可利用的结果只是解禁，而非赋权。[2]

普通许可利用具有如下特点：第一，目的的特殊性。由于公物尤其是公众用公物的目的是通过公共利用实现公共利益功能，自由利用最直接地体现了公物的公用目的，但是普通许可利用除承载公用目的外，还具有调控供需、协调利用人之间的利益冲突和维护利用秩序的目的。第二，不适用自由利用原则。在普通许可利用的情形中，利用人需要申请许可才得以利用公物，显然并非完全自由、排他地利用公物。第三，在合理限度内适用有偿原则。虽然普通许可利用具有向利用人收费的合理性，但是普通许可利用毕竟只是对公物临时、一时的利用，并不具有特许利用人对公物利用的独占性、持续性，因此对普通许可利用人的收费应当在必要限度内。一般情况下属于普通许可利用的，收费类型是成本性收费和效率性收费。第四，平等原则适用的有限性。唯有符合条件的人才可利用公物，这显然是对公物利用平等原则的限制。

就普通许可利用的形态而言，公众用公物的普通许可利用主要包括三种形态：基于警察权作用的许可利用、基于公物管理权的许可利用、两种权力相混合的许可利用。

---

[1] 参见梁凤云：《行政公产研究》，中国政法大学2001年硕士学位论文，第61页。
[2] 参见翁岳生主编：《行政法》（上册），中国法制出版社2002年版，第478页。

第一，基于警察权作用的许可利用。某些特殊利用人对公众用公物的自由利用，或者某些特定的公众用公物自由利用的形态，有时会危害公共秩序、公共安全，在这种情形下需要限制自由利用，即对公物利用附加条件或者在具体的公物利用范围、方式等方面设定限制。唯有公物利用人经过事前许可方可利用公物，或者在公物利用时接受公物管理规则的限制，如我国《道路交通安全法》第48条第3款[1]规定的对载运危险品车辆上路的限制，不仅需经许可，且对通行线路、时间、车速都予以限定。但是需要注意的是，在这种情况下，对公物自由利用进行限制的目的仍然是对公物公用目的的维护，因此不得影响公物本来的公共用途。此外，虽然依据警察权作用的许可设定是出于维护公共安全、公共秩序的目的，但是仍然应当适用比例原则。

第二，基于公物管理权的许可利用。基于公物管理权的许可利用主要是为了调整公物利用关系，维护其他公物利用人的权益，降低管理成本，保护公物和维持公用，提高公物利用效率。出于上述目的对自由利用予以限制，当利用人符合特定条件时，则解除对其利用公物的禁止或限制。最常见的例子是收费景区，征收景区门票一方面是将收入投入公共资源的保护，另一方面也出于对旅游资源供需的调控，对景区自由利用的限制正是通过收费来实现的。这里仍然需要注意的是，依据公物管理权设置许可的方式有很多，常见的如向利

---

[1] 《道路交通安全法》第48条第3款规定："机动车载运爆炸物品、易燃易爆化学物品以及剧毒、放射性等危险物品，应当经公安机关批准后，按指定的时间、路线、速度行驶，悬挂警示标志并采取必要的安全措施。"

用人征收使用费。但是由于许可利用本质上并非对公共利用和公用目的的排斥,而收费则存在严重影响公物利用人权益的风险,过高收费是对低收入群体的歧视,因此如果对自由利用的限制有其他可替代且更合适的方式,则一般不应当采用收费的方式。

第三,两种权力相混合的许可利用。有时利用人的利用行为可能既影响其他利用人的公物利用权,又存在较大的安全隐患,因此须经公物警察权和管理权的双重许可。如占用、挖掘公路以及跨越道路架设管线的行为,既会影响通行效率,这是对利用人公物利用权的妨碍,还可能造成公路塌方、高空抛物等事故,这是对公共安全的破坏,因此根据我国《公路法》和《道路交通安全法》的规定,上述行为应当同时征得道路主管部门和公安交管部门的同意。

4. 特别许可利用

公众用公物的特别许可利用是指特许利用人超过公物本来公用目的,对公物进行的持续的、独占的、排他利用的情形,如埋设自来水管、煤气管、架设电力设施等。特别许可利用由于排除了其他公物利用人的利用可能,因此需要征得公物管理机关的特别许可。特别许可利用有两种不同的形态,即"本质"[1]上的特许使用和"非本质上"的特许使用。前者指依该公物的性质,对超出其本来或天然的公用目的的利用需要经过特许,如对实施山防、海防的地区内部设备的利用,以及对航空航线、公交车专用车道的利用;后者是指对该公物

---

[1] "本质"使用和"非本质"使用是我国台湾地区学者陈新民提出的分类方法,本书予以借鉴。参见陈新民:《行政法总论》,台北,三民书局1997年版,第338页。

的特许使用并非源于公物本身,而是源于该公物多样性需求下对某种需求的特别利用,如埋设自来水管、煤气管,架设电力设施。公众用公物的特别许可利用人享有对公物或公物的一部分进行独占、持续和排他利用的权利,但是仍然要符合合法利用公物的原则,即不得违背公物管理规则等法律规定。对于通过行政合同取得的特别许可利用,利用人利用公物时还应当符合行政合同的约定。此外,利用人还享有损害赔偿请求权和损失补偿请求权。

特别许可利用与普通许可利用具有以下区别:第一,是否为赋权行为。普通许可利用属于对自由利用先行限制或禁止,符合条件的则解除限制和禁止,属于"对自由使用附条件的加强加重使用"[1],没有赋权行为;而特别许可利用则赋予特许利用人持续、独占、排他利用公物的权利。第二,自由裁量的程度。一般情况下对于普通许可利用,申请人符合条件的应当许可其利用公物,但是对于特别许可利用,公物管理机关具有较大的自由裁量权,并非申请人符合条件就一定准许其利用公物。第三,是否存在数量限制。对于普通许可利用,对符合条件的申请人的许可没有数量限制,但是对于特别利用许可,符合条件的申请人达到数量限制的,一般采取竞争的方式以保证赋予特许权的公平。[2]第四,是否收费。普通许可利用适用有限的收费原则,而特别许可利用由于排除了其他公物利用人,因此出于对其他公物利用人的补偿,完全不适用无偿原则,应当收费。第五,被许可

---

[1] 梁凤云:《行政公产研究》,中国政法大学2001年硕士学位论文,第61页。
[2] 参见王克稳:《论行政特许及其与普通许可的区别》,载《南京社会科学》2011年第9期。

人的自由度。由于普通许可利用只是对利用人自由利用禁止或限制的解除，利用人可以决定是否利用公物，以及可以在合法利用公物的前提下任意选择利用方式。但是特别许可利用超过了公物的公用目的，并且独占排他利用公物会对其他公物利用人造成不良影响，因此利用方式须符合行政合同或相关规定，且终止或中止利用须经公物管理机关同意。

5. 特别许可利用行为和特别许可利用权的性质

关于特别许可利用的性质，主要有公法契约说、单独处分说以及特殊行政行为说三种观点，下文分别进行介绍：(1)公法契约说。该观点认为，由于特别许可利用是符合条件的申请者与公物管理机关基于合意达成的，因此属于公法上的契约。[1]但是该观点的致命缺点在于，所谓双方的合意并非平等主体间充分的意思表示一致。对于特许利用人而言，特别许可利用是法律羁束和规范下特许利用人在一定范围内享受的利益；对于公物管理机关而言，其裁量权也受到了诸多的限制，因此并不符合公法上的契约理论。(2)单方处分说。该观点认为，特别许可利用是依公物管理机关单方意思表示作出的，属于对行政权力的单方处分。[2]该学说的不足在于，仅关注公物管理机关作出特别许可的单方性并不符合现实，因为特别许可利用毕竟需要申请人的申请或同意。(3)特殊行政行为说。该观点认为，公众用

---

〔1〕 参见林素凤：《论行政法学上之公物制度》，中兴大学法律学研究所1987年硕士学位论文，第85页。

〔2〕 参见林素凤：《论行政法学上之公物制度》，中兴大学法律学研究所1987年硕士学位论文，第86页。

公物的特别许可利用属于公物管理机关行使职权的行为，但是申请人的申请和同意又是特别许可利用成立的必备要件，因此特别许可利用属于需经对方同意的特殊的行政行为。[1]这是目前的通说。

对于公众用公物特别许可利用权的性质，学界存在争议，主要有以下几种观点：公权说、私权说、折中说、务实说。学界争议的焦点在于特别许可利用权属于公法性质还是私法性质，以及属于债权还是物权。对几种主流观点具体说明如下：（1）公权说。持公权说的学者一般是从特别许可利用权取得方式的角度来考察特别许可利用权的性质，即由于该利用权源自公法上的特别许可，因此属于公权的性质。当然，公众用公物特别许可利用权的公权性质并不妨碍其在一定程度上适用私法规范，因为一方面，受到公共利益的限制，特别许可利用权并不像私权那样具有绝对的排他性；另一方面，也由于特别许可利用权与私法财产权具有诸多类似之处（如以占有、使用为内容）。此外，相对于公物管理机关，特别许可利用权属于公法上的债权。（2）私权说。该观点认为公众用公物的特别许可利用权属于私权性质，如"对于公水的使用权于满足使用权人的私的经济利益范围内，其权利乃是具有私权性质的水利权"[2]。至于特别许可利用权属于物权还是债权则存在争议。物权说认为特别许可利用权属于物权，遭受第三人侵害时可以享受物权法的保护，[3]债权说则认为特别

---

[1] 参见林素凤：《论行政法学上之公物制度》，中兴大学法律学研究所1987年硕士学位论文，第86页。

[2] 东京地判昭和三六·一〇·二四下民 二卷一〇号二五一九页。转引自林素凤：《论行政法学上之公物制度》，中兴大学法律学研究所1987年硕士学位论文，第95页。

[3] 参见应松年主编：《当代中国行政法》（第2卷），人民出版社2018年版，第722页。

许可利用权由于产生于合同因而属于债权。(3)折中说。该观点认为公众用公物的特别许可利用兼具公权和私权的性质。这种观点认为,公众用公物特别许可利用权系公权性质的判断依据主要是权利来源或权利形式,而公众用公物特别许可利用权系私权性质的判断依据则主要是权利的内容,因此二者都具有片面性,公众用公物的特别许可利用兼具公权和私权的性质。(4)务实说。持务实说的学者认为讨论特别许可利用权的公权私权性质没有实际意义,应当务实地探讨该权利的让渡性等具体问题。

从上述分析看,公权说是从特别许可利用权取得方式的角度来界定特别许可利用权的性质,由于权利的产生方式是公权性质的特别许可,因此具有公权属性。特别许可利用权的行使在公物利用关系的范畴内属于特别许可利用人的公物利用行为,在公物管理关系中则属于特许利用人对公物管理机关在公物法上的债权。私权说是从特别许可利用权内容的角度界定特别许可利用权的性质。由于特别许可利用权在目的(满足经济利益)、内容(排他地占有使用)上和私法财产权具有相似之处,因此其为私权性质,无论是对第三人还是对公物管理机关都具有物权效力,应当受到全面的物权保护。公权说和私权说对特别许可利用权性质的界定实际上是一枚硬币的两面,因此单纯从取得方式和权利内容的角度,偏废其一地理解特别许可利用权的性质一定是片面的。而务实说认为没必要探讨公众用公物特别许可利用权性质的观点显然不可取,因为对公众用公物特别许可利用权的界定是特别许可制度构建和完善的前提。

本书赞同折中说,即公众用公物的特别许可利用权既具有公权的属性,又具有私权的属性,但是需要对折中说的观点做进一步阐释。

第一,公众用公物的特别许可利用权具有公权性质,且表现为公法上的债权。从公众用公物特别许可利用权的取得方式看,由于其需经特别许可,因此显然具有公权性质。从特别许可利用关系看,特别许可利用关系可视为基础关系和利用关系,基础关系是利用人与公物管理机关之间公法上的债权债务关系。从公物特许利用人的角度看,一方面,其获得了根据特别许可内容对公物进行独占、排他利用的权利,这相当于取得了公法上的债权;另一方面,特许利用人根据特别许可及法律规定应当履行公法上的义务。因此公众用公物的特别许可利用权具有公权性质,具体而言,应属于公法上债权的性质。

第二,公众用公物的特别许可利用权亦具有私权性质,且表现为用益物权。从特别许可利用的利用关系看,特许利用显然具有私权性质。从特别许可利用权的内容看,特许利用人享有的排他、独占利用公物的特别许可利用权显然具有经济价值,因此从权利内容看具有物权属性。从物权请求权的角度看,当第三人侵害特许利用人利益时,特许利用人有请求排除障碍和损害赔偿的权利,这是一种物上请求权。从使用权能看,诸如取水权、捕捞权等对公众用公物的特别许可利用虽然在支配方面与一般的物权不同,但是属于"限制物权"[1]。从我国的实践看,《民法典》(第328条、第329条)已经明

---

[1] 梁慧星主编:《中国物权法研究》(上),法律出版社1998年版,第73页。

确将海域使用权、取水权、探矿权、采矿权、养殖权和捕捞权等公众用公物特许使用权确立为用益物权,这是对特别许可利用权私权属性的界定。当然,实定法上的私权界定,并不影响公众用公物特别许可利用权具有的公法性质,因为基础关系所表现的公权性质和利用关系所表现的私权性质相互依存,且后者以前者为基础,因此有学者称上述公众用公物特别许可利用权属于具有公法性质的私权。[1]换言之,海域使用权、养殖权、捕捞权、取水权等公众用公物的特别许可利用权虽然属于实定法上的用益物权,但是属于准物权的范畴,即"没有行政许可,就没有准物权"[2]。

6. 作出特别许可利用的方式

公众用公物的特别许可利用主要通过两种方式作出,即通过具体的行政行为作出、通过行政合同作出。

所谓通过具体行政行为作出的特别许可利用,是指由行政主体(通常是公物管理机关)通过具体行政行为单方面作出由私人持续、独占和排他利用公物决定的情形,一般分为固定的特别许可利用和临时的特别许可利用。前者如在道路上设置铁路、管道、固定报亭等,即独占利用具有固定性,特许利用人一般将其设备设施固定于公众用公物(如管道深入道路的底土)之上;后者如在道路上临时摆摊设点、开展夜市、美食节等活动,即独占利用具有临时性、流动性,特许利用人一般不会将其设备设施固定于公众用公物(如夏季烧烤店

---

[1] 参见崔建远:《准物权研究》,法律出版社2003年版,第87页。
[2] 崔建远:《准物权研究》,法律出版社2003年版,第87页。

将桌椅放在店外的道路上)之上。[1]由于这种情况下的特别许可利用权授予以行政主体单方面的意思表示为前提,因此通过具体行政行为作出的特别许可利用一般受到两方面的限制,一方面是法律法规具体规定特别许可利用的内容、条件等;另一方面,在没有上述立法约束时公共利益的考量就成为行政主体授予特别许可的必要限制。对于通过具体行政行为作出的特别许可的废除,分为两种情况,一种是行政主体基于公共利益的需要而单方面废除,另一种是基于对特许利用人的制裁而单方面废除。在前一种情形下行政主体可随时废除且无须事前通知,但是在后一种情形下特许利用人享有申辩的权利。[2]

所谓通过行政合同作出的特别许可利用,是指由行政主体和私人在意思表示一致的前提下就利用人持续、独占和排他利用公众用公物达成行政合同而由私人利用公物的情形。通过行政合同的特别许可利用主要受到两方面的限制,一方面,是行政合同对特别许可利用方式、内容、程序等方面的限制;另一方面,是公物本来公用目的的限制。对于通过行政合同的特别许可的变更和终止,就变更而言,在法律或合同没有另行规定的情况下,行政主体享有对除价金条款以外内容单方面变更的权利;就终止而言,大致分为三种情况,一是行政主体基于公共利益的需要而单方面终止,二是基于双方合意解除合同(原因可能是合同期满、标的物丧失等),三是法院的撤销。

---

[1] 参见王名扬:《法国行政法》,北京大学出版社2016年版,第272页。
[2] 参见王名扬:《法国行政法》,北京大学出版社2016年版,第272页。

四、公营造物的公法利用与私法利用

(一)公营造物利用关系

公营造物利用关系,是指社会公众在利用公营造物时,产生的公营造物作为一种组织体与利用人之间的关系。公营造物利用关系对社会公众的生存发展影响极大,这是因为公营造物涉及的行政给付往往与公民生存权、社会权息息相关,在一些公营造物的利用存在收费的情形时,利用人所承担的金钱负担直接关系社会公平。公营造物利用与公众用公物利用的主要区别是,公营造物利用关系是行政法上之债的性质,利用人只能取得某种债权性质的法律地位,该法律地位赋予利用人给付请求权,即要求公营造物管理机关实施特定给付、特定服务,对公营造物公物(公营造物管领之物,也属于公物的范畴)原则上无直接支配权;而公众用公物的利用关系则不同,在公众用公物利用中,利用人被赋予物权性的法律地位,公众用公物的利用系行使权利的行为,是利用人对物的直接支配权的体现。

1. 公营造物利用关系的成立与终止

公营造物利用关系的成立主要有两种形态,即强制利用和任意利用。强制利用,是指行政主体出于实现公益的目的,结合特定公民的实际情况强制特定公民利用公营造物的情形。最典型的强制利用是义务教育、强制戒毒、因传染病而强制隔离治疗。由于强制利用是对公营造物利用人人身自由的侵犯,因此无论是对强制利用的公营

第三章 公物利用的基本形态（之一）：公共公物

造物的设置，还是为保证强制利用状态的实现采取的行政制裁或行政措施，都应当适用法律保留原则，即要有明确的法律（狭义上的法律）依据。任意利用，是指社会公众对公营造物的利用具有选择权，这是公营造物利用的最主要形态。虽然某些公营造物由于其自然垄断地位，社会公众几乎没有选择权而只能选择利用该公营造物，从而产生了事实上的强制利用，如社会公众对城市供水供热等公营造物的利用（主要是私法利用）虽属于任意利用，但是实际上仍然具有一定强制性，此处的强制性毕竟非法律上的强制，因此仍然归为任意利用。但是为保障此时处于弱势地位的利用者的权益，国家应当在缔约方式、缔约内容等方面予以基本保障。[1]

公营造物利用关系在两种情形下可依利用人的自由而终止，第一种是利用人对公营造物的利用属于"一时性的利用"[2]，在这种情形下，利用关系随利用行为的结束而终止，如患者接受公立医院的治疗，治疗完毕后，利用关系即结束；第二种是在任意利用的情形下，利用人可以自由决定是否终止利用关系。当然即使利用人对公营造物属于任意利用，仍然存在利用关系终止需得到公营造物设置管理机关同意的情形，如高等院校的本科生因病退学。

在有些情形下，公营造物利用关系不能完全基于利用人自由而终止。第一种是利用人对公营造物的利用属于持续利用，此时公营造物利用关系的结束需要满足特定要求，如学生在高等院校攻读硕

---

[1] 参见翁岳生主编：《行政法》，中国法制出版社2002年版，第507~508页。
[2] 参见翁岳生主编：《行政法》，中国法制出版社2002年版，第508页。

士学位,此时公营造物利用关系的结束需要该学生满足相应的学分、论文、答辩等毕业要求。第二种是强制利用,在这种情形下结束利用关系仍需要符合一定条件,如义务教育阶段的学生不能随意退学、强制戒毒人员不得随意离开戒毒所。

2. 公营造物利用关系主体的权利与义务

公营造物利用关系的主体主要是利用人和公营造物管理机关,二者权利义务的具体内容受公营造物设置目的、具体类型和利用规则的影响,但是对于利用人而言,其基本的权利为利用权、请求赔偿权,利用人的义务为服从公营造物管理、遵守利用规则等。相对应地,公营造物管理机关则负有允许利用的义务、提供相应公共服务的义务、辅助义务等。

对于利用人而言,符合利用条件的利用人有权根据公营造物的设置目的享受其提供的产品、设施、服务,如观看广播电视台播放的节目,需要注意的是利用权主要表现为接受服务、利用物品,并不能要求公营造物提供自己希望的服务。此外,公营造物的利用仍要受制于公物利用原则的限制,利用人要根据公物设置的目的对公营造物进行目的内利用。当公营造物利用人的权利实现受到阻碍,或者公营造物提供的服务不符合设置目的,或者公营造物管理机关违反其义务,利用人则获得赔偿请求权。此外,由于公物利用权具备基本权利性质,对于一些特殊公营造物的利用人,当公营造物利用的某些规则将严重影响继续利用者的权益时,应当赋予其参与利用规则制定的权利。例如,对于公立高校的答辩申请的程序、延期答辩的条件等,应当赋予学生参与、陈述的权利。对于利用人的义务而言,最基本的义务是服从公营造物管理权,对公营造物进行符合设置目的的利用,尊重公营造物利用规则,不得破坏公营造物利用秩序。此外,还有支付规费(通常是公法利用)或价金(通常是私法利用)的义务。

对公营造物管理机关而言,利用人的利用权对应公营造物管理机关的给付义务,即一方面,应当提供符合公营造物设置目的的产品、设施、服务;另一方面,基于信赖利用保护原则,公营造物管理机关提供的给付须是持续的,不能随意变更调整,不能无法定理由变更和取消公用目的。此外,公营造物管理机关还负有辅助义务,即辅助公营造物利用人实现利用权,保护利用人的人身财产安全。公营造物管理机关的行为即使是在私法利用的情形中,也应确保受到公法原则的限制,如保证利用人平等地利用公营造物而不能存在差别待遇。公营造物管理机关的一项重要权利是利用规则的制定权,但是在制定利用规则时应当符合公营造物的设置目的。利用规则应当有利于发挥公营造物的公共利益功能,即使需要设置针对利用人义务的规定,也要符合比例原则,而对于那些涉及继续利用者(如学生)法律地位的义务,如开除学籍的条件、撤销学位的条件等,应当适用法律保留原则,公营造物管理机关无权设置类似义务规定。

3. 对公营造物管理人和利用人的限制

不同种类的公营造物因其具体功能和公用目的实现的要求不同,对公营造物管理人和利用人的限制也不同。

第一类为纯私法利用的公营造物。这种公营造物利用关系对管理人和利用人的限制最小,利用人的利用无须取得公法许可,而公营造物管理机关的权力限定于规定机关管辖权,以及防御可能妨碍利

175

用权行使的不当干扰。第二类为任意利用的公营造物。利用人的利用需取得公法许可,且需服从公营造物的给付条件和禁止事项,其自由权、平等权、财产权并未超过一般权力关系。公营造物管理机关的权力受法律、公营造物利用规则的约束。第三类为强制利用的公营造物。为实现此种公营造物的设置目标和公用目的,这种公营造物利用关系对利用人的限制最多,且利用人特殊的法律地位为其带来诸多不可预见的权利与义务。例如,接受义务教育的学生需要服从校规、维护教学秩序,应当穿着校服、按照学校作息规划生活;又如,接受医院传染病防治部门隔离治疗的病人,其人身自由必须受到限制才能保证公营造物目的的实现。需要注意的是,尽管在强制利用关系中,利用人的权利受到诸多限制,但是该限制须符合比例原则,不得超出公营造物的设置目的。[1]

4. 公营造物利用关系的性质

先前,公营造物利用关系的性质一直被界定为特别权力关系。特别权力关系,是指"为达成公行政之特定目的,使所有加入特别关系的人民处于(比一般人)更加从属的地位"[2]。在特别权力关系中,一方取得支配地位,另一方则处于从属地位,且特别权力关系排除法律保留原则和行政争讼。将公营造物利用关系的性质界定为特别权力关系,使利用人与行政主体之间形成完全不平等的地位,完全漠视

---

[1] 参见陈敏:《行政法总论》,台北,新学林出版有限公司2016年版,第1037页。
[2] 翁岳生:《试述特别权力关系理论之破除——兼论乌勒之基础关系和管理关系理论及其实践影响力》,载翁岳生:《行政法与现代法治国家》,台北,三民书局股份有限公司2015年版,第135页。

利用人的宪法基本权利,如学生与公立高校等公营造物利用关系被视为行政内部关系,从而无法适用法律保留原则,无法获得司法救济。特别权力关系理论和公营造物利用关系的这种定性完全不符合实质法治和人权保障的要求,故特别权力关系理论已经成为一种过时的理论。[1]

现在一般认为,虽然公营造物管理机关可以选择公法利用或私法利用关系,但是公营造物利用关系大多数属于行政法上之债。[2]公营造物利用与公众用公物利用的区别在于,在公众用公物利用中,利用人被赋予一种物权性的法律地位,利用人无须许可地利用公众用公物是基于其对公物享有的直接支配权;而在公营造物利用中,公营造物提供给付,利用人享受给付,这与私法上的债权债务关系类似,在无公法特别规定时,公营造物与利用人之间的关系可以类推适用私法的规定,因此可以将公营造物利用关系理解为行政法上的债之关系。区别于公众用公物利用人被赋予的物权性的法律地位,公营造物利用人被赋予的是债权性质的法律地位,公营造物利用人并未取得对公营造物所属公物的直接支配权,取得的是要求公营造物实施特定给付的请求权。

(二) 公营造物的公法利用

公营造物管理机关有权选择公营造物利用的方式,具体包括公

---

[1] 参见胡建淼:《"特别权力关系"理论与中国的行政立法——以〈行政诉讼法〉、〈国家公务员法〉为例》,载《中国法学》2005年第5期。

[2] 参见李建良等:《行政法入门》,台北,元照出版公司2000年版,第139页。

法利用和私法利用两种基本方式，对公立学校、戒毒所、精神病院的利用，公立医院的传染病隔离观察都属于典型的公法利用。但是公法利用与私法利用又无法一一对应某种公营造物利用关系，因为很多时候对利用人来说，其利用关系可能部分是公法，部分是私法，例如，对于医院等公营造物的利用，有时利用人依据公法许可支付规费而利用，有时则依据民事合同支付价金利用。[1]就公营造物的公法利用而言，利用关系主要受公营造物利用规则的制约和规范。

1. 公营造物利用规则

公营造物利用规则是为保护利用秩序，促使公营造物实现其公用目的，维护第三人的利益，而对利用人的利用行为和公营造物管理机关管理权的限定性规定，"利用规则所规定者，包括营造物给付之标的及范围，利用之要件及范围，以及利用人之权利义务等"[2]。公营造物利用规则通过限制单个利用人的利用行为，从而实现对其他利用人利用权的平等保护和正常利用秩序的维护；同时，其可以约束和规范公营造物机关管理权的行使，防止公营造物管理机关的裁量行为侵犯利用人的基本权利和自由。因此，合法的公营造物利用规则通过对利用人和公营造物管理机关的双重规制，促进公营造物设置目的的实现，并体现宪法确立的平等原则。

对公营造物利用规则的合法性的判断主要取决于形式要件和实质要件。形式要件，是指公营造物利用规则的授权基础，一般情况下

---

〔1〕 参见应松年主编：《当代中国行政法》（第2卷），人民出版社2018年版，第729页。

〔2〕 陈敏：《行政法总论》，台北，新学林出版有限公司2016年版，第1028~1029页。

公营造物利用规则的授权基础有两种,即单行法律的授权和公营造物权力。前者如高校校规的制定权源于教育法,后者则是在无法律规定时,公营造物管理机关为实现公营造物设置目的而享有的公营造物权力,如图书馆的利用规则中可以禁止利用者抽烟、吐痰,根据公营造物权力制定的利用规则也被称为"特别命令"[1]。实质要件,是指公营造物利用规则需要符合公营造物的设置目的,需要符合法律保留原则、比例原则、平等原则等。例如,就法律保留原则而言,公营造物利用关系可分为基础关系和经营关系,制定利用人在基础关系中利用规则时,应当坚持法律保留原则,由法律进行规定,而利用人在经营关系中的细节规则可由利用规则予以规定。[2]又如,就平等原则而言,国家图书馆的利用规则如果将利用权与利用者的职务、职称、学历等挂钩,则明显违反平等原则。[3]

关于对违法公营造物利用规则不服的救济,根据我国目前《行政诉讼法》《行政复议法》的相关规定,有两种救济途径:第一,利用人就公营造物管理机关的违法行政行为提起行政诉讼,并请求对利用规则附带审查,由法院对违法利用规则提出修改或废止的司法建议。如被开除学籍的公立高校的学生在提起行政诉讼时,可以申请对开除学籍的校规等依据提出附带审查。第二,利用人就公营造物管理机关的违法行政行为提起行政复议,并由复议机关对利用规则的合法性进行审查。

---

[1] 陈敏:《行政法总论》,台北,新学林出版有限公司2016年版,第1029页。
[2] 参见陈敏:《行政法总论》,台北,新学林出版有限公司2016年版,第1029页。
[3] 参见应松年主编:《当代中国行政法》(第2卷),人民出版社2018年版,第732页。

2. 一般利用与特别利用

本书在第二章"公物利用的一般原理"中将公物的本来利用界定为对公物进行的符合其本来公共用途的利用，而目的外利用则是超越公物本来公用目的的利用。本来利用因符合公物的设置目的，不会对其他利用人产生不利影响，因此原则上无须许可，可以自由利用。对于公营造物的利用而言，显然也存在对公营造物合乎设置目的和公共用途的公共利用，但是公营造物利用的特殊之处在于其属于许可利用，因此本书将许可利用之下公营造物利用中符合设置目的和公共用途的公共利用称作一般利用，如利用人参观博物馆、在高校接受教育、在图书馆查阅资料等。本书所称公营造物的特别利用系广义的概念，不仅包括超越公营造物的一般用途而对其他利用人产生不利影响的利用，如为了便利高校教师利用图书馆资源、学校提供特殊权利（免费的知网账号、专为教职工设置的休息室、饮水机等）；还包括超出公营造物通常服务对象的范围，由其他利用人对公营造物的利用，如在医院、高校拍摄电影的剧组对该公营造物的利用；以及超过特定用途的利用，如考研机构在高校进行以营利为目的的宣讲、招生活动。公营造物的特别利用需要经过特别许可，在无法律规定的情形下，公营造物管理机关可以选择授予特别利用人特别许可利用的方式，如具体行政行为、行政协议和私法协议。

（三）公营造物的私法利用

公营造物管理机关有权选择公法利用或私法利用。在私法利用中，利用人利用公营造物的权利源于私法合同，即使选择私法利用，私法利用关系也应当受到一些限制。首先,缔约自由受制于缔约强制,即假如公营造物提供的服务关系到民生所需,且其物品和服务的提供足以实现公营造物的公用目的,此时根据民法的公序良俗原则,公营造物管理机关有义务与利用人缔结利用合同。其次,对于那些涉及公民生存照顾,具有自然垄断性,公众对其给付依赖性强的公营造物,法律出于对弱势群体利用权的保障,应当加强对私法合同和公营造物的规制。如私法利用之下公营造物收取的使用费属于价金,政府应当加强对收费行为的规制,如设置固定利润额。

(四)对利用人的法律保护

在公营造物的私法利用中,对利用人的法律保护主要基于私法上的规定,利用人一般寻求私法上的救济。因此下文主要探讨公营造物公法利用中对利用人的保护。对于公法利用而言,如果公营造物管理机关作出的命令对利用人不利,则利用人有权寻求救济,而对利用人的法律保护机制和程度,则取决于利用人所处利用关系的具体类型,以及具体类型对应的管理机关命令的性质。对于利用人而言,可以将其所处的公营造物利用关系区分为基础关系和经营关系,在不同的关系中,利用人寻求法律保护的机制也不同。

所谓基础关系,是指这种利用关系直接关系"利用人享有权利的人格主体的法律地位"[1]的情形。如公营造物管理机关作出的拒绝许可、取消许可等行为将严重影响利用人的利用权和法律地位,这种

---

[1] 应松年主编:《当代中国行政法》(第2卷),人民出版社2018年版,第735页。

情形下管理机关与利用人之间的关系是基础关系,此时管理机关作出的命令属于行政处理决定(具体行政行为),具有可诉性,利用人不服该行政处理决定时可以提起行政诉讼。如在高等院校,学校作出的开除、留级、撤销学位等命令属于行政处理决定,利用人不服的可以提起行政诉讼,如于某茹诉北京大学案[1]。针对属于基础关系中的不同命令,利用人提起行政诉讼的类型也不同。如果该命令是管理机关剥夺利用人的权益,或为利用人增加了负担,则通常应提起撤销之诉;如果该命令无视或拒绝利用人的正当请求,如要求管理机关履行职责,则通常应提起履行职责之诉。

所谓经营关系,是指这种利用关系仅涉及公营造物的具体运行的情形。如公营造物管理机关作出的禁止某些影响利用秩序的行为的命令,这种情形下管理机关与利用人之间的关系是经营关系,此时管理机关所作的命令属于内部行政措施(内部行政行为),不具有可诉性。如在高等院校、中小学校作出的作息时间、上课地点等安排属于内部行政措施,利用人不服的不能提起行政诉讼。

(五)干扰抗辩

1. 对妨害公营造物运行行为的排除

如果公营造物的正常运行受到外界的干扰,公营造物管理机关有义务排除妨害,但是除非法律有特别的授权,否则不能行使公营造物权力,而只能请求警察依法排除妨害,原因在于公营造物权力行使

---

[1] 参见北京市第二中级人民法院行政判决书,(2017)京01行终277号。

的权限只能在管理机关与利用人之间形成的特别法律关系内。如有些家长由于对学校不满而聚众围堵学校,此时严重影响公营造物利用秩序的行为发生在外部,学校应当请求警察排除妨害。

如果妨碍公营造物正常运行的情形发生在公营造物的内部,公营造物只能根据其组织形式的公私法性质分别作出不同的处理。如果公营造物的组织形式是私法性质的,则公营造物管理机关可以通过私法上的家宅权进行对抗。如果公营造物组织形式是公法形式的,则首先应当看是否有法律的特别干涉授权,如果存在可以驱逐利用人的法律规定,则可依法律规定直接作出相应的决定;如果无法律规定,则应当根据妨碍公营造物运行行为的不同主体而区别对待,即对进行干扰的利用人和进行干扰的第三人(拜访人)采取不同的措施。

针对利用人的干扰行为,公营造物管理机关可以依公营造物权力排除妨害,但是应当符合比例原则,在利用人对利用秩序造成的损害和驱逐利用人带来的收益间进行权衡。例如,在高校,如果学生只是基于言论自由发表了对某些教师学术观点的批评,此时若采用驱逐利用人的措施即属于明显不当,因为该行为超越了公营造物权力的权限范围,并侵犯了利用人享有的宪法规定的受教育权。如果利用人持续地干扰公营造物的利用秩序,且严重影响其他利用人的权利,此时管理机关可以根据公营造物权力和利用规则,作出相应的排除妨害措施,如某初中生多次违反校规在校园内聚众斗殴,造成严重后果,学校可作出开除处理。

针对利用人以外的第三人(拜访人)的干扰行为,公营造物管理机关可依公物家宅权排除妨害。采取排除妨害的具体措施和行为性质,应当视拜访人行为是否与公营造物的公法用途有关而定。假如拜访人的行为与公营造物的公法用途有关,且对公营造物利用产生了干扰,则公营造物管理机关应当行使公法上的家宅权,此时排除妨害的行为属于具体行政行为,具有公法性质。假如拜访人的行为与公营造物的公法用途无关,如进入公营造物办理私法事宜(推销商品等),则公营造物管理机关应当行使私法上的家宅权,此时排除妨害的行为属于私法性质,因此产生的争议受法院管辖。

2. 对受公营造物运行影响的第三人的保护

原则上第三人对公营造物合乎设置目的的运行负有忍耐义务,不享有抗辩权,第三人对公营造物的容忍超过一般所能容忍的限度时,不能请求公营造物管理机关排除妨害,因为相对于公营造物运行实现的公共利益,第三人的个人利益应当予以让步。例如,毗邻公立医院的小区居民,对因来往公立医院造成的交通拥堵应当负有忍耐义务;又如,城市高铁线路沿线的小区居民,对高铁通过时造成的噪声污染应当负有忍耐义务。上述两种情况都排除了第三人请求排除妨害(请求公营造物的变更和消灭)的权利。"但第三人承担忍耐义务应当以第三人参与了公共设施运行之前的计划确定以及批准程序为前提",[1]且第三人在面临公营造物运行带来的妨害超过一般容忍限度时,可以请求公营造物管理机关给予金钱补偿或采取其他减轻妨害的措施。

---

[1] 肖泽晟:《公物法研究》,法律出版社2009年版,第218页。

五、公共公物利用制度的完善：公物利用权的保障

（一）公物利用权的功能划分及对应的国家义务

1. 基本权利功能的划分

本书在第二章"公物利用的一般原理"中探讨了公物利用法律关系，同时论证了公物（公共公物）利用权的基本权利属性。本章所称公物利用权，特指社会公众对公众用公物的自由利用、普通许可利用和对公营造物的利用，不包括利用人对公众用公物的特许利用和行政主体对行政公物的利用。基本权利一般分为"消极权利"（自由权）和"积极权利"（社会权），[1]二者的主要区别在于权利的行使和实现是否需要国家的干预。这种对基本权利分类的传统框架有利于厘清基本权利实现过程中国家干预的要求和程度，但是仍然存在较大的缺陷。自由权和社会权的划分无法准确界定不同权利实现中国家义务的对应要求，因为在实践中有些消极权利的实现未必能够完全脱离国家的有限干预和必要服务，而有些积极权利的实现在需要国家积极作为的同时还要尽量避免国家的不当干预。换言之，其无法解决"国家对自由权的积极义务"和"国家对社会权的消极义务"，[2]基本权利所要求的国家义务呈现复合性。

---

[1] 参见[日]大沼保昭：《人权、国家与文明》，王志安译，生活·读书·新知三联书店2003年版，第203页。

[2] 参见张翔：《基本权利的受益权功能与国家的给付义务——从基本权利分析框架的革新开始》，载《中国法学》2006年第1期。

在这个背景之下,"基本权利功能划分法"值得借鉴。简言之,"基本权利功能划分法"是将"功能"作为一项基本权利多重性质的划分标准,一项基本权利被划分为不同层次的功能,而每个层级的功能对应相应的单一的国家义务,这样一项基本权利所对应的国家义务就可以被类型化和条理化。依据这种划分标准,基本权利的功能被分为三个层次,即防御权功能、受益权功能、客观价值秩序功能,三种不同层次的功能也直接对应三种不同的国家义务,即国家的消极义务、给付义务和保护义务。

具体而言,首先,基本权利的防御权功能直接对应国家的消极义务。因为基本权利的防御权功能是要求国家不得侵犯公民权利的功能,此时必然对应国家的消极义务。如劳动权,虽然劳动权要求国家积极履行给付义务,但是劳动权也同样存在防御权功能,在防御权功能之下国家必须履行不得侵犯公民的择业自由、不得歧视不同行业的劳动者等消极义务。其次,基本权利的受益权功能对应国家的给付义务。因为受益权功能是公民要求国家积极作为、积极履职从而使公民享受利益的功能,此时国家出于对实现公民基本人权的追求和促进,必然产生国家的给付义务,给付的内容既可以是物质、经济帮助,也可以是政策法律支持、司法救济或者公共服务。例如,为实现公民的受教育权,国家除需提供校舍、教材等物质帮助,还需提供义务教育等法律支持,以及资助贫困生等政策支持。基本权利的受益权功能一般包括积极的受益权功能和消极的受益权功能,积极的受益权功能对应国家的物质给付义务,物质给付的内容不限于物质,还包括利益、服务等;消极的受益权功能对应国家的司法救济义务，即权利遭到侵害时有权获得司法救济。最后，基本权利的客观价值秩序功能直接对应国家的保护义务。客观秩序功能是对当代宪法理论"主观权利"转向"客观的法"过程中形成的一系列新功能的概括，总体上看是要求国家为公民实现基本人权提供保障保护的功能，对应的是国家的保护义务，即除国家的消极义务和给付义务以外的其他义务。[1]

2. 公物利用权的功能划分

将"基本权利功能划分法"作为理论工具，可以对公物利用权的功能进行解构，将公物利用权的功能分为三种，即防御权功能、受益权功能、客观价值秩序功能。将公物利用权的功能进行划分是为了更好地为公共公物利用的保障提供可行的建议，通过保障和实现公物利用权的各项功能，回归整个公共公物利用制度的重点，即保障利用权、提高公物的普惠性。

第一，公物利用权的防御权功能和国家的消极义务。所谓公物利用权所具有的防御权功能，是指公物利用人要求国家在其合乎公物用途、合法合规利用公物时，保持消极克制的功能，这要求国家应当充分尊重公物利用人的自由利用、平等利用，政府不应当设置过多的不合理干预。例如，对于紧邻农田的道路，农民在不会严重影响道路通行的情况下在道路上铺晒玉米粒，属于公物附近居民对公共公物的增强利用权，系自由利用，公物管理机关不宜过多干预。防御权

---

[1] 参见张翔：《基本权利的受益权功能与国家的给付义务——从基本权利分析框架的革新开始》，载《中国法学》2006年第1期。

功能的实现是公物利用权的底线要求。

第二,公物利用权的受益权功能和国家的给付义务。所谓公物利用权的受益权功能,是指公物利用人要求国家积极作为,从而提升公物普惠性和公益性的功能。由上文可知,公物利用权的受益权功能也分为积极的受益权功能和消极的受益权功能,相应的国家义务为物质给付义务和司法救济义务。对积极受益权功能和物质给付义务而言,国家的物质给付义务要求国家积极设置(供给)和维护公物,降低公物利用成本,完善公物利用规范,为公物利用人提供公物利用的法律依据和实际便利,保障社会公众可以平等、自由、免费、非排他地享受具有基本需求性的公共公物;对于那些具有收费合理性的公共公物,国家也应当对公物收费进行法律规制,避免公物失去公益性。例如,对于公私合作兴建的基础设施类公共公物(如收费高速公路),私营组织实际上系经行政主体授权取得收费权,私营组织和行政主体、私营组织与公物利用人之间的关系都属于行政法律关系,因此,所收取费用的法律性质应当为规费,规费的收取应当以填补建设成本为限,否则将失去公益性。对消极的受益权功能和司法救济义务而言,当公民的公物利用权遭到侵害时,有权获得司法救济。

第三,公物利用权的客观价值秩序功能和国家的保护义务。所谓公物利用权的客观价值秩序功能,是指公物利用人要求国家保障公物利用权得以实现的功能。国家保护义务的范围很广,为保障公物利用权的实现,比较重要的主要有保障公物利用人的参与权,对公物或公物利用致害的救济(如国家赔偿、公物警察权的行使等),公物管理机关对公物利用的维护、管理和保护（如履行公物规则制定权、公物管理权）等。例如，就保障参与权而言，由于涉及公物的行政决策包括公物设置、公物管理等，与公物利用权的实现、公物公共利益功能的发挥息息相关，公物利用人的参与权极其重要。在公物利用权的参与功能之下，公物利用人享有参与公物行为的权利，如当行政主体设置的公物涉及附近居民的重大利益，甚至可能对之造成损害时，利害关系人有权通过听证等方式参与公物设置等重大行政决策。又如，应当允许公营造物的继续利用者在不妨碍公营造物公用目的实现的前提下，参与公营造物利用规则的制定，如2019年4月中国政法大学召开《中国政法大学博士学位论文预答辩管理办法》征求意见会，与会代表即包括各培养单位遴选的博士研究生。

总之，按照"基本权利功能划分法"的分析框架，作为基本权利的公物利用权包括三种功能，即防御权功能、受益权功能、客观价值秩序功能，与此相对应，国家的义务分为消极义务、给付义务、保护义务。确定公物利用权的上述三个功能和对应的国家义务，为研究公物利用权和公物公益性的保障提供了切入点，公物公益性的保障路径应当紧扣公物利用权三个功能的实现和相应国家义务的履行。

（二）公物利用权的防御权功能的实现路径

公物利用权的防御权功能要求行政主体，特别是公物管理机关，不得侵犯社会公众的公物利用权。

第一，公物管理行为的必要限制。公物管理机关对公共公物的管理活动只能限定在对公物利用秩序的维护、对公物使用价值的维护和增加、对公物利用人之间利益冲突的处理、对公物多元用途之间的协调等方面,行政主体不得对公物利用行为进行过多的干预,以此消极地保障公共公物的自由利用,保障公物的公用目的得以实现。

第二,加强监督,防止行政主体借助公物牟利。公物的使用价值本应当由社会公众共享,国家对大量存在的国有公物享有的权利性质是宪法性公权,仅仅代表国家取得的合理分配资源的资格,目的是实现社会公众对与其生存发展息息相关的资源的支配,而非作为民法上的所有权人对国有公物行使所有权权能。因此,应当防止政府将公物视为"私有财产",防止政府通过向公物利用人收费而牟利,一方面,需要发挥各类监督机制的作用,如人大监督、公民监督、媒体监督,及时发现问题;另一方面,需要完善问责机制,在出现损害公物利用权的防御权功能的行为时,及时追究相关责任人的法律责任。

第三,必要的干预行为需要符合比例原则。当公共公物的利用在某些情况下需要国家干预时,这种干预行为也需要符合比例原则,要确保干预行为所获得的利益大于干预行为对公物利用权的克减,并且要确保采取的特定干预行为是实现公共利益的诸多方式中成本最低、收益最高的。例如,原则上以公共资源为依托的国有景区应当由利用人免费利用,公物管理主体出于对防御权功能对应的消极义务的履行,不应加以干预。但是公共资源类景区由于资源的稀缺性、承载能力的有限性、景区秩序维护的必要性等,有时公物管理主体需要采取措施控制游客数量,如果必须采取收费的方式,公物管理机关也应当在收费实现的目的和收费对公物利用人造成的损失(经济损失、对低收入者的排斥等)之间进行衡量,确保收费给利用人带来的损失小于因此而获得的公益。另外,要注意创新管理方式,如果通过提前预约参观、"排队使用"等方法可以实现同样的目的,则不能选择收费的方法,因为收费可能会影响低收入者的利用权,这是对公物利用权的侵害,是一种社会不公,不利于公物公益性的实现。

(三)公物利用权的积极受益权功能的实现路径

基本权利的积极受益权功能对应的国家物质给付义务不仅包括物质利益的给付,还包括与物质利益相关的法律、服务的给付。[1]无论是立法机关还是行政机关都有其在保障公物利用权的收益功能方面所对应的国家义务。

1. 立法机关的给付义务

所谓立法机关的给付义务,并非指立法机关承担的物质给付义务,更多的是提供基本法律制度和对利益的协调和分配。[2]具体到公物利用权受益功能的实现,主要体现在以下方面。

第一,坚持法律保留原则。虽然公物利用权的受益权功能主要体现在国家积极提供利益的给付义务,但是"任何的积极行为都是对公民权利的威胁,帮助与侵害之间没有绝对界限"[3]。因此对于那些

---

[1] 参见张翔:《基本权利的受益权功能与国家的给付义务——从基本权利分析框架的革新开始》,载《中国法学》2006年第1期。

[2] 参见张翔:《基本权利的受益权功能与国家的给付义务——从基本权利分析框架的革新开始》,载《中国法学》2006年第1期。

[3] 翁岳生主编:《行政法》,中国法制出版社2002年版,第29页。

严重影响公物利用权和公物公共利益功能的规则的制定,应当坚持法律保留原则,即相关规则的制定权限只能归全国人大及其常委会。例如,对于全国性的由中央政府管理的公物,如果存在收费的合理性,其收费的项目、范围、费用、期限等内容也只能由法律(狭义的法律)规定,因为这类公物的利用人是不特定的。此时的费用与特定公物利用人享受国家给付而支付的规费不同,具有税收的性质,因此,这类使用费的设定职能由法律(狭义的法律)规定。

第二,立法机关应当为公物利用人提供立法上的保障。公共公物由于直接供社会公众使用,其最直接地体现了公物的公共利益功能,因此应当在有关公物利用的法律、法规、规章中明确公物的公法地位。通过"公共使用""供公众利用"等字眼明确城市道路、公园、旅游景区等的公物法地位,将公物利用权明确权利化,直白地规定公民对公物享有利用权,并着重规定公民对公共公物利用的保护和救济措施,明确相关公物设置和管理主体的职责权限和法律责任。通过立法上的保障,让社会公众公物利用权的实现"有法可依""有章可循",让国家给付义务的履行"有法必依""违法必究"。

2. 行政机关的给付义务

行政机关是给付义务的主要承担者,受益权功能的实现很大程度上仰赖行政机关,给付的内容既可以是物质性的给付,也可以是提供利益、帮助或其他服务。根据积极受益权功能和消极受益权功能,为实现公物利用权的受益权功能,国家给付义务主要包括公物的供给和对公物供给的监督。

本书所称公物的供给是个宽泛的概念,是指有关公物供给的事前事中事后的各个环节。事前是指规范公物的来源,加强公物的有效供给;事中是指规范公物设置程序(公物设置计划的确定和计划执行);事后是指事后监督,主要指政府综合财务报告对公物财务信息的公开和监督。公物的来源主要有两类,第一类是通过事实行为或法律行为转化为公共公物的实体财产(资源),第二类是用以建设或者购置公物的资金或收益。公物的设置是指促使公物事实上成立的行为,如政府采取公私合作的方式兴建基础设施。公物供给的财务报告是指政府的财务报告中应当包含的公共公物的各类财务信息。完善公共公物供给的程序,加强事前事中事后监管,是公物利用权受益权功能实现的基础,唯有规范公物的来源,积极提供公众所需之公众,完善公物的设置程序,加强公物供给的事后监督,才能在公物利用的源头上保障公物利用权。

第一,规范公物的来源,增加公共公物的供给。公物来源直接影响公物的设置和公物利用权。公物的来源通常包括两类,第一类是通过事实行为或法律行为转化而来的实体财产,如我国《宪法》规定属于国家所有的矿藏、森林等自然资源、国有土地等,以及通过依法征收取得的实体财产;第二类是用以建设或购置公物的资金或收益,最常见的是行政税收、行政收费、国家通过行使国家私产(部分自然资源和经营性国有资产)所有权的收益权能所获得的收益。[1]公物的来源极其广泛,受益权功能不仅要求国家通过将这些实体财产、资金或收益积极地转化为公物,从而履行对公民的生存照顾义务,也要求

---

[1] 参见肖泽晟:《公物法研究》,法律出版社 2009 年版,第36~38页。

国家合理地分配财政资金，如适当减少"三公经费"，加大对公共公物的建设投入。国家规范公物的来源，积极地供给公物，是社会公众享受公物的物质基础。

第二，完善公物的设置程序。公物的设置程序关系公共公物的使用价值、使用需求，从而严重影响公物利用权的实现。许多严重影响公物利用权的行为都发生在公物设置阶段，如围标骗标、偷工减料制造的"豆腐渣"工程，建设需求不强、浪费财政资金的"政绩工程"。完善公物的设置程序需要全盘考虑公物设置计划、计划实施程序的全过程。在公物设置计划的确定阶段，相关部门应当科学调研和论证，确保公物的设置符合公共利益的需要，制定科学合理的公物设置计划草案。同时在重大项目（尤其是不动产公物）计划的确定过程中，有必要引入公众参与机制，如及时向社会公布项目情况，尤为重要的是举行听证。听证的目的主要是保障那些权益可能受影响的组织和个人（主要是公物利用人）提出异议的权利，使他们的合理诉求足以对公物设置计划产生实质性影响，保障公物设置计划的科学性和民主性。在公物设置计划正式确定后，还必须制定相应的配套措施，平衡因计划实施导致的公共利益与个人利益的冲突，如在规划建设地铁站等基础设施项目时，要制定公交路线调整、扬尘噪声污染处理等配套计划。在计划实施阶段，要遵循受益权功能对应的国家给付义务的特点。国家的给付义务不仅包括物质上的给付，还包括法律、监管、救济方面的给付，因此，一方面，在立法上应当严格设定政府采购、公私合作的公物设置程序，尤其对于政府采购和公私合作设置的公物，要加强监管，防止贪污、舞弊等违法行为；另一方面，由

第三章 公物利用的基本形态(之一):公共公物

于当前公私合作兴建公共公物较为常见,应当重视对私营组织尤其是竞争厂商、未中标厂商的权利救济,赋予竞争厂商、未中标厂商就政府采购、公私合作中的违法行为提起行政诉讼的权利,保障竞争厂商、未中标厂商的监督权、参与权。[1]此外,同样要重视对公物利用人监督权、参与权的保障。完善公物的设置程序,强化公物设置计划和实施计划的监管,是完善公共公物的供给,促进国家履行给付义务的关键一环。

第三,完善政府财务信息报告制度,加强财政监督,倒逼国家积极履行公物供给义务。在财务报告中公开重要公共公物的财务信息是行政主体履行信息公开义务的体现,也为接受各类监督提供便利,同时亦有利于保障公民的知情权,尤其是让社会公众知晓与其生活生产息息相关的公共基础设施类公共公物的信息。因为公共资金投入公物供给,且确保公共资金得以最高效地使用是政府实现生存照顾义务的必然要求,这对于保障公物利用权有重要意义。因此,首先,要建章立制,实现政府综合财务报告制度的法治化;相关法律文件要对政府综合财务报告信息披露主体、受众、内容、流程等全流程各环节予以明确和细化规定,保证政府综合财务报告制度的规范有序运行。其次,在资产清点核查的基础上,对于未纳入核算范围的政府知识产权、自然资源和历史遗迹等公共公物,要及时补充和调整,扩大政府财务信息的披露范围。此外,要重视附注信息的辅助信息

---

[1] 参见应松年主编:《当代中国行政法》,人民出版社2018年版,第684~686页。

披露功能,加强财务分析、会计政策说明等。[1]最后,要加强审计监督,整合政府审计部门和外部注册会计师的力量,加强对公共资金设置公共公物的合法性和公益性的审计。总之,健全的财务报告制度既能更好地满足公物利用人知情权、参与权、监督权,也是更高效更精准地接受人大监督、专业机构监督、媒体监督的要求。

(四)公物利用权的消极受益权功能的实现路径

消极受益权功能对应的给付义务主要指司法救济,即法院通过审判活动对基本权利的损害予以补救和恢复的义务。

实践中公共公物利用权行使遭到的妨碍主要有三种。第一种是行政主体滥用职权严重影响公物利用权的防御权功能,对公物利用实施有违公共利益功能的干预行为,主要表现在作出废止和改变公物公用目的的违法行政行为。废止公用目的是指完全结束公共公物的公用目的,从而使社会公众彻底丧失对该公物的利用权;而改变公用目的是指部分结束公共公物的公用目的,从而使社会公众部分丧失公物利用权。第二种是行政主体怠于履行物质给付义务和保护义务,从而影响公物利用权的受益权功能和客观价值秩序功能的发挥,主要表现为无法积极有效地供给公物、管理养护公物。第三种是行政主体对侵害公物利用的行为怠于履行排除妨害的义务,从而侵害了公物利用权。只有这些行为都得到有针对性的司法救济,公物利

---

[1] 参见于莹:《政府综合财务报告国际比较与借鉴》,载《财会通讯》2019年第34期。

用权的消极受益权功能才能得以实现。

第一，对于行政主体做出的废止或改变公物公用目的的违法行为，应当推动撤销判决的彻底化。对于这类影响公物利用权的行为，理想的司法救济方法是撤销判决和禁止判决的结合，即除撤销行政主体的违法行政行为外，还应当依据《行政诉讼法》第70条关于撤销并判决被告重新作出具体行政行为的规定，以及《行政诉讼法》第71条关于不得以相同的事实和理由作出基本相同决定的规定处理。

第二，对于行政主体怠于履行公物供给、管理等义务的行为，需要依赖"给付判决"，但是目前公物供给很难被认为符合《行政诉讼法》第73条、最高人民法院《关于适用〈中华人民共和国行政诉讼法〉的解释》规定的给付义务，且司法实务和最高人民法院的司法判例也基本将给付义务限定为金钱和财产给付。关于给付判决类型，《行政诉讼法》第73条规定了被告依法负有给付义务的，判决被告履行给付义务；最高人民法院《关于适用〈中华人民共和国行政诉讼法〉的解释》第92条规定，原告申请被告依法履行支付抚恤金、最低生活保障待遇或者社会保险待遇等给付义务的理由成立，被告依法负有给付义务而拒绝或者拖延履行义务的，法院可以根据《行政诉讼法》第73条的规定，判决被告在一定期限内履行相应的给付义务。上述两个条文的关键点在于"给付义务"的认定，换言之，行政主体怠于履行公物供给的行为是否可以适用给付判决，从而使公物利用人得到司法救济，关键在于对"给付义务"的理解。但是从目前最高人民法院的司法裁判可以看出，公物供给义务并不能被认定为适用给付判决的"给付义务"，因为最高人民法院对"给付义务"作出了限定,即给付义务必须内容明确,且一般指金钱或财产给付。在赵某义诉陕西省乾县人民政府、乾县教育局不履行法定职责案中,最高人民法院认为:"当事人要求行政机关直接给付金钱的,请求给付的金额必须已经确定……"[1],在太湖县海乐烟花制造有限公司诉安庆市人民政府、太湖县人民政府行政决定及补偿案中,最高人民法院指出:"提起请求金钱补偿的一般给付之诉,必须是请求金额或者补偿标准已获明确……"[2]。尽管如此,本书认为,可以探索适当增加给付判决的覆盖面,将公物供给等行为给付纳入其中。

第三,对于行政主体对侵害公物行为怠于履行排除妨害义务的行为,根据《行政诉讼法》第12条第1款第6项关于受案范围的规定和《行政诉讼法》第72条关于判决被告限期履行法定职责的规定,公物利用人当然可以提起科以义务之诉,并获得切实有效的救济。

(五)公物利用权的客观价值秩序功能的实现路径

公物利用权的客观价值秩序功能的实现要求国家履行保护义务。国家保护义务的外延很大,最常见的如公物的维护(这是公物管理人和养护人的责任,通过维修、保养等方式保证公物良好的使用性能,确保其足以完成公用目的),以及如公物管理机关对违法利用公物行为的处罚。此外,健全公物行政行为的公民参与对保障公物利

---

[1] 最高人民法院行政裁定书,(2018)最高法行申5903号。
[2] 最高人民法院行政裁定书,(2017)最高法行申317号。

第三章 公物利用的基本形态（之一）：公共公物

用权极其必要。在公物设置计划确定阶段，应当保障公物利害关系人对重大公物设置计划的知情权、听证权、动议权、监督权；在公物设置计划执行阶段，应当保障公物利害关系人对招投标、工程施工等方面的知情权，保障因设置公物造成损害的社会公众的赔偿请求权；在政府综合财务报告的发布阶段，保障社会公众对公共资金投入公物设置、维护情况的知情权、监督权。除国家义务和制度构建外，为了保障客观价值秩序功能的实现，还需要媒体、舆论、社会在公物公益性监督方面发挥积极作用，加强公物质量监管、公物价格监管、政府履职监管。唯有政府与社会共同发力，才能最终实现公物利用权的客观价值秩序功能。

对于客观价值秩序功能的实现而言，比较重要的国家保护义务是对公物或公物利用致害的救济，主要包括第三人（如公物相邻人）受公物侵害的救济、公物设置和管理瑕疵的救济。

第一，第三人受公物侵害的救济。所谓第三人受公物的侵害，一般指与公物利用有利害关系之人（如公物相邻人）受到公物的侵害，最常见的如高架桥临近小区，高架桥导致临近小区居民受到噪声、光照等侵害。此时受到侵害的第三人虽然未必是此高架桥的公物利用人，但是其权益仍然值得保护，因为第三人承担了设置高架桥的一系列负担。此时，第三人对公物管理机关享有排除侵害和预防侵害的请求权。预防侵害请求权是指请求公物管理机关采取措施消除或减轻侵害的权利，如对于高架桥，公物管理机关应当设置围栏；对于排除侵害请求权而言，排除侵害请求权的行使可能导致公物公用目的的部分或全部废止，但是当排除妨害不具有期待可能，且该公物之设置和利用完全符合其本来的公共利益功能时,此时社会公众应当予以适当的容忍,只能要求适当补偿。如果第三人受到的不法侵害不是基于公物,而是公物利用人自身造成的,如高架桥上机动车驾驶人随意丢饮料瓶,造成第三人损害,则第三人既对利用人享有私法上的请求权,也对公物管理机关享有请求权,因为公物管理机关负有排除妨害、提供无瑕疵利用的义务。

第二,对公物设置或管理瑕疵的救济。"这里的设置或管理瑕疵,是指公物'缺失一般应有的安全性,该安全性的缺失是指构成公物的物理设施本身存在的物理、外在的缺陷或不完备,有可能给他人生命、身体或财产带来损失,还指因该公物的设置、管理者的不恰当管理行为而有可能产生上述损害'"[1],对于公物设置或管理瑕疵带来的损害,国家需要承担赔偿责任,但是赔偿责任的性质是民事责任还是行政责任,存在争议。本书认为,将公物设置或管理瑕疵致害认定为国家赔偿责任而非民事赔偿责任,更有利于保护受害者的权益。[2]

六、个案研究——公共资源类国有景区的公益性保障

国内关于公共资源类景区的研究大多集中在公共管理学和经济

---

[1] [日]宇贺克一:《国家赔偿法》,肖军译,中国政法大学出版社2014年版,第222页。转引自应松年主编:《当代中国行政法》,人民出版社2018年版,第716页。

[2] 参见马怀德、喻文光:《公有公共设施致害的国家赔偿》,载《法学研究》2000年第2期。

学等领域,研究内容大致包括景区绩效评价[1]、景区价格管理[2]、景区经营管理体制[3]、旅游资源的商业开发[4]、旅游资源的保护和可持续发展[5]、景区公益性(主要从公共产品的角度研究)[6]等。总体来说大多以凸显经济价值、追求经济效益为主要研究方向。一是在谈及旅游资源保护、可持续性和经营管理体制时也主要以资源开发为目标。二是在谈及价格管理时较多关注定价成本构成、成本承担补偿主体及分配时,较少从法学尤其是公法的角度进行研究,且较少关

---

[1] 参见王伟:《公共资源类旅游景区绩效评价指标体系构建》,载《企业经济》2014年第6期;王伟:《基于平衡计分卡的公共资源类旅游景区绩效评价》,载《资源开发与市场》2014年第6期。

[2] 参见邹光勇、刘明宇、何建民等:《公共景区与在线旅行平台垄断及其价格协调与政策规制》,载《旅游学刊》2019年第3期;倪军:《公共景区特征与定价成本分析》,载《价格月刊》2018年第8期;苗银家:《景区门票价格的政府规制问题研究——以贵州省公共资源类景区为例》,载《中国集体经济》2016年第25期;宋子千:《利用公共资源建设景区门票定价的经济学分析》,载《价格理论与实践》2014年第3期;李飞、何建民、李玲:《公共资源景区负荷强度对其门票价格的影响——来自国家假日办"黄金周"重点监测景区的证据》,载《旅游学刊》2013年第4期。

[3] 参见邹光勇、刘明宇、何建民:《一票制还是两部制?——对公共景区经营的纵向约束分析》,载《旅游学刊》2015年第7期;李亚兵、康海滨、张永凯:《公共资源型旅游景区行政管理模式探讨》,载《商业时代》2008年第35期;田世政:《基于系统分析的旅游景区管理研究框架构建——以公共资源型景区为例》,载《西南大学学报(人文社会科学版)》2007年第2期;唐凌:《论公共资源类旅游景区所有权与经营权分离》,载《西南民族大学学报(人文社科版)》2005年第7期。

[4] 参见刘佳:《公共资源类景区设施项目投资的重要性分析》,载《旅游纵览》2018年第6期。

[5] 参见黄璨、邓宏兵、李小帆等:《公共资源类旅游景区水环境承载力研究——以武汉市东湖风景区为例》,载《环境科学学报》2013年第9期;王红:《中国公共资源依托型旅游景区(点)政府规制的变迁研究》,载《中国人口·资源与环境》2011年第1期。

[6] 参见龚箭、孔令哲、吴清:《资源错配、财政压力和遗产类景区治理——基于公共品供给视角》,载《中南财经政法大学学报》2015年第5期;崔凤军、杨娇:《公共资源类旅游景区产品性质界定的再思考——公共经济学视角》,载《旅游论坛》2008年第5期。

注公共资源类景区公益性的独立价值和保障机制。因此,下文从公法视角出发,基于公物理论,对公共资源类景区进行重新界定和解释,从公物管理和利用的角度为公共资源类景区公益性的实现和保障提供借鉴。

(一)公共资源类景区的行政法界定

自然文化资源对每一个人都至关重要,其经济、社会、文化等价值要么源于自然的恩赐,要么源于历史长河中优秀传统文化的积淀。从公物理论的视角出发,以全民所有的自然文化资源为依托开发和形成的旅游资源具有极强的公益性,属于公众用公物。公众用公物的公共利益功能和公共用途是其最显著的特征,社会公众享有自由、平等、免费和非排他地利用公物的公法权利,政府则负有加强公物供给、保障公物普惠性和社会公众使用利益的职责。此外,公物的公益性也决定了严禁政府以处置私物(私人财产)的方式利用公物牟利。

(二)公物理论视角下公共资源类景区公益性的影响因素

1. 公共资源类景区的门票价格

景区门票价格的高低反映了作为公物的旅游资源的普惠性和公益性,因为高昂的票价妨碍了公物利用公法权利的行使,甚至影响到宪法法律确认的社会文化领域基本人权的实现,也反映了政府对公众用公物的经营和管理情况,因此,景区门票价格的高低受制于多重因素。门票定价过高会直接阻碍旅游资源的普惠性和公益性,因为票价过高将限制收入有限群体对自然文化资源利益的分享,是对这类群体的变相歧视。为此,我国很多法律文件都对公共资源类景区的经营管理及门票价格的法律控制作出了相应规定。近年来很多旅游景区门票价格有所下降,从公物理论的视角来看,反映了政府在增加公共资源类景区普惠性方面一直在积极作为。

2. 公共资源类景区的治理模式

景区经营管理体制对公共资源类景区公益性影响很大,公共资源类景区管理体制可以作用于景区的门票价格和旅游成本,从而影响公益性。以景区经营管理中政府参与的深度及作用大小为标准,可以将当前旅游景区的经营管理模式大致分为三类,即政府专营模式、政府主导的市场运营模式以及现代企业制度模式。[1]具体而言,在政府专营模式中,景区经营管理权主体是国家或地方政府成立的管理机构,它集景区所有权代表、资源开发、环境保护、旅游管理于一身,针对不同类型的旅游资源,政府专营模式又细分为中央部委直属机构管理和地方成立景区管理委员会管理,前者如故宫,后者如四川九寨沟、山东泰山等景区。在政府主导的市场运营模式下,政府是景区所有权的代表,并负有行业管理、政策制定、资金管理及监督的责任,将景区的经营权部分或完全委托给民营企业或国有企业,企业缴纳转让费,通过整体租赁或承包经营的方式取得景区的经营权和开发权,以市场化的方式负责景区的资源开发与经营,在形式上实现了景区管理权与经营权的分离,如湖南凤凰古城、广西阳朔世外桃源、北京十渡景区等。在现代企业模式中,景区管理机构行使

---

[1] 参见彭德成:《中国旅游景区治理模式》,中国旅游出版社2003年版,第67页。

管理职能,景区所有者组建的旅游集团或股份制公司或上市企业行使经营职能,在形式上实现了景区管理权与经营权的分离,如安徽黄山、云南玉龙雪山、贵州黄果树景区、浙江乌镇、海南天涯海角景区等。[1]

虽然政府在公共资源类景区治理模式方面进行了积极探索,初步实现了管理权与经营权在形式上的分离,在保障公共资源类景区公益性方面取得了较大的成效。但是由于体制等因素的影响,地方财政对旅游业带来的直接收益和间接收益依赖较大,除政府专营模式中中央部委直属机构管理的景区对门票收入依赖较小外,对于其他的治理模式而言,门票收入、景区其他收入都不同程度纳入地方财政。此外旅游业的发展带动其他服务业对当地经济的贡献也对地方财政影响较大。门票收入、景区其他收入对地方财政的影响有可能造成地方政府出于政绩而提高公共资源类景区收入,或者纵容默许经营主体提高公共资源类景区收入,而提高景区收入的方式无非提高门票价格、加强商业开发、增加娱乐项目等,从而导致过多的成本转嫁给社会公众,使得公共资源类景区的公益性遭到贬损。

3. 公共资源类景区公物管理权的分配

公共资源类景区管理主体管理权力的行使、管理职责的承担,对景区公益性影响很大。不同性质职能的错配、不同职能主体权力的混同、公物管理权的分散行使都会影响公共资源类景区的公益性。

---

[1] 参见王玉成:《我国旅游景区管理体制问题与改革对策》,载《河北大学学报(哲学社会科学版)》2017年第3期。

第三章 公物利用的基本形态（之一）：公共公物

第一，公共资源类景区管理职能与开发职能尚未完全分离。根据德国的公物二元结构理论，一项私人财产在成为公物以前，其所有权是完整的，但是一旦该财产经过公法规则的确认成为公物，该财产的所有权就被划分为两种权利，即公共权利和"剩余财产权利"。[1] 私人财产成为公物以后，由于公用目的的存在，私人财产所有权衍生出公共权利，一是公共利用公物的权利，二是公物管理权。对社会公众而言，该公共权利是自由、平等、非排他地利用公物的权利，这项权利由社会公众共享；[2] 对公物管理机关而言，则产生了一项管理权，即保障公物的公共用途、维护公物的公用目的，这项权力由公物管理机关行使。"剩余财产权利"的产生源于公共权利对原始所有人私法财产权的排挤，因为公共权利优先于私法财产权，因此该公物的原始所有人只能在不影响公物公用目的的前提下行使私法财产权（如出租、维修等），这就是"剩余"的含义。公物管理职能的核心是公共权利的行使和公物公益性的维护，而公物开发职能则是"剩余财产权利"的行使和私益的追逐。因此，对于公共资源类景区而言，一方面，政府设立的管理机构作为公众用公物的管理主体，主要承担管理职能，应当以景区资源的公益性为目标；另一方面，景区所有权的代表机关作为景区的所有人，具有开发经营职能，可以在不影响公物公用目的的前提下追求财政收入，如对景区进行商业开发等。但是，

---

[1] 参见肖泽晟：《公物的二元产权结构——公共地役权及其设立的视角》，载《浙江学刊》2008年第4期。

[2] 参见赵自轩：《公共地役权在我国街区制改革中的运用及其实现路径探究》，载《政治与法律》2016年第8期。

按照行政学的一般原理,管理职能和开发职能应当分开,如果由一个机构行使两职能或者两职能关系不清,必然出现公共利益和经济利益并存时忽视公共利益的现象。我国风景名胜区的三种现行经营管理模式都不同程度地存在类似问题。

第二,公共资源类景区管理权力的分散行使。公共资源类景区管理权力在不同部分之间分割明显,形成了明显的多头管理、条块分割。在我国,不同性质的公共资源类景区由不同的管理机构实行归口管理,分别行使管理权,[1]这虽然有利于我国公共资源类景区依照所承载自然文化资源的不同而进行差别化、专业化的管理;但景区管理机构众多且隶属关系复杂,容易造成政出多门、职能交叉以及政策相互抵触的情况。此外,由于公共资源类景区的管理涉及方方面面,既涉及资源与生态环境保护、科学研究、游客安全与文娱目的等公共利益,又涉及旅游资源的商业开发和产业化等经济利益,科教、农林、文化、水利、宗教商业等职能都有涉及,相关管理主体极多。但是上述管理部门通常拥有较为完整的垂直管理体系,这种部门管理和景区所在地设置景区管理机构的属地管理,形成了"条块分割"的管理权行使现状,既不利于公共资源类景区公物管理权发挥作用,也不利于引导自然文化资源的合理利用。

---

[1] 具体而言,国家级风景名胜区、国家级森林公园、国家级地质公园、国家级海洋公园、国家级湿地公园、国家级沙漠(石漠)公园和国家级草原公园由国家林业和草原局主管,国家重点文物保护单位由国家文物局主管,爱国主义教育示范基地由中宣部主管,全国重点烈士纪念建筑物保护单位由民政部主管,汉族地区佛(道)教全国重点寺院(宫观)由宗教事务局主管,国家水利风景区由水利部主管。

(三)公物利用和管理角度下公共资源类景区公益性的保障

1. 保障自由利用、规范特许利用

公物存续的最大价值在于公用性,社会公众享有自由、免费和非排他地利用公物的公法权利。在公物理论中,公众用公物的利用要遵循普遍利用原则,即社会公众在公众用公物的本来公共用途内,在遵循公物管理规则或习惯的前提下,可以全面地获得和分享公众用公物带来的利益;遵循自由利用原则,即社会公众自由且不受限制、平等而非歧视、免费或低付费地利用公众用公物;遵循许可利用原则,即在超过公物本来公共目的以外利用公物时,通常需要通过许可和付费的方式利用公物。根据不同的分类标准,公众用公物利用的方式有不同的种类,本书将公众用公物的利用方式分为自由利用和许可利用,其中许可利用又分为普通许可利用和特殊许可利用(特许利用)。

第一,保障公众用公物的自由利用。公众用公物的自由利用是指社会公众无须许可和付出对价即可对公物进行利用,因为自由利用一般情况下不会影响公物的本来用途及公益性,因此应当允许使用人自由平等和非排他地利用该公物。这也意味着社会公众对公众用公物的利用只有在极少数情况下,一般系在为了防止"拥挤效应",或确保经营者收回投资等情形下才可以进行收费,这从国家对风景名胜区票价免费或低价的政策趋势可以看出。此外,合理经营、避免过度开发,也可以防止旅游景区的运营成本转嫁到社会公众的身上,尽量确保社会公众对其进行免费利用或成本较低的利用。

第二,规范公众用公物的特许利用。特许利用是许可利用的一种,这种利用是利用人单独占有公物的一部分。例外地单独利用公物的情形,一般是利用公物进行商业活动,因其对公物的利用超过了公用目的,将对公益性产生负面影响,因此特许利用并不是利用人既得的权利,通常要通过两种特殊的方式取得特许利用权利:向公物管理机关申请许可或者与公物管理机关签订行政合同。[1]例如,在景区建设餐馆、娱乐项目进行经营的行为,因为对公众用公物的特许利用超过了公物的本来公用目的,因此要遵循付费原则,即特许利用人通过付费行为尽力抵消和弥补因其独占利用而给一般利用人带来的损失,尽量减少对公物公益性的贬损。[2]景区管理机构在许可或协商一致准许特许利用时,要注意在旅游景区公益性、自然文化资源的保护、相关项目的便民性、项目带来的经济利益之间进行利益衡量,不能因追求经济利益的最大化而破坏自然文化资源。尤其是以林业、水利、壁画、文物、园林等自然遗产和文化遗产为依托的旅游景区,一定要把资源保护、资源公益性的维护放在首位。

2. 公物管理职能与公物开发职能的分离

因公物管理职能更多关注的是对公物公用目的的实现,更多关注公共利益,而公物开发职能更多关注公物所有人对公物"剩余财产权"经济价值的挖掘,更关注经济利益,因此有必要将两种职能交由不同的机构来行使。在这方面,我国对水资源的管理与开发实现

---

[1] 参见李昌庚:《国家公产使用研究》,载《政法论丛》2014年第2期。
[2] 参见蔡守秋、鲁冰清:《析法国行政法中的公产与公众共用物》,载《宁夏社会科学》2015年第6期。

了管理职能与开发职能的分离,可资借鉴。2002年修订后的《水法》明确了我国水资源的两层管理体制,即流域管理和行政区域管理相结合;2008年政府机构改革明确水资源管理职能与开发职能分离,2016年《关于全面推行河长制的意见》继续强化水资源监管与保护职能。[1]我国公共资源类景区的管理可以借鉴水资源的管理体制,将公物管理职能和公物开发职能相分离,在行政主管和经营主体之间构建清晰的权责关系。国有资产管理部门作为所有权代表,通过引进特许经营制度,将公物的经营开发职能彻底分离出去,对涉及旅游景区餐饮、住宿等营利项目的,由国有资产管理部门通过招投标等市场化方式将开发职能赋予企业。与此同时,景区管理机构应当在不影响企业独立经营的基础上,加强对规划执行、资源保护、资源开发活动的监督,惩治过度开发的行为。此外,景区管理机构行使公物的管理职能,应当明确公益性管理目标。

3. 公物管理权的相对集中行使

解决公共资源类景区管理职能交叉的问题可以考虑公物管理权的相对集中行使,在明确各个机构权责,理顺相关部门职能关系的基础上,将景区管理权在一定范围内集中行使。具体而言,可以考虑将涉及景区管理的相关职权统一划转至景区管理机构,涉及景区管理中土地、森林、水利等方面的管理职权不再由原先的专门管理机构负责,而由景区管理机构统一集中行使土地、森林、水利、文化等与景

---

[1] 参见孙继昌:《河长制——河湖管理与保护的重大制度创新》,载《水资源开发与管理》2018年第2期。

区管理相关的管理权力,从而精简景区管理工作的参与主体,形成管理合力,提高管理实效。

七、本章小结

公共公物是公物公共功能最直接的体现。公共公物包括公众用公物和公营造物,社会公众通过对公众用公物和公营造物的利用实现对公共利益的分享。在我国,公共公物具有宪法、法律、行政法规、其他规范性文件等规范依据,对公共公物的规范一般是以特定种类公物的专门法的方式呈现,且我国公共公物的法规范在内容上包含了公共公物的设置与命名、公共公物的自由利用与许可利用、公物利用的收费等,但是仍然存在许多不足。

对于公众用公物,本章在考察了域外和我国关于公共公物利用方式分类的基础上,选取了自由利用与许可利用作为本章的研究对象,因为自由利用与许可利用更能揭示公物利用的本质和内涵,同时自由利用与许可利用在外延上亦足以包含其他分类方式。自由利用不仅包括通常意义上的自由利用,还包含公物附近居民的增强利用,本章认为,自由利用因依赖利用和事实利用的不同而表现出两种不同的法律性质,即公法权利和反射利益,但是公法权利应当是自由利用在大多数利用情况下的法律性质。许可利用包括普通许可利用和特别许可利用。行政机关对公物利用的普通许可在性质上属于自由裁量的行政行为,在方式上分为三种,即基于警察权作用的许可利用、基于公物管理权的许可利用、两种权力相混合的许可利用。特别许可利用权兼具公权性质和私权性质,特别利用许可的作出方式一般有两种,即依具体行政行为和依行政合同作出。本章还以公共资源类景区公益性保障为例对公众用公物的利用进行了个案研究,认为从保障公共资源类景区作为一种公众用公物的公益性角度出发,在公物利用上应当保障自由利用、规范许可利用,在公物管理上应当将公物的开发职能与管理职能相分离,且公物的管理职能应当相对集中行使。

对于公营造物,其区别于公众用公物最大的特点在于其是人与物的结合体,不单纯作为一种财产存在,而是作为行政主体为达特定公共行政目标而设置的组织体而存在。本章探讨了公营造物利用与公众用公物利用的区别,即公营造物利用关系属于行政法上之债,利用人享有要求公营造物管理机关实施行政给付、提供公共服务的请求权,但是这种权利类似于私法上的债权,是一种行政法上之债,而非对公营造物所属公物的直接支配权。而在公众用公物利用关系中,公众用公物利用人取得的是物权性的法律地位,并对公物享有直接支配权。本章探讨了公营造物的公法利用和私法利用,并认为,对公营造物利用人的法律保护和救济的类型应当视基础关系和运营关系而定。如果公营造物管理机关的命令涉及基础关系,则该命令属于行政处理决定而具有可诉性,利用人对该命令不服的可以提起行政诉讼;如果公营造物管理机关的命令仅涉及运营行为,则该命令属于内部行政行为而不具有可诉性,利用人对该命令不服的可以选择其他救济手段。

最后,本章对公共公物的公益性保障、公物利用权的实现路径进行了有益探索,将公物利用权分为防御权功能、受益权功能、客观价值秩序功能,并将公物利用权的实现路径转化为三种不同功能的实现路径和三种功能对应的国家义务的履行。具体而言,公物利用权的防御功能对应国家的消极义务,因为实现公物利用权,国家应当对公物管理行为进行必要限制;要加强监督,防止行政主体借助公物牟利;要确保必要的干预行为符合比例原则。公物利用权的受益权功能分为消极的受益权功能和积极的受益权功能。消极的受益权功能对应国家的司法救济义务,即国家应当对遭受侵害的公物利用权提供司法救济。积极受益权功能指物质给付义务,此处的物质给付不限于物质利益的给付,还包括立法机关的立法给付和立法保障;行政机关要规范公物的来源、增加公共公物的供给,完善公物的设置程序、规范公物的设置行为,完善政府财务信息报告制度、加强财政监督。客观价值秩序功能要求国家履行保护义务,即采取一切措施保障公物的使用价值、维护公物利用秩序、加强公务行政决策的公开等。总之,公共公物的利用对于国有公物利用和公物公益性的发挥具有基础作用,公物对公共利益和大众福祉的追求很大程度上取决于社会公众对公共公物的利用,因此,完善公共公物制度、保障社会公众的公物利用权是健全公物法治的当前要务。

第四章　公物利用的基本形态（之二）：行政公物

行政公物作为承担公物公共功能与公法价值发挥极其重要的一环，是公物利用的重要方面。本章从行政法学、公共管理学、公共财政学等多学科交叉的视角出发，从理论和实践两个角度对行政公物制度进行考察、剖析问题并提出完善建议。从理论上界定了非经营性国有资产、行政事业性国有资产、行政公物三个概念的差异及本章概念用语的选取及理由，界定了行政公物管理权的内容、特殊性和法律性质。从实践上考察了行政公物的法规范体系现状和问题，考察了行政事业性国有资产的外延构成、统计分析（仅以2023年国务院向全国人大报告国有资产管理情况为例）、管理现状和问题，并简要梳理和考察了近些年行政公物在管理和利用方面的体制（以南宁模式和深圳模式为例）、机制（资产共享共用机制，以公物仓等形式为主）和具体方法探索（绩效管理、信息化管理、公务车改革等）中的主要成效，在此基础上借鉴了国外非经营性国有资产管理的经验，提出了我国行政公物管理原则，即资产管理与预算管理、资产管理与财务管理、实物管理与价值管理相结合，提出在行政公物的管理上应当以政府为主导、以建章立制、完善制度为核心的管理体制，可以适当引入市场化机制但是要避免过度市场化。此外,促进行政公物职能管理向流程管理转变,发展和推进以公物仓为主的资产共享共用机制,是回应我国改革实践成效,推进治理能力及治理体系现代化的必然要求,也是借鉴新公共服务理论中适合我国实践的理论精华的有益体现。总之,行政公物制度的中国实践丰富多彩、成果卓著,中国理论和实践的相互印证和回应体现了国家治理层面的中国智慧,因此本章更多地以关注中国实践、成效为主,在此基础上适当考察和借鉴了国外的先进经验。

一、行政公物利用的特殊性:突出管理效能、保证规范利用

(一)公物利用主体和利用范围的内部性、公益实现的间接性

行政公物通常是作为行政主体完成公共行政服务的物质手段,无论是行政主体对所占有的行政公物的利用,还是资产共享共用机制之下行政公物在不同部门、层级之间的调余补缺、共享共用,如行政主体对办公场所、办公设施、公务用车的利用,行政主体通过向政府公物仓借入所需行政公物进而使用,都体现了行政公物利用主体和利用范围的内部性。同时,上述两种利用符合行政公物的本来公共用途和公共功能,是行政公物的本来利用。虽然实践中有些地区出于为市民和游客提供便利的目的开放机关停车场,从而实现了行政公物在一定范围和限度内的社会共享,但是社会公众对行政公物使用价值的分享仍然是有限的,是公物的目的外利用。公共公物和

公营造物通常由社会公众直接利用,公物的公共利益功能的发挥和公益的实现具有直接性;而行政公物的利用主体和利用范围则非常有限,行政主体对行政公物的利用并非产生惠及社会公众的直接效果,这种情况之下,公益的实现是通过行政主体借由行政公物这个物质手段完成公共行政服务而间接实现的。换言之,此时公益的实现具有间接性,这是行政公物利用区别于公共公物和公营造物利用最大的特点。

(二)完善管理是规范高效利用的前提:整体研究的必要性

对于公共公物而言,社会公众享受其使用价值是通过直接对"物"利用实现的。通常情况下依该公物的公共用途和物理性质即可完成对其的利用,不需要公物管理机关过多的辅助,如社会公众对城市道路、公园、广场等公共公物的利用无须行政主体做额外的辅助工作,只需合乎公物设置目的的利用即可。但是行政公物的利用在这方面较为特殊,行政主体对行政公物的利用和管理就像一个硬币的两面,完善行政公物管理就是为了实现公物利用效率和效益的最大化,而且完善的管理也是规范、高效利用的前提,甚至可以说,对于行政主体的某些行为,既可以理解为行政公物的利用行为,也可以理解为行政公物的管理行为。例如,实践中的政府公物仓制度,公物仓不只针对罚没财产的收缴和管理,还包括闲置资产、举办重大活动资产。在公物仓制度之下,公物仓统一收缴、管理特定资产以备调余补缺、调剂调配,存在可共享使用的资产时,不必重复购置,使用单位经借出手续获得该资产,对其进行使用和养护,从而解决行政公物配置上苦乐不均、使用上铺张浪费的弊病,节约公共资源和财政资金,实现资产使用效率效益的最大化。其实这既是行政公物利用方式的集约化,也是行政公物管理的创新。如果没有完善的管理,暂且不说行政公物的利用效率难以提高,甚至会出现资源浪费等问题,更会出现行政公物的违法利用,如公车私用、私车公养。将行政公物的利用和管理统一到整个行政公物制度的完善和公益性保障上极有必要。脱离行政公物的管理而单纯研究利用,并不能为行政公物公益性的保障提供有效的路径,因此,本章将行政公物的利用与管理作为一个整体进行研究。

(三)行政公物利用制度的重点:完善管理、规范利用、高效利用

由于公共公物的利用主体极其广泛,且社会公众对公共公物的需求一般属于基本需求,关系社会公众的生产生活和国家对公民的生存照顾,公共公物利用的重点问题是如何降低社会公众的利用成本,增加这类公物的普惠性。区别于此,行政公物的利用则重点关注的是防止违法利用、防止铺张浪费,切实规范行政主体的利用行为,提高公物利用的效率和效益。可以说,公共公物和行政公物公益性保障的出发点有很大不同,公共公物的利用重在"赋权""维权",而行政公物的利用则重在"限权",这也是本章在研究行政公物利用的自身特点和实践问题后,提出的完善对策主要集中在完善管理方面的原因。只有健全的管理体制和一系列配套制度的规范运行,才能守住行政公物不被滥用、错用、乱用的底线,同时,也才能最大限度

地发挥行政公物的使用价值,最大限度地保障行政公物的公益性。

二、行政公物制度的现状考察[1]

(一)行政公物、经营性和非经营性国有资产、行政事业性国有资产的辨析

行政公物的研究必然无法回避以下三个概念,即经营性国有资产、非经营性国有资产以及行政事业性国有资产,行政公物与上述三个概念所属学科不同、在实践中的使用也不同。为了研究过程的谨慎,有必要界定、辨析这四个概念,并对后文同时出现这几个概念的情况作出说明。

1. 经营性国有资产和非经营性国有资产

经营性国有资产和非经营性国有资产属于公共管理及公共财政学的概念,主要区别在于收益能力。根据收益能力的不同,国有资产分为经营性国有资产、非经营性国有资产和资源类国有资产。[2]

经营性国有资产又分为狭义的经营性国有资产和广义的经营性国有资产,前者主要指企业单位经营管理的以营利为目的的国有资本以及附属相关权益,[3]通过经营商品和服务创造经济利益;后者主

---

[1] 本部分内容参见朱维究、孟庆武:《行政公物基础理论研究》,载《学术界》2019年第7期。收入书中时做了适当更新修改。
[2] 参见李渝萍:《现阶段非经营性资产管理模式探析》,载《江西社会科学》2004年第11期。
[3] 参见张亚军:《非经营性国有资产监管问题探论》,载《求索》2004年第3期。

要指行政事业单位占有、使用的以营利为目的、可以创造经济利益的国有资产,如某些行政机关建立的培训中心、招待所等,以及某些事业单位(高校、医院)的发明专利、商业秘密、商业信息、学术著作等无形资产。[1]

非经营性国有资产,是指"不直接参与生产和流通过程,而用于行政、事业和公益服务方面的资产,主要是指行政事业单位为完成国家行政任务和开展业务活动所占有、使用的在法律上确认为国家所有,能以货币计量的各种经济资源的总和"[2]。换言之,其不以营利而是以追求公益为目的,除行政事业单位占有、使用的主要由国家划拨或财政资金建设购置的国有资产外,财政资金、行政信息、收费许可等无形资产也属于非经营性国有资产。

2. 行政事业性国有资产

行政事业性国有资产,是指能以货币计量的由国家所有的、由行政机关及事业单位占有和使用的经济资源的总称,[3]近年来国务院向全国人大常委会报告国有资产管理情况时均使用的是行政事业性国有资产这个概念。行政事业性国有资产是行政事业单位完成职务活动、履行各项职能的物质手段,同时也是实现行政给付、公共产品提供与社会福利共享的重要保障。行政事业性国有资产的存在形式

---

〔1〕 参见李忠信、王吉发:《国有资产管理新论》,中国经济出版社2004年版,第136页。

〔2〕 杜伟:《非经营性国有资产双重委托代理模型与监督管理应用研究》,西南交通大学2012年博士学位论文,第22页。

〔3〕 参见耿建新、崔宏:《国有资本监管理论与实务创新》,载《财经科学》2005年第2期。

第四章 公物利用的基本形态(之二):行政公物

较为多样,主要有固定资产、流动资产、对外投资和无形资产,固定资产如房屋、专用设备、图书等,流动资产包括银行存款、现金等,对外投资主要指事业单位的对外投资,无形资产包括债权、著作权等财产权利。上文提到实际上由行政事业单位占有、使用的国有资产中,有一部分被用于营利活动,实践中对行政事业性国有资产的管理一般区分为对经营性国有资产的管理和对非经营性国有资产的管理。对非经营性国有资产的管理中很重要的一项内容就是对非经营性国有资产转经营性国有资产("非转经")的管理,行政事业性国有资产的范围与非经营性国有资产的范围并不相同,它的范围应当包含经营性国有资产和非经营性国有资产,[1]但是以非经营性国有资产为主。

3. 行政公物

行政公物是纯粹的行政法概念,是一个学理概念。实践中(官方)与"行政公物"语义相似的表述主要有两种,一种是国务院在年度国有资产管理情况综合报告中使用的"行政事业性国有资产",另

---

[1] 当然,也有学者认为非经营性国有资产就是行政事业性国有资产,如攻克先生认为,"非经营性国有资产,也称行政事业性国有资产,是指由行政事业单位占有、使用的,在法律上确认为国家所有,能以货币计量的各种国有经济资源的总和。主要包括党和国家机关、人民团体、事业单位占有使用的房屋、车辆、仪器设备,以及政府为社会提供的城乡公路、防洪排涝等公益服务性资产"。攻克:《行政事业单位国有资产管理理论研究综述》,载《党政干部学刊》2006年第11期。但是笔者认为,从实践中行政事业单位用财政拨款的方式建立培训中心、招待所进行营利活动的情况来看,这部分经济实体应当属于经营性国有资产,而这部分资产实际也由行政事业单位占有、使用,因此行政事业性国有资产的范围应不完全等同于非经营性国有资产,行政事业性国有资产的范围应当包含经营性国有资产和非经营性国有资产,这与实践中大量关于管理行政事业单位占有、使用国有资产的法律文件的表述是一致的。

一种是地方性法规或规章中使用的"公物仓"(或"政府公物仓")中的"公物"。对于行政公物和行政事业性国有资产而言,两个概念存在交叉,行政事业性国有资产的范围较行政公物略广,二者的交集是以固定资产为存在形式的行政事业单位占有、使用的国有资产,最常见的是公务用车、办公用房、执法器械等。但是二者的区别也较为明显,即以无形资产为存在形式的行政事业性国有资产不属于行政公物的范畴,如事业单位享有的债权,部分行政机关享有的经营性国有资产(如以营利为目的经营并将收益自行支配的招待所)。行政公物与"公物仓"中的"公物"相比,二者在外延上较为接近。公物仓是指对政府占有、使用的资产进行统一收缴、管理和调配的平台或制度,但是由于纳入政府公物仓管理的资产一般是罚没资产、超标配置资产、闲置资产、临时机构资产,[1]因此行政公物较"公物仓"所言公物概念的外延更广。

(二)我国行政公物制度的规范依据

公物法一般由公物一般理论、公物管理法、财产管理法和民法构

---

[1] 各省市对公物仓管理的国有资产的范围规定大同小异,一般都通过行政规章的形式(多为第3条)对公物仓管理国有资产的范围进行规定,大体包括本级行政事业单位闲置、待处置、超标准配置的资产,临时机构的资产,执法执纪单位罚没物品、收归国有的涉案物品等资产。例如,《河南省省级政府公物仓管理暂行办法》第3条规定:"河南省省级政府公物仓(以下简称公物仓),是指省财政厅对省级行政、事业单位闲置、处置、超标准配置的资产以及临时机构的资产和执法执纪单位罚没物品、涉案物品等进行统一管理、统一调配、统一处置,推进行政、事业单位国有资产管理与预算管理相结合的运作平台。"又如,《阜阳市市级政府公物仓管理暂行办法》第3条规定:"阜阳市市级政府公物仓(以下简称公物仓)是指对市直行政事业单位闲置、待处置、超标准配置的资产,临时机构的资产,执法执纪单位罚没物品、收归国有的涉案物品等资产实行统一管理、统一调配、统一处置的运作平台。"

第四章 公物利用的基本形态(之二)：行政公物

成。我国在公物及行政公物领域虽然缺乏统一立法，但是并不意味着缺乏规范依据，我国行政公物制度的规范依据主要有宪法、法律、行政法规、部门规章、地方性法规与规章、其他规范性文件以及政策文件。从内容上看，既有对行政公物进行较为抽象和宏观规定的法律文件，如《宪法》《机关事务管理条例》，又有对行政公物进行较为微观和细致规定的法律文件，如《中央行政单位国有资产处置收入和出租出借收入管理暂行办法》《政府会计准则第3号——固定资产》《党政机关公务用车管理办法》等。

1. 宪法依据

我国有关行政公物制度的宪法依据主要体现在《宪法》第3条、第12条与第27条。其中，第3条第4款规定了国家与地方职权划分上的中央统一领导与发挥地方积极性的原则；第12条规定了包括行政公物在内的国家公共财产神圣不可侵犯，不得侵占或破坏国家和集体的财产；第27条第1款、第2款规定了国家机关精简高效、有权有责、培训考核和保持与人民的联系并接受监督的工作原则。其中行政公物的设置、管理和使用是国家机关(中央和地方)工作的重要内容，也要受上述原则的约束。

2. 法律、法规、规章、其他规范性文件

我国并没有统一的公物管理法，对行政公物的设置、利用、管理与监督的规定散见于各类民事、行政和刑事法律文件中。民事立法主要是《民法典》，刑事立法主要是《刑法》，对行政公物的规定大多是由行政立法完成，重要的法律文件主要有《枪支管理法》《军事设施保护法》《特种设备安全法》《人民警察法》《人民防空法》《消防法》《防震减灾法》《土地管理法》《城乡规划法》《资产评估法》《政府采购法》《预算法》《审计法》《统计法》《党政机关公务用车管理办法》《党政机关办公用房管理办法》《机关事务管理条例》《机关团体建设楼堂馆所管理条例》《公共机构节能条例》《党政机关厉行节约反对浪费条例》《机关档案工作条例》《科学技术档案工作条例》《财政违法行为处罚处分条例》《政府信息公开条例》。此外还包含针对行政公物的前述法律法规的实施细则,如《土地管理法实施条例》《政府采购法实施条例》《国有资产评估管理办法》等。

除此之外,关于行政公物设置、利用、管理及监督,还存在大量法律文件及政策文件,基本涵盖了公务用房等行政公物的设置、行政公物的财务管理及处罚、公务用车的配置和使用、行政公物的评估、预算管理。其中中央主要是以财政部为例,主要有《事业单位财务规则》,中共中央办公厅、国务院办公厅《关于党政机关汽车配备和使用管理的规定》,《国有资产评估管理若干问题的规定》,《中央国家机关公务用车编制和配备标准的规定》,国务院《财政违法行为处罚处分条例》,《行政单位国有资产管理暂行办法》,《事业单位国有资产管理暂行办法》,中共中央办公厅、国务院办公厅《关于进一步严格控制党政机关办公楼等楼堂馆所建设问题的通知》,《中央垂直管理系统行政单位国有资产管理暂行实施办法》,《全国人大行政单位国有资产管理暂行实施办法》,《全国政协行政单位国有资产管理暂行实施办法》,财政部、政协全国委员会办公厅《关于各民主党派中央、全国工商联行政单位国有资产管理有关问题的通知》,《中央级事业单位国有资产管理暂行办法》,《中央行政单位国有资产处置收入和出租出借收入管理暂行办法》,中共中央办公厅、国务院办公厅《关于党政机关厉行节约若干问题的通知》,《关于进一步规范和加强中央级事业单位国有资产管理有关问题的通知》,财政部《关于启用财政部中央行政单位资产管理专用章和财政部中央事业单位资产管理专用章的通知》,《党政机关公务用车预算决算管理办法》,《行政事业单位国有资产管理信息系统管理规程》,《中央和国家机关公务用车制度改革方案》,《地方政府一般债务预算管理办法》,《行政事业单位国有资产年度报告管理办法》,《政府会计准则第3号——固定资产》,《党政机关公务用车管理办法》等。

(三)我国行政公物立法规定的主要内容

1. 我国行政公物的范围和利用主体

关于行政公物的范围,根据《行政单位国有资产管理暂行办法》和《事业单位国有资产管理暂行办法》的规定,行政公物在外延上较为广泛,即由行政主体占有、使用的开展公共行政服务的国有资产,其设置和形成方式一般为以财政资金兴建购置、国家调拨等。关于行政公物的利用主体,不同的法律文件对利用主体进行了不同的规定,如《行政单位国有资产管理暂行办法》第2条、《事业单位国有资产管理暂行办法》第2条以列举的方式明确和细化了行政公物利用主体的范围。[1]

---

[1] 参见朱维究、孟庆武:《行政公物基础理论研究》,载《学术界》2019年第7期。

2. 行政公物的设置

关于行政公物的设置,各类法律文件都针对具体的行政公物进行了规定,尚缺乏对行政公物设置的一般理论的统一性规定。但是对于行政机关占有、使用的行政公物,《机关事务管理条例》进行了较为全面的规定,其中涉及经费管理、资产形成、资产管理、购置原则、政府采购等。此外,针对不同类型行政公物管理的特殊性,国家还分别制定了专门法律文件对其予以规范,最典型的是针对公务用车和办公用房的法律文件,前者如《党政机关公务用车管理办法》等,后者如《机关团体建设楼堂馆所管理条例》。

3. 行政公物的管理体制

关于行政公物的管理体制,《机关事务管理条例》第3条、第4条,《行政单位国有资产管理暂行办法》第8条、第9条,《事业单位国有资产管理暂行办法》第8条、第9条,《关于进一步规范和加强行政事业单位国有资产管理的指导意见》等法律或政策文件均予以规定。此外,针对不同的行政公物,又有专门的法律文件对其具体管理体制进行规定。总体来说,行政公物形成了国家统一所有、行政事业单位占有使用及日常管理、各级财政部门负责监督的管理体制。此外,针对不同类型的行政公物,法律文件针对管理主体作出了差异化的规定,如《机关团体建设楼堂馆所管理条例》第4条第2款明确了国家发展改革部门、住房城乡建设部门、财政部门为办公用房标准的制定主体。[1]

---

[1] 参见朱维究、孟庆武:《行政公物基础理论研究》,载《学术界》2019年第7期。

4.行政公物的利用

关于行政公物的利用,由于行政公物是完成公共行政服务的物质手段,行政主体对其的利用是完成公共行政服务的必备条件,行政主体对行政公物的利用实际上属于广义的管理行为。法律文件对行政公物利用的规定大部分体现为对行政主体利用行为的规范,如各地针对公物仓制定的管理办法就行政公物的入库登记、借出借入、调余补缺管理保管等作了详细的规定。此外,对行政公物利用的规定较多地体现为义务性规定而非权利性规定,如《机关事务管理条例》第6条规定的厉行节约原则,第25条规定的公务用车使用中的禁止情形。

5.政府公物仓制度

从中央和地方的实践来看,公物仓制度属于财政部门的试点创新,地方政府一般通过制定规章的方式对之予以规定,如《河南省省级政府公物仓管理暂行办法》《无锡市财政公物仓管理暂行办法》《徐州市市级公物仓管理暂行办法》《阜阳市市级政府公物仓管理暂行办法》《合肥市市级政府公物仓管理办法》等。公物仓是指政府搭建的针对行政事业单位再用资产、闲置资产、罚没资产和临时采购的资产的统一管理、调配和处置平台。[1]虽说公物仓制度针对的公共财产不局限于行政公物,但是行政公物是其重要管理对象,通过对行政事业单位各类资产的集中管理和调配,既避免了过去闲置资产以"报

---

[1] 参见佘杨丹:《市级公物仓资产管理的几点思考——基于绍兴市级公物仓管理实践》,载《行政事业资产与财务》2017年第7期;姚燕青:《浅谈政府公物仓资产管理》,载《财经界》2013年第14期。

废"名义进行核销导致的资源浪费问题,又减少了各机关单位分别管理闲置资产的负担。此外,通过公物仓的调出和借用可以实现公物仓与其他行政事业单位的合理资源配置,提高行政公物的利用效率,[1]这对于规范行政公物的利用与管理,防止国有资产流失,维护国有资产的安全和完整具有重要意义。

(四)行政公物的基本构成及统计分析

1. 基本构成

在我国,行政公物包含的范畴十分广泛,除党政机关和事业单位占有、使用的国有资产外,还包括军队、社会团体及非政府组织占有、使用的国有资产,但是党政机关占有、使用的国有资产是主体部分。

第一,党政机关占有、使用的行政公物。党政机关占有、使用的行政公物,主要用于行使国家权力,完成公务活动,是党政机关履行经济文化建设、公共秩序维护等管理职责的物质手段。

第二,军队占有、使用的国有资产(国防资产)。军队占有、使用的国有资产,是指由国家享有所有权,军队、军队系统行政机关和事业单位、军队企业或进行企业化管理的特殊事业单位占有、使用的国

---

[1] 根据《河南省省级政府公物仓管理暂行办法》的规定,调出是指省级行政、事业单位申请年度追加经费购置资产,由单位提出资产购置申请,省财政厅部门预算主管处室会同资产管理处审核后,优先从公物仓调剂,资产调出公物仓,由申请单位管理使用。借用是指,经批准,省级临时机构和省财政负担经费举办大型会议、展览、典礼、普查、调查等活动涉及购置资产的,优先从公物仓调剂;公物仓不足安排的,由省财政追加预算,公物仓管理部门统一购置,使用单位从公物仓借用,按期归还。

有资产或财产权利,其主要用于国防目的。[1]军队占有、使用的行政事业性国有资产因其主体的特殊性和财产使用的专用性、目的的特殊性而区别于党政机关、事业单位以及其他团体占有、使用的国有资产。具体而言,军队国有资产主要分为军队行政事业性资产和军队经营性资产两类。[2]军队行政事业性资产主要指武器装备资产和军队系统行政机关及事业单位占有、使用的国有资产。区别于武器装备资产,军队系统行政机关及事业单位占有、使用的国有资产主要指并不直接体现军事实力而主要用于辅助军队进行日常管理活动的财产,如办公设备、军用土地、办公场所等。军队经营性资产是军队国有资产的特殊形式,一般由各军兵种大单位所属保障性和服务性的军队企业或事业单位占有、使用的国有资产。

第三,社会团体、非政府组织占有、使用的行政公物。社会团体、非政府组织占有、使用的国有资产是指各类非营利组织占有、使用的国有资产,如全国妇女联合会等社会团体、红十字会等非政府组织占有、使用的国有资产。[3]

2. 统计分析

根据2024年11月6日发布的《国务院关于2023年度国有资产管理情况的综合报告》,国有资产分为企业国有资产、金融国有

---

[1] 参见成义敏:《我国国防资产管理立法管窥》,载《军事经济研究》2011年第12期。

[2] 参见董德元:《科学推进军队资产管理法规体系建设》,载《军事经济研究》2010年第3期。

[3] 参见财政部财政科学研究所:《行政事业性国有资产的构成及现状》,载《国有资产管理》2006年第3期。

资产、行政事业性国有资产、国有自然资源资产,其中2023年全国国有企业资产总额371.9万亿元,金融企业资产总额445.1万亿元,全国行政事业性国有资产总额64.2万亿元(其中,行政单位资产总额23.3万亿元,事业单位资产总额40.9万亿元)。全国国有土地总面积52371.4万公顷,其中,国有建设用地1839.4万公顷、国有耕地1975.7万公顷、国有园地235.5万公顷、国有林地11342.2万公顷、国有草地19637.1万公顷、国有湿地2171.0万公顷、国有水域2701.0万公顷。

就行政事业性国有资产增速而言,其总量增速极快,呈现跨越式发展;就行政事业性国有资产不同类别资产占比而言,以土地、房屋建筑物为主的固定资产占比较高;就中央和地方行政事业性国有资产中中央和地方的情况而言,地方资产总额明显大于中央本级;就行政性国有资产和事业性国有资产的规模而言,事业性国有资产规模更大。

第一,资产总量实现了跨越式增长。根据财政部历年的决算数据、《国务院关于2017年度国有资产管理情况的综合报告》《国务院关于2018年度国有资产管理情况的综合报告》和《国务院关于2023年度国有资产管理情况的综合报告》,2009年至2023年,我国行政事业性国有资产总额由10.41万亿元增长至64.20万亿元,增长了约5倍。截至2023年年末,全国行政事业性国有资产总额64.2万亿元、负债总额12.8万亿元、净资产51.4万亿元。其中,行政单位资产总额23.3万亿元,事业单位资产总额40.9万亿元。我国行政事业性国有资产增速极快。

第二,地方行政事业性国有资产总额明显大于中央本级。根据

《国务院关于2023年度国有资产管理情况的综合报告》,中央行政事业性国有资产总额6.9万亿元、负债总额2.1万亿元、净资产4.8万亿元;地方行政事业性国有资产总额57.3万亿元、负债总额10.7万亿元、净资产46.6万亿元。地方行政事业性国有资产总额约是中央的8倍。

第三,事业性国有资产较行政性国有资产规模更大。根据《国务院关于2023年度国有资产管理情况的综合报告》,就中央行政事业性国有资产而言,2023年行政单位资产总额1.4万亿元,事业单位资产总额5.5万亿元;就地方行政事业性国有资产而言,行政单位资产总额21.9万亿元,事业单位资产总额35.4万亿元。综合地方与中央的情况,2023年事业性国有资产约是行政性国有资产的2倍。

三、行政公物的利用方式

本书在第二章"公物利用的一般原理"中介绍了两种公物利用形态共通的利用方式,如本来利用和目的外利用。对于行政公物而言,行政主体对所占有的行政公物的内部利用就是一种本来利用,这是行政公物的自身特点、设置目的和公共用途决定的,而社会公众对行政公物的利用则属于目的外利用。下文主要介绍行政公物区别于公共公物和公营造物的利用方式。

(一)行政公物的内部利用:最主要的利用方式

所谓行政公物的内部利用,是指行政主体根据具体公共行政服务的要求,对其所占有的行政公物,结合该公物设置目的和本来用途,进行合法、合规、高效的利用。如行政主体对办公场所、办公设施、公务用车的利用,这些公物是行政主体解决行政事务、开展公务活动所必须依赖的行政工具。这是行政公物最主要的利用方式,是行政公物的本来利用。

(二)行政公物的共享共用:公物利用的集约化

所谓行政公物的共享共用,是指根据行政公物的共享共用机制,特定行政公物在行政主体的不同层级、不同地域或者不同部门之间的借入借出、调剂使用、共同使用。行政公物的共享共用一般针对罚没资产、超标、超编配置资产、闲置资产、临时机构资产、举办活动或召开会议购置的临时资产、在用资产、稀缺或价值较高的资产等,通过重复利用、高效使用、资产使用中的调余补缺、不同单位间对资产使用的分享、共同使用等方式,实现行政公物的使用效率和效益的最大化,实现公共资源分配的公平性、高效性,避免铺张浪费、效率低下。为实现这种科学化、精细化、集约化的国有资产管理方式,需要科学的职责分配、具体的管理手段、明确的制度规范以及一系列配套措施,所有的这一切共同构成了行政公物的共用共享机制。行政公物的共用共享机制是一种科学化、精细化、集约化的行政公物使用和管理方式,打破了过去行政事业单位在资产使用上"各自为战"、封闭运行的状态,突破了资产使用中部门、行业的限制和壁垒,实现了行政公物使用价值跨部门、跨行业之间的流转和发挥。通过规范行政公物配置、使用和处置各个环节,基本解决行政公物配置和使用中闲置与短缺并存的问题,实现资产使用效率和效益的最大化。

(三)行政公物的外部利用:使用价值的有限共享

所谓行政公物的外部利用,一般指社会公众对行政公物的利用,这是一种目的外利用。如公民在办税大厅、车管所办理业务时对行政主体的场所、办公用品的利用,此时社会公众对行政公物并不享有当然的公法利用权,这种利用只是其要求和配合行政主体履职的表现,是要求行政主体依法行政的一般权利的具体化。[1]还有一种外部利用的情形与行政主体开展公共行政服务无关,是经过行政主体许可的私法利用,例如,有些地方在节假日开放机关大院停车场,供游客和市民免费停车;甚至一些地方还在节假日开放机关食堂进行营业活动。

此处有一个特殊问题,即目的外利用的利用人(拜访人)和行政主体之间关系的法律性质是公法关系还是私法关系,换言之,社会公众对行政公物的目的外利用关系如何定性。大多数学者主张行政公物的目的外利用需要许可,而许可的公私法性质决定了这种利用关系的法律性质。本书赞同德国公物理论的观点,根据该理论,目的外利用许可并非"一刀切"地被截然认定为公法关系或者私法关系,而要根据拜访人的利用行为与行政公物的本来用途、公法用途之间的关系而定。若拜访人的行为与行政公物的公法用途有关,如

---

[1] 参见应松年主编:《当代中国行政法》(第2卷),人民出版社2018年版,第714页。

对于禁止入内的行政主体的办公场所，如果拜访人执意进入，将严重影响行政主体的行政职能，损害行政主体在空间上的必要活动范围，行政主体拒绝拜访人的目的外利用许可是出于对公法房屋不受侵害权的维护，源于行政主体对公物的控制权，行使的是公法上的家宅权（属于行政处分行为），这项权利"被认为是从行政机关对行政用公物的隶属管辖权或任务管辖权推导出的一项不成文的附属权利"[1]，此时拒绝许可的行为属于公法关系。若拜访人的行为与行政公物的公法用途无关，如进入办公场所推销商品、发放传单等，拒绝拜访人的目的外利用许可是出于对私法房屋不受侵害权的维护，属于私法关系。如果该目的外利用行为为行政主体的财产带来损失，行政主体可以通过民事诉讼获取民事赔偿，或者采取其他私法救济手段。

四、行政公物的管理

（一）行政公物管理的基本含义和主要内容

公物的管理是指行政机关为了保证公物的公用目的和公共功能而采取的一切行为。[2] 行政公物的管理行为极其广泛，具体包括行政主体对自身占有、利用的行政公物进行保养、维护、维修，对行政公物进行登记，行政公物在不同使用主体间（上下级的纵向间、平级的

---

[1] 参见应松年主编：《当代中国行政法》，人民出版社2018年版，第715页。
[2] 参见王名扬：《法国行政法》，北京大学出版社2016年版，第237页。

横向间）调拨与调剂，改扩建，对行政公物进行命名，确认行政公物的范围，排除和防止任何贬损行政公物公益性的行为等，其目的是维护行政公物的使用价值，以便行政主体利用其完成公务活动，进而间接地为公共利益服务。

行政机关对行政公物的管理大体可以分为以下六种：第一种，对行政公物使用性能的维护，如日常维护、养护和维修、移建和改建、防止和消除障碍；第二种，对行政公物类别的确认、变更，如行政公物范围的确定、行政公物的登记、产籍管理，变动和变更类别，维持、变更和废止原有用途；第三种，行政公物在部门间的流转和配置，如行政公物的调拨和调剂，公物仓统一负责闲置资产的管理与调剂使用；第四种，行政公物的信息化管理，如对行政公物的评估、清查、统计报告；第五种，主动接受外界对行政公物管理情况的监督，如根据中共中央《关于建立国务院向全国人大常委会报告国有资产管理情况制度的意见》，政府应当定期向本级人大常委会报告国有资产管理情况，发布国有资产管理情况的综合报告；第六种，公物规则制定的权力，如河南省制定的《河南省省级政府公物仓管理暂行办法》。此外，还包括监督检查、产权纠纷处理等。

1. 调拨与调剂

行政公物的调拨与调剂，是指行政公物在不同层级、不同部门之间的无偿划拨，通过行政公物的流转，以及行政主体占有使用公物配置的变化，实现行政公物在部门间资源配置的最优化和公物利用率的最大化。如某行政机关将闲置不用的、超标准配置的行政公物纳入公物仓进行统一管理，而公物仓以法定程序将行政公物通过调出

233

或借出[1]的方式流转给相应行政机关使用,这些都属于行政公物的调拨与调剂。调拨与调剂的主要区别在于,调拨主要针对的是闲置资产,而调剂针对的资产范围较为广泛,且调剂的方式可以是变更用途、变更类别等。在了解行政公物配置的实际需求和盈缺情况的基础上,管理部门的调拨和调剂都具有行政公物配置上的调余补缺作用,有利于行政公物的合理配置,避免闲置浪费,提高行政公物的利用率。

调拨和调剂分为横向层面和纵向层面。横向层面的调拨包含三种情形,第一种是行政公物在同一个部门内部之间流转,如某部门将存放档案用的铁书柜从办公室调拨至人事处使用;第二种是行政公物在相同层级且归属相同主管部门的单位之间的流转,如某县公安局将执法执勤用车调拨至其他县的公安局使用;第三种是行政公物在相同层级但是归属不同主管部门的单位之间的流转,如某市公安局将执法执勤用车调拨至该市城市综合管理部门使用。纵向层面的调拨包含两种情形:第一种是行政公物在不同层级但是管辖事务基本相同的部门之间的流转,如某省公安厅将执法执勤用车调拨给某市公安局使用;第二种是行政公物在不同层级且管辖事务不同的部门之间的流转,如将某部属高校的教育设施移转给地方政府的某医疗机构使用。

---

〔1〕 资产使用可细分为调出、借用等。调出是行政事业单位对资产的无限制期限的使用,资产调出后的使用权和保管权全部归属于使用单位;借用是行政事业单位对资产的有期限的使用,在规定的时间内使用资产,资产的所有权属于公物仓,使用单位仅在短期内享有资产的使用权。参见殷爱华、陈金星等:《浅探政府公物仓制度建设》,载《行政事业资产与财务》2016年第6期。

2. 公共用途的维持、变更、废止和行政公物类别的变更

维持、变更和废止主要针对的是行政公物作为公物所具有的公用目的及公共用途。行政公物公共用途的维持是指在该行政公物公用目的和公共用途被废止前应采取一切措施保障其公益性，行政公物的维持包含了对行政公物范围的确定、日常养护、维持、修缮等。行政公物公共用途的废止指的是该公物丧失其公用目的和公共用途，如将原先用于公务活动等公共用途的公务车辆取消并拍卖即属于公共用途的废止。公共用途的变更指的是在仍然保证行政公物公用目的和公共用途的基础上，将其具体的用途予以变更，如某机关更换办公地点后将原来办公场所作为政务服务大厅使用。行政公物类别的变更指的是将行政公物由国有公物转变为国家私产，即公用目的和公共用途的根本性转变。行政公物作为公物的一种，其存在的根本价值在于公益性。对于行政公物，国家所有的意义不在于私法上所有权权能的行使，而在于对公益性的保障，而行政公物类别的变更意味着公物变为国家私产后，这些资产可以由国家进行私法上的处置和收益。关于行政公物公共用途的维持、变更、废止和行政公物类别的变更，主要依据是《行政事业性国有资产管理条例》第二章"资产配置、使用和处置"（第 8 条至第 23 条），例如，关于行政公物公共用途的维持，《行政事业性国有资产管理条例》第 12 条规定："行政单位国有资产应当用于本单位履行职能的需要。除法律另有规定外，行政单位不得以任何形式将国有资产用于对外投资或者设立营利性组织。"第 18 条规定："县级以上人民政府及其有关部门应当建立健全国有资产共享共用机制，采取措施

引导和鼓励国有资产共享共用,统筹规划有效推进国有资产共享共用工作。各部门及其所属单位应当在确保安全使用的前提下,推进本单位大型设备等国有资产共享共用工作,可以对提供方给予合理补偿。"

3. 登记

对行政公物的登记主要是指行政事业单位国有财产的登记,登记机关是财政部门或者经财政部门授权的主管部门。登记是确认行政机关的公物所有权以及占有、使用公物法律效力的必经程序,也是公物底册建立的依据,《行政单位国有资产管理暂行办法》和《事业单位国有资产管理暂行办法》对登记的内容、程序等作了明确的规定。国有财产与私有财产的登记具有较大差别,国有财产(国有公物和国家私产)登记的目的主要是明确国有财产的范围和现实状况,是保证国有财产服务公共利益、确保其公益性的关键,而私人财产登记的目的是在明晰产权人的基础上保证交易安全、维护财产流转秩序。因此国有财产登记的机关和违反登记义务的法律责任也不同,私人财产的登记由于登记事项的多样性而由不同部门负责登记,如土地、房产、交通管理部门,而国有财产的登记则由国家所有权主体的代表机关国有资产管理部门进行。关于违反登记义务的法律责任,私人财产登记的目的在于明晰产权人、确定产权归属、变动等法律效力,因此私人违反登记义务将导致其取得或转移财产的处分行为无效,或无法对抗善意第三人,此外还有可能受到行政处罚。关于违反国有财产登记义务的法律责任,对于国有财产中主要由国有企业占有,以获得经济收入或实现国库收入最大化为目标的国家私产,如违反登记义务,则登记义务人将受到行政处分和纪律处分;[1]对于国有财产中主要由行政机关占有和使用、主要用于协助公务活动、履行国家义务进而实现公益性的国有公物,如违反登记义务,登记机关只能建议主管部门或财政部门对其停拨或缓拨有关经费。

4. 向人大报告国有资产管理情况

十九届中央全面深化改革领导小组第一次会议对政府向本级人大常委会报告国有资产管理情况的设计设想做了制度性安排。2017年12月,中共中央印发《关于建立国务院向全国人大常委会报告国有资产管理情况制度的意见》,明确了综合报告和专项报告的报告方式,并就行政事业性国有资产的报告重点作了全面部署。[2]此外还就报告审议程序和重点、组织保障等方面进行了详细的规定。2024年发布的《国务院关于2023年度国有资产管理情况的综合报告》对中央和地方行政事业性国有资产的资产总额、负债总额、净资产等数据进行了披露,并提出了一系列有针对性的意见建议。此外,各省市也在开展政府向人大报告国有资产情况的工作。政府向人大报告国有

---

[1]《企业国有资产产权登记管理办法》第14条规定:"企业违反本办法规定,有下列行为之一的,由国有资产管理部门责令改正、通报批评,可以处以10万元以下的罚款,并提请政府有关部门对企业领导人员和直接责任人员按照规定给予纪律处分:(一)在规定期限内不办理产权登记的;(二)隐瞒真实情况、未如实办理产权登记的;(三)不按照规定办理产权年度检查登记的;(四)伪造、涂改、出卖或者出借国有资产产权登记表的。"

[2] 根据《关于建立国务院向全国人大常委会报告国有资产管理情况制度的意见》,行政事业性国有资产报告重点是:资产负债总量,相关管理制度建立和实施,资产配置、使用、处置和效益,推进管理体制机制改革等情况。此外,企业国有资产(不含金融企业)、金融企业国有资产报告重点是:总体资产负债,国有资本投向、布局和风险控制,国有企业改革,国有资产监管,国有资产处置和收益分配,境外投资形成的资产,企业高级管理人员薪酬等情况。国有自然资源报告重点是:自然资源总量,优化国土空间开发格局、改善生态环境质量、推进生态文明建设等相关重大制度建设,自然资源保护与利用等情况。

资产管理情况是强化人大监督职能,优化国有资产管理实效的应有之义,有利于提高国有资产管理的公信力、防止国有资产流失。

5. 资产清查、资产评估

资产清查,是指对资产的规模、分布、使用年限、出租出借等情况进行清理和核查工作,摸清行政事业单位"家底",为每一个资产贴上标签,形成行政事业单位资产管理基础数据库,充实全国行政事业单位国有资产管理信息系统,为资产科学配置、有效使用、规范处置提供数据支持。通过资产"摸底"清查和信息化管理,实现对行政公物的动态监管,准确、全面地反映政府的财务情况及行政公物的配置情况,为预算编制和审核提供必要的依据,为编制政府综合财务报告提供基础。此外,摸清家底、动态监管有利于盘活存量资产,提高行政公物的利用效率。资产评估是对特定资产的价值进行评估确定的工作,如《行政单位国有资产管理暂行办法》明确规定了3种需要资产评估的情形,《事业单位国有资产管理暂行办法》规定了6种需要资产评估的情形。[1]

(二)行政公物管理权的法律性质

行政公物管理权,是指行政主体为实现上述管理目标而享有和

---

[1]《行政单位国有资产管理暂行办法》第36条规定:"行政单位有下列情形之一的,应当对相关资产进行评估:(一)行政单位取得的没有原始价格凭证的资产;(二)拍卖、有偿转让、置换国有资产;(三)依照国家有关规定需要进行资产评估的其他情形。"《事业单位国有资产管理暂行办法》第38条规定:"事业单位有下列情形之一的,应当对相关国有资产进行评估:(一)整体或者部分改制为企业;(二)以非货币性资产对外投资;(三)合并、分立、清算;(四)资产拍卖、转让、置换;(五)整体或者部分资产租赁给非国有单位;(六)确定涉讼资产价值;(七)法律、行政法规规定的其他需要进行评估的事项。"

行使的行政管理权力。关于行政公物管理权的法律性质,主要有公所有权说、修正的私所有权说、概括性权能说等。上述理论对理解行政公物管理权的法律性质都具有借鉴意义,下文分别予以说明。

1. 公所有权说

该观点对行政公物管理权能的理解建立在行政公物因公法性质而具有的公所有权之上,行政公物的管理权是行政公物公法所有权的表现或者效果。法国学者莫里斯·奥里乌认为,行政机关对行政公物的管理权源于法律的直接规定,在法律没有直接规定时,则源于行政机关对公产所享有的行政法上的所有权,这种情况下行政法上的所有权是行政机关行使行政公物管理权的直接依据。如果说公产是所有权标的,那么这种所有权尽管具有财产属性,却不得保留私产的全部特点。这是一种必须依赖于国家力量的行政所有权,它的特点是由事物的公共用途决定的。[1]德国行政法学者奥托·迈耶认为,行政机关享有和行使的公物管理权区别于私法上的行为,这种管理权属于公法的范畴,原因在于公物的公用目的和公共价值决定了对行政公物的管理已属于公共行政的一部分。[2]换言之,行政公物的特殊用途,即本质上的公用目的(行政机关借助行政公物完成公务活动进而服务公共利益)决定了行政机关对行政公物支配权的公法性质,公物是公法领域的公所有权的对象。日本学者美浓部达吉认为,国家

---

[1] 参见[法]莫里斯·奥里乌:《行政法与公法精要》(下),龚觅等译,辽海出版社、春风文艺出版社1999年版,第980页。

[2] [德]汉斯·J.沃尔夫、[德]奥托·巴霍夫、[德]罗尔夫·施托贝尔:《行政法》(第2卷),高家伟译,商务印书馆2002年版,第456页。

或公共团体对物的支配行为不仅限于私法上所有权的支配权能,当其所支配的物承载着公共价值和公共功能,具有较强公益性而为公共利益服务时,这种支配权则源于公法上的所有权。行政公物的管理权针对的是具有公益性的公物,且这种管理权的内容具有明显的公法性质效果,因此行政机关对行政公物的管理是具有公权性质的权利,对行政公物进行支配和管理的权利不应作为私权考虑,它是国家公权的一种,即公法上的所有权。[1]

2. 修正的私所有权说

修正的私所有权说是对拉班德、耶律内克等人持有的私所有权说的修正,他们否定公所有权,认为公法上完全不存在物权。[2]依据此观点,行政机关对行政公物的管理行为源于私法上的物权权能,具有私法所有权的性质。修正的私所有权说认为公物仅适用私法规范会影响公物公用目的的实现,故公物既受到私法规范的约束又受到公法规则的约束,但是应以适用私法制度为原则。为了保证公物公用目的的实现,其私法所有权受到公法的特别规制,产生公法上的役权,[3]因此修正的私所有权说又被称为"私法与公法的双轨制"或"双轨制理论"[4]。依据该理论,公物处于私法支配权和公法支配权的共同支配下,公法支配权存在的意义在于保障公物的公用目的和公共功能,其主要表现为公物利用人对公物的利用和公物管理机关的

---

[1] 参见[日]盐野宏:《行政组织法》,杨建顺译,北京大学出版社2008年版,第237页。
[2] 参见[日]盐野宏:《行政组织法》,杨建顺译,北京大学出版社2008年版,第211页。
[3] 参见陈敏:《行政法总论》,台北,新学林出版有限公司2016年版,第843页。
[4] [德]汉斯·J.沃尔夫、[德]奥托·巴霍夫、[德]罗尔夫·施托贝尔:《行政法》(第2卷),高家伟译,商务印书馆2002年版,第476页。

公法管理义务。在这种情况下，公物的管理权和所有权相分离，公物的私法上的"所有权"和公法上的"支配权"相分离，公物介于公法与私法之间，公物的管理权可被称作公物的行政权。对于行政公物而言，行政公物的所有权是私法上的所有权，而行政公物的管理权更多地承担着 种行政役权的角色，属于公物的行政权。

3. 概括性权能说

该观点认为，对公物管理权的理解应当跳出对公物公私所有权的探讨。因为参照公私所有权理论理解公物管理权法律性质有个前提，即法律法规对公物管理行为的性质没有明确规定，如果某项公物管理行为的法律性质可以从法律法规中找到明确规定的话，则其性质应当以该法律法规的规定来确定。换言之，"公物管理权不是作为物本身的所有权及其他私法名义的效果而得以承认的，而应该解释为，是根据公物法实定法或者惯例被赋予的"[1]。该观点认为，公物管理权的法律性质并不可由公私所有权理论一概而论，而应当根据公物管理权的内容而定，根据具体的行为判断其具体的性质，因此是一种概括性权能。[2]有的公物管理行为是公权力行为，该公物管理权具有公权力的性质；有的公物管理行为则是民事行为或事实行为。

本书赞同此观点。根据该观点，对于行政公物，行政机关的公物管理行为的表现形式有所不同，不同的公物管理行为的法律性质

---

[1] [日]盐野宏：《行政组织法》，杨建顺译，北京大学出版社2008年版，第241页。
[2] 参见梁凤云：《行政公产研究》，中国政法大学2001年硕士学位论文，第46页。

也不尽相同,因此行政公物管理权的法律性质属于一项概括性权能。将行政公物在不同行政机关之间进行调拨或调剂、将行政公物合法转为经营性国有资产、改变行政公物用途、国有资产管理部门代表国家对行政公物进行国有资产登记等,这些行为具有明显的公权力性质。使用公务经费将电脑、相机、投影设备等办公用品委托市场主体进行修缮维护,委托市场主体对办公用房进行水电管道的改造、室内装修等,这些行为具有较明显的私权利性质,是民事行为。行政机关对办公用品自行修理修缮等行为则是一种事实行为。但是我国行政公物主要为国家所有,且行政机关对行政公物的管理行为绝大多数是公权力行为,因此行政公物管理权的法律性质虽然是多方面的、概括性权能,但是更多地体现了国家义务履行的公法性,体现着行政权的主导性。

(三)行政公物管理的特殊性

1. 管理主体与利用主体的同一性

对于行政公物而言,至少对于某些管理职能,如对占有、使用的办公设施、公务用车等公物的日常保养、排除妨害的职能,利用主体和管理主体是一致的。某个行政主体在利用该行政公物的同时也承担着某项具体的管理义务,对行政公物的利用和对行政公物的管理是一枚硬币的两面,行政主体对行政公物的管理是对行政公物利用的维护,而行政主体对行政公物合法合规利用的前提就是不违反行政公物的相关管理规定。最重要的是,行政主体利用行政公物的行为是开展公务活动的有机组成部分,属于广义的公物管理,这一点区别于公共公物。公共公物的利用主体通常是社会公众,行政机关的管理义务是为了保证社会公众可以自由、免费、非排他地利用公共公物,维护公物的公用目的和公共功能,这也是"国家尊重和保障人权"宪法条款实现中行政机关必须履行的国家义务。

2. 管理行为通常是内部行政行为

行政机关对行政公物的管理行为通常是内部行政行为,一般不会对第三人产生公法或私法的效果。如行政公物在不同部门之间的调拨和调剂、公用用途的更改等行为,其法律效果仅发生在行政主体不同层级或同一层级不同部门、行政机关与事业单位之间,只在它们内部发生效力,因此社会公众不能通过行政复议或行政诉讼的途径表达诉求。这与行政机关对公共公物的管理行为差别较大,因公共公物的利用主体通常是社会公众,因此行政机关对公共公物的管理较多地涉及行政机关与行政相对人之间的权利义务关系,如最常见的道路占用许可、矿物开采许可、河道取水许可等行为,以及其他行政机关对公共公物的一般许可利用和特别许可利用行为。对于这些行为,如果行政相对人认为行政机关的管理行为侵害了其权益,行政相对人可以提起行政复议或行政诉讼。此外,因行政机关管理行为失当造成的公共公物、公有公共设施的损害,也有可能引发行政复议、行政诉讼甚至国家赔偿。当然,对于行政机关委托市场主体对行政公物进行维修养护等行为,因其本质上是行政机关与市场主体在地位平等的基础上成立的一种民事法律关系,这种管理行为不具有公权力的性质,相关争议的解决主要依靠私法途径。

3. 公物权属纠纷解决的特殊性

行政主体之间基于其管理权能引发的使用权等权属纠纷一般不具有可诉性,因他们之间的纠纷不存在对立冲突的利益,不存在所谓的侵犯相对方合法权益的情形,因此不能通过行政诉讼和民事诉讼的方式解决,通常由有关部门进行调解和裁决。《国有资产产权界定和产权纠纷处理暂行办法》第29条规定:"全民所有制单位之间因对国有资产的经营权、使用权等发生争议而产生的纠纷,应在维护国有资产权益的前提下,由当事人协商解决。协商不能解决的,应向同级或共同上一级国有资产管理部门申请调解和裁定,必要时报有权管辖的人民政府裁定,国务院拥有最终裁定权。"第30条规定:"上述全民单位对国有资产管理部门的裁定不服的,可以在收到裁定书之日起十五日内,向上一级国有资产管理部门申请复议,上一级国有资产管理部门应当自收到复议申请之日起六十日内作出复议决定。"

五、我国行政公物规范利用和高效管理的探索与实践

(一)行政公物管理的两种典型制度模式:南宁模式和深圳模式

目前,在我国针对行政事业性国有资产管理体制的探索,主要有两种典型模式,即南宁模式和深圳模式。南宁模式的本质在于规范非经营性国有资产向经营性国有资产的转化,深圳模式的本质是强调政府自身的作用,进行政府分级授权管理,二者的区别在于行政事业性国有资产管理中政府与市场发挥作用的强弱。

第四章　公物利用的基本形态（之二）：行政公物

1. 南宁模式：以市场为主导

南宁模式的本质在于行政事业性国有资产管理经营的市场化改革，实际是非经营性国有资产转经营性国有资产。即成立国有独资的南宁威宁投资集团有限责任公司（以下简称威宁公司），由国有资产监督管理委员会（以下简称国资委）授权其行使国有资产出资人的部分权利，统一管理、营运行政事业性国有资产，使行政事业性国有资产的所有权、管理权和经营权彻底分离，进行市场化运作。

第一，在资产产权上，实现了国有资产所有权、管理权和经营权的分离。国家是行政事业性国有资产的所有权主体，南宁市国资委是国有资产所有权的行使主体，威宁公司是国有资产管理权和经营权的行使主体，下属专业公司是国有资产相关领域的专业经营主体。2002年威宁公司成立，经政府授权由其行使国有资产出资人的部分权利，对行政事业性国有资产进行统一接收、统一管理和统一运营。威宁公司国有独资的形式在南宁市非经营性国有资产转经营性国有资产过程中保证了国有产权属性，避免了国有资产流失的问题。全市行政事业单位在摸清家底、清资核产、明晰产权的基础上将行政事业性国有资产产权转移给威宁公司。威宁公司接收的资产主要包含三大类，第一类是党和国家机关、法人团体、事业单位占有使用的实物资产，如办公用房、商铺、门面、土地等；第二类是上述单位使用国有资产举办的各类经济实体，如各类咨询中心、培训中心、经营网点、劳动服务公司、内部商店、工贸公司、招待所等；第三类是上述机关拥有的各类股权等无形资产。通过盘清家底、清资核产，将上述实物资产、无形资产和经济实体进行整合、出让和市场化改革，由威宁公司统一管理,实现集约化、规模化和市场化运营。

第二,在公司制度上,威宁公司建立起现代企业制度。决策层面由市国资委委派董事、财务总监,设立党委,公司的领导层均由市委组织部任命。在监督层面上由国资委委派监事会,设立纪委,通过决策和监督层面的制度设计保证党组织政治核心作用的充分发挥,保证重大决策的科学性和民主性,保证重大财务开支的公开透明。此外,威宁公司的统一管理和经营模式也实现了由对行政事业性国有资产的分散监管到集中监管,由对人的监管到全面监管。在经营层面上组建若干专业子公司负责国有资产的保值增值,其中涉及房产、物业和租赁等。从行政事业性国有资产保值增值的角度看,"建立国有资产价值补偿机制,向国家上缴税收,统一向财政部门上缴国有资产收益、非经营性转经营性国有资产占用费、土地出租收益和利润、折旧基金等,减少国有资产收入的分配层次和分配成本"[1]。威宁公司通过完善的现代企业管理制度,既保证行政事业性国有资产的安全,避免国有资产流失,又保证国有资产潜力的挖掘,实现保值增值。

第三,在资产使用上,建立了行政事业单位有偿使用国有资产的机制。威宁公司在接收行政事业性国有资产并对其进行统一管理后,一方面,与南宁市行政事业单位在资产使用上建立了一种市场化租赁关系,即威宁公司根据当地党政机关办公用房、用品等配置标准,遵循市场机制,将国有资产租赁给南宁市行政事业单位,从而实

---

[1] 中共广西区委宣传部、中共南宁市委宣传部联合课题组:《"南宁威宁模式"改革的探索与实践》,载《经济与社会发展》2004年第4期。

现各单位使用国有资产的合理配置,实现政府运营成本的有效削减,避免行政事业单位不合理地多占资源,解决国有资产使用的浪费和配置"苦乐不均"的问题。如威宁公司通过房产置换,将占用市中心适合商业开发地段的行政事业单位搬迁至他处,另行建造行政办公区,对这些单位另行安置,进行统一管理和社会化服务,这有利于行政事业性国有资产的高效利用、保值增值。另一方面,南宁市的行政事业单位根据国资委规定的优惠政策向威宁公司支付租金,租金支付方式有两种,威宁公司从应上缴财政的各类资金中直接扣除,或财政部门将租金安排列入租赁资产的行政事业单位预算,统一支付给威宁公司。[1]通过资产使用上的市场化租赁方式,实现行政事业性国有资产在各机关事业单位间的合理配置,实现国有资产利用率的最大化,实现办公用房投资、建造、再投资的国有资产保值增值的良性循环。

第四,在资产经营上,实现行政事业性国有资产的保值增值。通过对行政事业性国有资产的统一管理和专业化经营,实现了国有资产的保值增值,如威宁公司将通过房产置换获得的地段进行商业开发,实现国有资产价值的最大化。此外,南宁模式以集中起来的行政事业性国有资产为依托进行融资担保,填补建设资金缺口,从而实现融资引资,服务城市建设。资产经营上分散的"死资产"向市场运营下"活资产"的转化,实现了行政事业性国有资产最大限度的资产潜

---

[1] 参见中共广西区委宣传部、中共南宁市委宣传部联合课题组:《"南宁威宁模式"改革的探索与实践》,载《经济与社会发展》2004年第4期。

力挖掘,实现了国有资产的保值增值。

2. 深圳模式:以政府为主导

深圳模式与南宁模式最大的差异在于,南宁模式的市场化程度较高,而深圳模式则更强调政府自身对行政事业性国有资产的管理。换言之,深圳模式更"倚重"政府自身,是一种分级授权管理模式。深圳市在实际的行政事业性国有资产管理中体现出分级管理、权责清晰;建章立制、加强监管;加强产权管理;加强管理工作中的组织协调工作四方面的特点。[1]

第一,分级管理、权责清晰。所谓分级管理,是指深圳市不同部门根据其管理权限对特定的国有资产管理事项进行管理。财政局是全市行政事业性国有资产的主管部门,机关事务管理局经财政局授权,负责统一管理市属行政事业性国有资产,财政局和机关事务管理局分别下设相应管理机构,实现普遍管理与专业管理相结合、微观管理与宏观管理相结合。针对教育、卫生、广播等专业性强、省垂直管理的部门的行政事业性国有资产,则委托这些单位对其国有资产进行专项管理。占有使用行政事业性国有资产的单位,自身也承担着对其国有资产进行日常管理的责任。此外,还存在许多部门或内设机构对国有资产进行监督,如审计局、国资委,一些部门设立的审计室、集体资产管理办公室、国有资产管理科、监督检查室等。采取这种模式的还有成都、福建等地。

---

[1] 参见张素平:《行政事业单位国有资产管理及改革研究》,载《国有资产管理》2006年第1期。

第二，建章立制、加强监管。深圳市在建立健全行政事业性国有资产管理中强调走法治道路，坚持体制机制的变革有法可依。深圳市机关事务管理部门注重研究制定相关法规及规章，会同法制局、财政局等，先后起草了《深圳市本级行政事业单位资产核实暂行办法》《深圳市本级行政事业单位国有资产处置办法》《深圳市本级行政事业单位国有资产使用办法》《深圳市行政事业单位国有软件资产管理暂行办法》《深圳市本级行政事业单位常用办公设备配置预算标准》《深圳市本级行政事业单位国有资产报废处理操作规程》《深圳市本级行政事业单位政府物业出租管理办法》。

通过起草制定综合性法律文件以及针对具体管理行为的法律文件，统一政策，确保管理工作有章可循；明确管理部门的职责分工、管理权责；明确党政机关使用行政事业性国有资产的配置和装修标准；建立了较为严格的资产形成机制及大额资产投资、购置前审核制度，避免资产形成的随意性；规范行政事业性国有资产的使用，建立和完善资产入库登记、使用登记制度，强化资产使用过程中的统计报告和内部审计；建立行政事业性国有资产管理责任制，责任落实到人，强化资产使用人的考核、监督和追责机制；建立行政事业性国有资产使用的共享共用制度，引导和鼓励部门间调剂使用资产，提高资产使用效率；建立行政事业性国有资产检查、管护工作，减少损耗、提高使用效率；建立资产清理盘点制度，定期清理盘点，完善资产管理账表及有关资料，做到账、卡、实相符。通过建章立制、加强监管，实现了行政事业性国有资产形成、使用、处置等相关领域管理工作的规范化、制度化。

第三，加强产权管理。深圳市行政事业性国有资产管理体制的改革极其重视产权管理这个核心，就产权问题梳理总结出十类问题，在征询产权部门的意见后确定管理原则与具体管理措施，积极开展资产清理工作、资产收益统一收缴工作、资产统一管理与调剂工作。深圳市于2002年开始行政事业性国有资产的清理工作，其范围包括各单位使用和在建的办公用房及其附属房产；市直机关事业单位所办的各类培训中心（包括在机构改革中建制转为事业单位或自收自支单位的原党政机关所办培训中心）；利用机关办公用房及其附属房产，以出租出借、有偿使用等方式获取的、未纳入财政预算的收入管理的收益等；由财政局统一收缴、专户管理行政事业性国有资产的收益。按照相应资产配置标准重新核定办公用房等资产，多余的资产由机关事务管理部门统一收回管理，在不同部门间调剂分配、调余补缺。

第四，加强国有资产管理工作中的组织协调工作。行政事业性国有资产的管理工作涉及面广、需要参与和协调的部门较多，只有组织领导和协调工作到位，管理工作才能取得实效。深圳市改革行政事业性国有资产管理模式的过程就是管理工作从无序分散到有序统一，相关部门从彼此分离到相互配合的过程。如对涉及法律纠纷的房产的处理，除财政部门代为行使行政事业性国有资产所有权，对房产纠纷跟踪调查、了解情况外，还需要市法制局配合支持进行调查取证工作，财政部门、机关事务管理部门以及法制部门相互协调配合才能确保争取合法权益、避免国有资产的流失。

3. 两种制度模式的对比、取舍与借鉴

南宁模式将行政事业性国有资产的所有权、管理权与经营权相

分离,由威宁公司代表市政府在其授权范围内行使出资人的部分权利,实际主要承担行政事业性国有资产的管理职责和部分经营职能。威宁公司在不同领域成立专业的全资子公司负责经营,实现国有资产的保值增值,而全市的行政事业单位则根据资产使用配置标准和市场化的原则租赁使用国有资产,实际上剥离了行政事业单位对这类国有资产的管理职权,有利于行政事业性国有资产的合理配置,防止过去集使用与管理于一身的行政事业单位的趋利动机,同时避免资产使用中对国有资产的侵占、私用,避免国有资产的流失。南宁模式实际上是从非经营性国有资产转经营性国有资产入手,更加强调市场而非政府的作用。

这种做法仿照了经营性国有资产管理的做法,按照市场化的方式进行营运管理,"由原来的实物管理转为价值管理,把行政事业性资产企业化,非经营性资产资本化,办公资源市场化、流动化"[1]。南宁模式采用市场化的集中管理体制是由其具体的市情决定的。在改革前南宁市大多数行政事业单位都进行着不同程度的营利性活动,通过财政拨款、借款及自筹等方式建立培训中心、商铺、增加办公场所用于出租等,其盈利收益由这些行政事业单位自行支配,行政事业性国有资产中绝大多数都属于经营性国有资产。[2]换言之,南宁的市场化模式表面上看是针对行政事业性国有资产,实际上市场化管

─────────

〔1〕 吴红卫:《国内外非经营性国有资产管理模式及借鉴》,载《青海社会科学》2008年第1期。

〔2〕 参见毛程连:《行政事业单位国有资产管理及改革研究》,载《国有资产管理》2006年第1期。

理的资产早在改革前就是事实上的经营性国有资产,市场化改革其实是为非经营性国有资产转经营性国有资产提供了法治的认可和保障。这种以市场化为主导的改革和管理体制为经营性国有资产的管理提供了很好的借鉴。此外,威宁公司接收资产、资本运作、市场经营等企业化运营方式以及现代化的企业制度,也十分值得借鉴。

但是从公物理论的视角看,市场化运营管理的方式偏重国有资产的保值增值,偏重对国有资产经济价值的维护,而且市场化运营之下以办公大楼等行政公物为城市建设融资担保也存在国有资产流失的潜在风险。行政事业性国有资产很大一部分具有公益性和非经营性,符合行政公物的内涵外延,实际上主要是行政公物,而行政公物的最大和最突出特点是其承载的公法价值和功能,行政公物的公益性决定了政府不得像处理国家私产(经营性国有资产)那样处置行政公物并从中获益。而威宁公司全资子公司接收、管理及经营行政公物,且按照市场化方式实现保值增值,实际上有可能弱化政府必要的社会公共管理职能,且存在经营亏损而导致国有资产流失的风险,存在约束和监督机制滞后之下权力寻租和腐败的可能,存在过去管理中"小金库"变"大金库"进而侵蚀行政公物公益性的嫌疑。此外,在当前公共财政体制下,政府职能并未完全理顺,威宁公司可否真正实现自主经营尚存疑问,国有资产管理的过度商业化并不可取,在这种背景之下,行政公物能否简单粗暴地按照市场化的方式来管理营运有待商榷。

深圳市对行政事业性国有资产的管理体制最突出的特点是以产权为中心,国家是国有资产的所有权主体;建章立制、统一政策、集中管理，政府是行政事业性国有资产的唯一管理主体，但是在具体的管理中进行分级授权和委托管理，财政局是主管部门，授权机关事务管理局统一管理，委托不同系统的部门对本系统的资产进行管理，在资产的合理配置上未引入市场机制，而直接由管理部门掌握情况、调剂分配；此外，在资产形成、使用、处置和"非转经"等方面加强监管。深圳模式实际上是法治化之下政府从加强制度建设入手，更加重视政府自身而非市场的作用。

深圳市之所以从加强制度建设入手，一方面，是因为其行政事业性国有资产中经营性国有资产不像南宁市那样规模巨大；另一方面，也因为卫生、广播、教育等系统专业性较强，在集中管理、有限授权而不是放手不管的前提下进行分级授权管理，既可以保障各系统的分级管理有章可循、有权有责，也可以充分发挥各系统管理积极性和主动性，保证各系统在管理工作中的专业优势和技术优势。本书认为，这种模式更有生命力，以产权管理作为核心，保证行政公物的产权牢牢掌握在政府手中是避免国有资产流失的基础，国家所有是保障行政公物公法价值、公共功能的关键，抓住产权管理这个核心才能保障其为公共利益而不是某个个人或部门服务。在这个基础之上还要使管理工作法治化，建章立制、统一政策，明确各级管理主体的权限与责任、权利与义务，同时要加强部门间的协同配合，这样才能保证管理工作的规范化、制度化。此外，在行政公物的形成、使用、处置及非经营性国有资产转经营性国有资产等方面加强监管，及时准确地了解资产的配置情况，调余补缺、合理调剂，从而保证行政公物的合理配置、高效使用。

(二)行政公物共享共用机制的探索与实践

1.行政公物共享共用机制概要

行政公物管理改革始终是与时俱进、开拓创新的,它会随着时代的变迁、科技的进步、管理理念的提升而变化。行政公物管理中资产共享共用机制的探索和发展,顺应了当前资产管理工作信息化、协同化、集约化的趋势,契合了管理方式开放性、融合性、多元性的潮流,有利于实现资产管理和使用的科学化、精细化和集约化,大幅度降低财政成本和资金,提升资产使用效率和效益。2015年,财政部出台了《关于进一步规范和加强行政事业单位国有资产管理的指导意见》,其中明确提出建立资产管理共享共用机制,并鼓励开展公物仓管理,这既是对2008年以来河南、河北、安徽、青岛等地率先探索公物仓制度实践的回应,又充分体现了政府职能转变过程中行政公物管理由职能管理向流程管理的积极转变。[1]

行政公物的共享共用,是指针对特定的行政公物,一般是罚没资产、超标、超编配置资产、闲置资产、临时机构资产、举办活动或召开会议购置的临时资产、在用资产、稀缺或价值较高的资产等,通过重复利用、高效使用,资产使用中的调余补缺,不同单位间对资产使用的分享、共同使用等方式,实现行政公物的使用效率和效益的最大化,实现公共资源分配的公平性、高效性,避免铺张浪费、效率低下。

---

[1] 参见李俊林、王晓辉:《面向流程管理的公物仓管理制度建设研究——以内蒙古自治区为例》,载《行政事业资产与财务》2019年第1期。

第四章　公物利用的基本形态(之二)：行政公物

为实现这种国有资产管理方式，需要科学的职责分配、具体的管理手段、明确的制度规范，以及一系列配套措施，所有这些共同构成了行政公物的共享共用机制。

行政公物的共享共用机制是一种科学化、精细化、集约化的行政公物的使用和管理方式，打破了过去行政事业单位在资产使用上"各自为战"、封闭运行的状态，突破了资产使用中部门、行业的限制和壁垒，实现行政公物使用价值跨部门、跨行业之间的流转和发挥。通过规范行政公物配置、使用和处置各个环节，基本解决行政公物配置和使用中闲置与短缺并存的问题，实现资产使用效率和效益的最大化。具体而言，在资产配置上，通过建立资产大数据和资源、信息共享平台等手段，可以详细了解各行政事业单位的资产配置情况，避免资产的重复购置和随意分配造成的苦乐不均。在资产使用上，通过公物仓、特殊资产（贵重资产）的共享使用、行政事业单位集中办公等手段，对特定资产进行统一管理、统一调配、调余补缺、共同使用，可以避免资产使用的铺张浪费、过度利用，节约资源、节省财政资金。在资产处置上，通过前两个环节对资产使用价值和效益的最大挖掘，对资产效能的准确监控，实现物尽其用，避免随意处置而造成资源浪费。

2. 实践中行政公物共享共用机制的主要形式

在行政公物共享共用机制的实践上，各地都有不同方面和层次的探索，大致有以下几种方式：政府公物仓，稀缺贵重资产协议共享使用，信息网络共享平台等，其中政府公物仓制度在国内最为普遍。

第一，政府公物仓制度。2008年以来，各省市均在公物仓管理的实践上进行了诸多有益探索,大部分省市都通过行政规章的方式加强公物仓的制度建设。除此以外,财政部门还会同相关部门研究制定公物仓管理的具体化和可操作性强的规定,[1]使公物仓管理工作走向法治化道路。

政府公物仓是以行政事业性国有资产信息共享平台为依托,就特定资产进行统一管理、统一调配和统一处置的综合平台,其管理的资产主要有闲置资产、罚没资产、超编、超标配置资产、召开或举办会议及活动时购置的资产等。在公物仓制度之下,公物仓统一收缴、管理特定资产以备调余补缺、调剂调配,存在可共享使用的资产时,不必重复购置,使用单位经借出手续获得该资产,对其进行使用和养护,从而解决行政公物配置上苦乐不均、使用上铺张浪费的弊病,节约公共资源和财政资金,实现资产使用效率效益的最大化。通常情况下政府公物仓以实体公物仓为主,以虚拟公物仓为辅。[2]实体公物仓一般进行实物管理和账卡管理,对于实物管理。通过分类保管、定

---

[1] 如2010年河南省出台了《河南省省级政府公物仓管理暂行办法的通知》(豫政办〔2010〕136号),2011年河南省财政厅出台了《河南省省级政府公物仓日常管理规程的通知》(豫财资〔2011〕5号)和《关于委托省辖市财政部门接收管理驻郑州市以外省属单位上缴省级政府公物仓资产的通知》(豫财资〔2011〕16号)等。2016年安徽省合肥市出台了《合肥市市级政府公物仓管理办法的通知》(合政办〔2016〕48号)。2018年内蒙古自治区出台的《内蒙古自治区本级行政事业单位公物仓管理暂行办法》(内财资规〔2018〕3号)。

[2] 以江苏省为例,江苏省建立了实体公物仓和虚拟公物仓两大平台,对不同资产进行区别管理。为举办大型会议、展览等活动而购置的物品,事业单位应当在活动结束后上缴"实体公物仓",部分事业单位内部存在大量的未报废闲置办公设备如办公桌、打印机、复印机等,将这些闲置资源统一收归"实体公物仓"进行管理。针对一些占地面积较大的资产,江苏省拟采用"虚拟公物仓"的方式管理,在虚拟公物仓中进行互相调剂,节约场地。参见虞胜军:《建立资产共享共用机制 实现资产统管统配新突破》,载《行政事业资产与财务》2014年第28期。

第四章 公物利用的基本形态(之二):行政公物

期查验、日常养护等措施确保对实物资产使用价值的维护;对于账卡管理,通过准确登记、清查盘点等措施确保账账相符、账卡相符、账实相符。虚拟公物仓一般进行委托管理,即对一些因体积重量特殊、仓储要求特殊、日常养护专业性强的资产,委托占有单位进行管理,但是要录入行政事业性国有资产管理信息系统,对其进行专账管理。

公物仓的本质是资产信息的共享平台和资产调度调剂制度,是通过对资产配置、使用和处置的实时监控和集中管理,实现与预算编制、执行与决算的对接,打破资产管理中各部门联系匮乏、管理低效、职能重叠与缺位并存的局面,实现资产管理由传统的职能管理向流程管理、绩效管理的转化,实现资产管理与预算管理的有机结合。近年来,国家和地方层面坚持勤俭办一切事业,聚焦盘活用好存量资产,聚焦资产共享共用,以公物仓建设为切入点,着力提升国有资产管理效能,公物仓建设规范化水平不断提升。在国家层面,截至2024年6月29日,中央行政事业单位公物仓资产累计入仓13.16万件、原值9.28亿元,出仓5.76万件、节约购置经费3.89亿元。[1]

2024年,国家市场监管总局、国家标准化管理委员会发布《行政事业单位公物仓建设与运行指南》(GB/T 44127-2024),是公物仓建设管理领域首个国家标准,内容主要包括范围、规范性引用文件、术语和定义、资产来源、基本功能、公物仓建设、运行管理、监督与评价等方面的内容:在范围中,明确了该指南的主要内容和适用对象;在

---

[1] 参见《国管局资产管理司有关负责人就〈行政事业单位公物仓建设与运行指南〉答记者问》,载中华人民共和国中央政府网 2024 年 7 月 17 日,https://www.gov.cn/zhengce/202407/content_6963309.htm。

规范性引用文件中,列出了指南直接引用的标准信息;在术语和定义中,给出了包括公物仓、实体公物仓、虚拟公物仓的界定和解释;在资产来源中,给出了行政事业单位公物仓的 7 种主要资产来源类型;在基本功能中,给出了行政事业单位公物仓宜具备的资产调剂、资产共享、资产租赁保障、资产周转使用、专项资产管理 5 项功能;在公物仓建设中,分别就实体公物仓与虚拟公物仓,给出了相应的建设建议;在运行管理中,结合公物仓运行的全流程,给出了公物仓运行的建议,具体包括账户管理、资产入仓、在仓资产管理、资产出仓、资产退仓、财务核算以及档案管理等;在监督与评价中,给出了行政事业单位公物仓管理和监督、评价与改进的建议。[1]公物仓的建设和运营对提升行政公物使用效率和管理效能、建立健全行政公物的共享共用机制具有重要意义。

第二,信息网络共享平台。搭建信息网络共享平台,实现行政事业单位之间的信息共享,以及各类资源向社会公众的开放,这是顺应信息时代、共享经济趋势下优化资产管理的重要技术手段。[2]公共服务领域各类信息资源的整合、共享、公开是降低管理成本、提升管理实效、分享改革红利的必然要求。

例如,2023 年江苏省正式启用省级政府公物仓网络平台,省级政府公物仓仓内资产实行清单制管理,省财政厅梳理并征求省级行

---

[1] 参见《国管局资产管理司有关负责人就〈行政事业单位公物仓建设与运行指南〉答记者问》,载中华人民共和国中央政府网 2024 年 7 月 17 日,https://www.gov.cn/zhengce/202407/content_6963309.htm。

[2] 参见邵洪波:《共享经济与价值创造——共享经济的经济学分析》,载《中国流通经济》2017 年第 10 期。

政事业单位意见,发布了第一批纳入清单管理的资产目录,具体包括通用办公设备类、视频会议类、会展演出类、信息基础设施类(存储类非涉密)、档案设备类、应急防灾类、运动康复类等。同时建立资产清单动态调整机制,将不定期对纳入清单管理资产目录调整完善。通过上述措施,实盘活存量资产和"过紧日子"要求,推进省级行政事业单位国有资产共享共用和调剂使用。[1]苏州市也建立了大量信息网络平台,实现各类公共信息资源的共享,如医疗资源的信息共享(整合、共享市立医院、社区卫生服务中心的医疗设备等信息资源),气象、水务数据资源的信息共享(环保信息中心),道路电子监控设施与信息资源的共享(整合、共享公安、城管部门的信息资源),文化资源的共享("流动图书馆"服务)等。[2]此外,无锡市医疗信息资源(如大型医疗影像检验结果)在市属医院间"互通共享"。重庆市则通过搭建科技资源共享共用网络平台,实现科研仪器、专家服务等信息资源的共享,实现科技资源在供需方之间的合理配置,实现科技资源使用效率的最大化。

第三,稀缺贵重资产协议共享。通过搭建共享平台、签订合作协议、付费与补贴相结合等形式,实现公共服务领域中科学、教育、文化、卫生资源的共建共享、共同使用,有利于节约资源、提高使用效率。这类共用共享方式针对的对象一般是购置和运行成本大、技术

---

[1] 参见《江苏省财政厅正式启用省级政府公物仓网络平台》,载江苏省财政厅网,https://czt.jiangsu.gov.cn/art/2023/7/20/art_7938_10957032.html。

[2] 参见江苏省财政厅课题组:《行政事业单位国有资产共享共用机制研究(上)》,载《行政事业资产与财务》2012年第9期。

复杂的大型科研设备、医疗器械、体育设施、图书场馆等。

一是场馆、用地的共享共用。前述的场馆、用地等资源以及教育资源的共享共用是实践中最常见的,例如,相邻行政事业单位之间举办大型会议时会议室的共享共用、办公设备等的互借使用。又如,上海松江大学园区中心兴建的具有公共产权性质的大学体育馆,园区管委会通过明确开放时间、收费标准等日常管理规则,实现体育场馆资源在高校间共用共享的规范化。

二是大型医用设备的共享共用。在大型医用设备[1]共用共享方面走在前列的是江苏省无锡市。早在2010年无锡市就出台了《关于市级大型医用设备共建共享管理办法》[2],初步建立了整套单价在500万元人民币以上的大型医疗设备共同出资购置、运行成本共担、使用利益共享的模式,需共建共享的市级大型医疗设备的名录由市医院管理中心会同相关部门研究确定,无锡市的做法有利于解决重大资产重复购置、使用效率低的问题,节约财政资金,提升医疗资源的效益。

三是科技资源的共享共用。在科技资源共享共用方面,重庆市从2004年起就开始探索科技资源的共享共用服务体系,搭建了科技资源共享共用网络平台,起到提供科研资源供需信息、为占有方和需求方搭建沟通桥梁的作用。此外,共享共用服务体系内不同部门的

---

[1] 根据《大型医用设备配置与使用管理办法(试行)》(国卫规划发〔2018〕12号)的规定,大型医用设备是指使用技术复杂、资金投入量大、运行成本高、对医疗费用影响大且纳入目录管理的大型医疗器械。大型医用设备配置管理目录分为甲、乙两类。甲类大型医用设备由国家卫生健康委员会负责配置管理并核发配置许可证;乙类大型医用设备由省级卫生健康行政部门负责配置管理并核发配置许可证。

[2] 此文件虽已失效,但2010年的探索对如今的实践仍具有借鉴意义,故在此以之为例展开介绍。

职责分工不同,从而实现科技资源共享共用工作宏观推进、具体执行和组织协调相结合,提高科技资源利用效率效益的最大化。重庆市科技资源的共享共用是以市场配置资源为前提的,即需求方需付费取得该资产的使用权,其价格是市场根据该资产的各项成本所决定的,一般包括必要的运行费和人工费。但是资产占有方的收费是非营利性的,且政府通过各类补贴补助对占有方和使用方采取双向激励政策,即对用户进行补贴,对机组进行奖励。[1]所以实际上重庆市科技资源共享共用的费用成本很低,有利于科技资源在供需方之间加速流转、提升利用率。

3. 江苏省行政事业性国有资产共享共用体系的探索[2]

江苏省在行政事业性国有资产共享共用实践中,探索并形成了完整与精细结合、宏观与微观兼顾、资产管理与绩效管理并重、职能管理与流程管理兼有的资产共享共用机制的主体框架,极具借鉴意义。其框架包括两大平台、四大机制、八项制度,上述平台、机制与具体制度(措施)彼此间是抽象和具体、宏观与微观、运行与保障的关系,形成一个有机整体,保证了资产共享共用机制发挥实效,实现了资产管理的科学化、精细化和集约化。

---

〔1〕 参见侯召祥:《事业单位国有资产共享共用机制研究》,中国财政科学研究院2018年硕士学位论文,第45页。

〔2〕 江苏省在探索行政事业性国有资产共享共用机制方面取得了较大成果,形成了较为完善的资产共享共用机制主体框架,有很强的借鉴意义。本部分对江苏省行政事业性国有资产共享共用机制进行简单介绍,主要参考江苏省财政厅课题组:《行政事业单位国有资产共享共用机制研究(上)》,载《行政事业资产与财务》2012年第9期;江苏省财政厅课题组:《行政事业单位国有资产共享共用机制研究(下)》,载《行政事业资产与财务》2012年第11期。

第一，两大平台，即资产管理信息系统平台与资产共享共用信息平台。资产管理信息系统平台是开展资产共享共用的数据及信息基础，通过资产管理信息系统平台全面掌握资产存量、增量等信息，在此基础之上建立共享资产目录库，并通过资产共享共用信息平台进行联通对接。资产共享共用信息平台则通过自身共享共用管理功能的发挥，及与其他资产共享共用平台的贯通配合，为资产资源的共享共用提供信息数据支撑和专业技术依托。

第二，四大机制，即目标责任机制、操作运行机制、基础保障机制、监督反馈机制。目标责任机制为整个资产共享共用机制提供目标要求，即确定各类管理部门的职责要求和管理目标，确定共享共用资产的范围及具体的共享目标，确定资产共享共用的补偿激励措施。操作运行机制为整个资产共享共用机制提供"操作指南"，即资产分类管理，搭建对应共享平台，强化统筹协调，实施专家管理，引进市场机制。基础保障机制为整个资产共享共用机制提供保障支撑，即提供专业人员保障、日常管理保障和数据信息保障。监督反馈机制为整个资产共享共用机制提供评价监督，即开展绩效评价管理，定时跟踪反馈情况，重视监督检查工作。

第三，八项制度，即目录管理制度、引导激励制度、统筹协调制度、专家管理制度、市场引入制度、评价反馈制度、问责追究制度、专项配套与日常管理制度。八项制度是资产进入、管理、退出全流程的可操作制度，是资产流程管理工作的细化，是四大机制充分发挥作用的配套措施，是实现资产共享共用的保证。

具体而言，资产进入环节发挥主要作用的制度是目录管理制度、引导激励制度。目录管理制度,即确定共享共用资产的范围与种类,制定共享资产目录;引导激励制度,即对资产使用单位、管理部门的资产共享行为通过奖励、补偿等方式予以鼓励引导。资产管理环节发挥主要作用的是统筹协调制度、专家管理制度、市场引入制度。统筹协调制度,即资产共享共用工作中部门间、职能间、环节间的协调配合、统一筹划;专家管理制度,即对不同资产实行差异化、专业化的管理;市场引入制度,即在资产共享共用中,引入竞争、供需、价格等市场机制。资产退出环节发挥主要作用的是评价反馈制度、问责追究制度。评价反馈制度,即通过绩效评价管理、及时反馈情况,促进共享工作的改进;问责追究制度,即强化责任承担和追究的制度。专项配套与日常管理制度则为资产进入、管理、退出的全流程提供保障支撑工作,即建立完善用以指导、服务、规范资产共享共用工作的专项措施、实施办法、具体操作流程等。

(三)行政公物利用和管理的其他探索与实践

1. 公务用车制度改革

针对公务用车管理和使用中的种种弊病,我国部分地区在20世纪90年代就已经开始进行公务用车制度的改革和探索。[1]近些年公

---

[1] 严格来说,我国的公务用车制度改革始于1986年的内蒙古自治区卓资县。作为试点,卓资县于1986年为将原来分散管理的公务用车统一起来实行管理,成立了机关事务管理局。至1989年,该县又将机关事务管理局改为"机关服务公司",实行完全企业化的经营和管理,从而把公务用车等原本属于后勤服务的工作转变为市场服务。这是我国各级政府第一次涉及公务用车的体制改革问题。由于这一改革取消了领导干部的专用车辆,受到各方阻力,因而,这一改革举措并未能在全国推广开来。具体参见陈晓勤:《公产法视角下的公务用车制度改革——以F省第一轮公车改革实施情况为例》,载《福建行政学院学报》2017年第5期。

务用车制度的改革更是如火如荼,取得了比较大的成效,大幅削减了财政支出,节约了财政资金,提高了政府效能,在治理超标配置、公车私用、铺张浪费等问题上取得了一些突破,对于规范行政事业机关职务待遇,促进党风廉政建设,塑造服务型政府具有重要意义。在公务用车制度改革和探索过程中,中央层面比较有代表性和针对性的法律文件主要是2011年出台的《党政机关公务用车配备使用管理办法》(已失效)、《省部级干部公务用车配备使用管理办法》、《党政机关公务用车选用车型目录管理细则》,2014年发布的《关于全面推进公务用车制度改革的指导意见》《党政机关公务用车制度改革方案》《中央和国家机关公务用车制度改革方案》和2017年发布的《党政机关公务用车管理办法》等,上述文件规定的内容基本涵盖了公务用车制度的方方面面,如公务用车的配备、经费,公务用车的分级管理和编制管理、绩效考核、监督检查,公务出行用车的社会化改革,司勤人员的安置,公务用车采购,使用、处置的规范化,法律责任等。虽然近些年公务用车的超标配置、公车私用、私车公养等问题还是时有发生,但是公务用车制度改革仍然取得了较大成效,实践中,主要采取了以下措施。

第一,货币化补贴模式。是指取消一般用车,保留必要车辆,[1]

---

[1] 《党政机关公务用车管理办法》第3条规定:"本办法所称公务用车,是指党政机关配备的用于定向保障公务活动的机动车辆,包括机要通信用车、应急保障用车、执法执勤用车、特种专业技术用车以及其他按照规定配备的公务用车。机要通信用车是指用于传递、运送机要文件和涉密载体的机动车辆。应急保障用车是指用于处理突发事件、抢险救灾或者其他紧急公务的机动车辆。执法执勤用车是指中央批准的执法执勤部门(系统)用于一线执法执勤公务的机动车辆。特种专业技术用车是指固定搭载专业技术设备、用于执行特殊工作任务的机动车辆。"

对参改人员进行货币形式的补贴的模式,这是目前实行最广泛的公务用车制度改革的模式。具体而言,根据《党政机关公务用车管理办法》的规定,公务用车制度改革在坚持厉行节约、提高公务用车使用效率及平衡各种利益关系的基础上,取消一般公务用车,对于部门负责人的工作用车一般也应取消,确需保留的应当经过特殊审批手续。保留的公务用车的范围仅限于特种专业技术用车和必要的业务用车,如负责机要通信、医疗救护、技术勘察、新闻转播等必要车辆,取消公用的车辆移交相关部门以公开拍卖等方式进行规范化的处置。鼓励参改人员自行购置交通工具或使用公共交通出行,对上述人员采取发放公务交通费用、发放公务交通补贴或其他货币化补贴的形式对其公务出行进行保障。补贴的方式大致有三种:一是专款专用、发放公交卡;二是发放现金、结余归己、超支不补;三是凭票报销、结余转入下年度、超支不补。[1]相比此前大量公务用车的配置、使用和日常管理维护产生的财政支出等成本,取消一般公务用车,对参改人员进行货币化补贴的方式大幅减轻了财政负担,削减了财政成本。

第二,加强公务用车的严格管理。《中央和国家机关公务用车制度改革方案》《关于全面推进公务用车制度改革的指导意见》为公务用车制度的改革指明了方向,《党政机关公务用车管理办法》则对现行公务用车的配置体制、管理体制、经费体制等进行了明确的法律规定,使现行公务用车制度沿着法治化的轨道进行改革。

---

[1] 参见邓子庆:《功夫更在取消一般公务用车后》,载《中国纪检监察报》2013年第10期。

就公务用车的配置体制而言,党政机关公务用车实行编制管理,公务用车有明确的编制核定标准和公车配备标准。按照现行编制核定标准,中央和国家机关公务用车通常情况下按每 20 人 1 辆核定编制,特殊情况须报相关部门批准及备案;地方党政机关公务用车编制核定标准结合实际、参照中央。按照现行公车配备标准,一般情况下,机要通信用车、应急保障用车、执法执勤用车的排气量分别限定在 1.6 升(含)、1.8 升(含)、1.6 升(含)以下,价格分别限定在 12 万元、18 万元、12 万元以下,《党政机关公务用车管理办法》还对特殊情况下上述用车及特种专业技术用车的配备标准进行了详细的规定。

就公务用车的管理体制而言,党政机关公务用车实行统一制度规范、分级分类管理。公务用车主管部门负责本级公务用车管理工作,指导监督下级党政机关的公务用车管理工作。此外,为规范公务用车的使用,杜绝公车私用等问题,现行公务用车管理体制还包含一系列配套措施,如公务用车标识化管理、信息化管理(公务用车管理信息系统)、公务用车信息登记和公示制度(公务用车使用时间、事由、地点、里程、油耗、费用等登记及公示)、日常管护定点制度(定点保险、定点维修、定点加油)、单车核算和年度绩效评价制度(主要针对油耗、运行费用)、公务用车配备更新和使用情况统计报告制度。此外,针对公务用车违法违规行为,《党政机关公务用车管理办法》明确规定了法律责任和问责机制。

就公务用车的经费体制而言,《党政机关公务用车管理办法》明确规定了公务用车更新的条件及例外、公务用车的购置程序(有关部门申请,财政部门编制预算,按照《政府采购法》集中购置)、公务用车的产权登记等。

2. 行政公物的分类管理

行政公物的分类管理也是一项卓有成效的探索。以无锡市行政公物管理为例,无锡市结合行政事业性国有资产中行政性国有资产和事业性资产的各自特点和区别,对事业性国有资产进行授权管理,即针对教育、卫生、文化及体育这四个领域,分别设立"无锡市学校管理中心""无锡市医院管理中心""无锡市体育场馆和训练中心""无锡市文化艺术管理中心"四个事业单位,与相对应的教育局、卫生局、体育局、文化局形成"管办分离"的局面。上述管理中心经授权,在授权范围内负责事业性国有资产的管理,明确目标、接受考核、承担责任,实现事业性国有资产的保值增值,形成"适当授权、明确目标、绩效考核"的新机制。[1]此外,还根据行政事业性国有资产中固定资产、无形资产、动产、不动产等不同类别资产的特点与区别,通过授权管理、统一招租、政府公物仓等多种方式,对它们进行分类管理,提升了国有资产管理的整体效率。资产分类管理对于行政公物的管理具有重要借鉴意义。因各类资产具有不同的特点,而行政公物又以固定资产为主,在管理中要针对不同的资产建立不同的规则,并且重视对固定资产的管理。

3. 行政公物的绩效管理

值得借鉴的是,江苏省在行政事业性国有资产共享共用管理中,

---

[1] 参见田静:《行政事业单位国有资产管理问题和对策研究——以莱西市为例》,青岛大学2018年硕士学位论文,第19页。

将"评价反馈制度"作为资产共享共用机制主体框架"八大制度"中极其重要的一项,即制定绩效考核标准、绩效考核指标,按照资产共享目标对资产共享工作进行绩效评价,并将绩效考核结果及时反馈,从而使管理工作根据绩效考核结果的反馈情况及时改进完善。

4. 行政公物的信息化管理

提高行政公物的信息化水平是行政公物管理提档升级的必然要求,近年来,我国一些地区的成功探索值得借鉴。例如绍兴市,积极创新管理手段,于2018年11月在全省率先建立了资产云信息管理系统平台,初步解决了当前资产管理信息难以共享、业务难以协同、基础支撑不足等突出问题,并从满足单位具体资产管理需求出发,按照支持个性化定制、实现分级构建组织关系、按需下载管理模块、灵活设置流程权限、自定义资产卡片样式和报表格式等需求,基本构建起资产配置、使用、处置、合同管理、收益收缴等环节的资产全链条动态监管体系,初步实现了资产管理流程云上走目标。系统在各区、县(市)推广,实现单位100%上线、资产100%纳入管控。同时,为了强化人大监督,绍兴市以系统报表管理、统计查询、大数据等模块为依托,充分发挥资产云系统数据汇集、分析和利用功能,基本实现了资产数据单位录入,统计数据网上提取的阶段性目标,并为资产实时全过程全周期全覆盖监管及人大监督行政事业单位国有资产管理工作奠定良好基础。[1]

---

[1] 参见黄弘:《行政事业性国有资产管理工作的思考——基于绍兴市的管理实践》,载《行政事业资产与财务》2020年第11期。

第四章 公物利用的基本形态（之二）：行政公物

六、行政公物利用制度的完善：规范利用、完善管理

（一）坚持资产管理与预算管理、资产管理与财务管理、实物管理与价值管理有机结合

行政公物是行政机关借以完成公务活动进而间接服务公共利益的物质手段，是公物公共功能与价值发挥的重要保障。完善我国行政公物利用制度，应当确立使用高效、成本最低的目标。首先，使用高效。因行政主体使用行政公物的主要目的在于完成公务活动，而行政主体的公务活动是间接服务公共利益的主要手段，确保行政公物使用效率的最大化将直接影响公物公益性的发挥，铺张浪费、资产闲置、资产配置的苦乐不均、公物私用、私物公养等现象是对公物本来公共用途的极大破坏，因此提高行政公物的使用效率，实现行政公物的高效利用是行政公物管理的首要目标。为此，各地都在探索和实践以公物仓为主的行政公物共享共用机制，在查清存量资产现状的基础上跟踪记录资产使用情况，对闲置资产、超标配置资产、临时机构资产等各类资产进行登记入仓，并就借入借出、报废核销等环节进行统一管理，以便实现资产在供需方之间的调剂补缺、共用共享，合理配置、减少浪费，尽可能挖掘行政公物的潜在公共功能，实现行政公物利用率的最大化，以保证和提升行政公物的公益性。其次，成本最低。实现行政公物的高效使用，保证行政公物公共功能的发挥是行政公物管理的首要目标，但是在此基础之上需要实现公物使用

成本的最小化。行政机关应当在保证行政公物公益性的前提下保证行政公物的合理配置，节约购置成本，在使用中应当避免"重使用、轻维护"导致资产使用寿命降低、维修成本增加，在处置时应当避免国有资产的隐性流失、确保国有资产的保值增值，这需要资产管理与预算管理的结合。认识和把握预算管理是资产管理的前提，科学核定资产配置、使用、维护等预算安排，避免成本过多、收益过小。此外，完善行政公物的绩效评价管理，实行资产管理的成本收益分析和考核机制，也是促进行政机关实现行政公物成本最低的有效手段。为实现行政公物的使用成本最低、使用效率最优，应当坚持实物管理与价值管理相结合、资产管理与财务管理相结合、资产管理与预算管理相结合的原则。

1. 资产管理与预算管理相结合

"预算管理是资产管理的前提，资产管理是预算管理的延伸。"[1]国家作为行政公物的所有权主体，通过预算管理体现国家所有权的强制支配性，是对行政机关使用权的公法限制，预算管理与资产管理的结合是国家作为所有权人对使用权人制约和监管的具体表现。资产管理需要财政预算软约束，预算管理需要资产管理提供信息来源和依据，资产管理和预算管理的结合是资产管理模式从投入监控为主向预算收支监控为主的转型。规范的资产配置预算编制和费用定额体系有利于实现行政公物的源头监管，有利于行政公物提高使用

---

[1] 曾志权：《创新资产管理与预算管理有机结合的机制》，载《中国财政》2013年第20期。

第四章　公物利用的基本形态(之二)：行政公物

效率及效益，保证行政公物的公益性。预算管理和资产管理是无法割裂的，这取决于行政公物与财政资金的密切联系。

第一，预算管理影响和制约资产管理。行政公物的形成主要源于财政预算和拨款，财政预算直接制约行政公物的资产存量和增量。预算管理通过影响行政公物配置和分配的合理性和科学性，进而影响行政公物管理的各个方面，预算管理水平也直接影响和制约着行政公物的日常维护运转和价值补偿。大量问题，如行政公物在部门间分配的苦乐不均，"富裕"机关铺张浪费和相互攀比，"贫困"机关资产不足等，主要源于财政预算安排的不科学以及财政管理水平的低下，这些因素严重影响了行政公物的使用效率，制约着其公共功能和公益性的发挥。

第二，资产管理是预算管理科学化的重要基础。资产管理情况反映财政预算安排，资产管理水平又制约和影响预算管理水平，因为资产存量和价值存量、行政公物日常使用的具体情况、损耗报废情况、需求供给情况是财政预算安排的信息来源和基本依据。[1]换言之，以资产配置标准及编制、预算追加与削减、政府采购计划、资产处置安排为主要内容的预算管理，其科学性和合理性直接源于行政公物的配置、使用、处置的全流程管理。实践中出现的重复购置、"重购轻管"、"重钱轻物"等问题不仅反映了资产管理的弊端，也直接影响了预算管理水平。

---

〔1〕　参见张洁：《行政事业单位国有资产管理探析》，载《行政事业资产与财务》2019年第6期。

2. 资产管理与财务管理相结合

完善的财务制度是解决当前行政公物管理中财务记账与实物记账衔接失效，资金账或固定资产账二者缺一，资产存量失真、家底不清、账实不符等问题的关键。将资产管理与财务管理相结合，通过科学、完善的会计账目形式，准确反映资产存量增量，才能实现资产账目的价值核算与财务账目的会计核算相一致。一方面，在源头上为财政预算提供准确全面的信息基础，提升财政预算软约束的监督功能，进而实现行政公物的合理配置；另一方面，账实相符、账账相符、准确把握"家底"才能有效解决公物私用、铺张浪费等问题，同时也是行政公物共享共用机制、调余补缺工作发挥实效从而提高使用效率的前提。[1]

资产管理与财务管理相结合要求重视和完善资产登记制度。在财务管理上做到账实相符、账账相符，实现资产账目与财务账目相一致，这需要一系列准确、全面反映资产实物表现与价值表现的资产登记制度，如资产形成登记、资产使用登记、日常维护登记、资产核销和报废登记等。[2]此外，为保证上述登记制度行之有效，还应对资产状况进行定期核查，核查的范围不仅包括资产的实物表现和价值表现，还应包括相关责任人的履职情况（签名记录情况等）。资产管理各项活动和各个环节均需准确、及时体现在设置科学的会计账目和

---

[1] 参见莫尧：《内部控制在行政事业单位资产管理中的应用设计》，载《行政事业资产与财务》2019 年第 5 期。

[2] 参见张洁：《行政事业单位国有资产管理探析》，载《行政事业资产与财务》2019 年第 6 期。

财务报表中,[1]以实现资产管理与财务管理相结合。

3. 实物管理与价值管理相结合

行政公物大多以固定资产的形式存在,除了其实物形态,还存在价值形态,即以货币或经济价值作为计量的形态。一方面,行政公物的形成及日常维护运营一般源于财政预算资金,其形成或维护是货币价值向使用价值或实物价值的转化。行政事业单位通过对公物实物形态的占有和使用来实现公物的经济社会价值,该经济社会价值区别于企业国有资产、金融企业国有资产追求的财政收入,即不是指盈利与否,而是表现为公共服务职能的履行和公益性的发挥。实物形态是价值形态和价值发挥的物质载体。另一方面,价值形态是行政公物实物形态通过会计核算等财务制度的经济体现,是行政公物实物形态的货币表现,随着资产损耗、老化、核销报废,价值形态也在随行政公物实物形态发生变化。确立实物管理与价值管理相结合的原则,是解决实践中"重钱轻物"、"重购置轻维护"、"重用轻管"、重复购置等问题的关键,即解决使用主体只关注公物价值形态而忽视实物管理问题的有效途径。与此同时,在实践中也大量存在忽视公物价值管理的情形,如在公物使用中的"公物私用"、"私物公养"(私车公养)、公物处置中因价值评估不足而导致国有资产流失,也需要在行政公物管理中注重实物管理与价值管理的结合。

实物管理和价值管理对行政公物的管理重点有所区别。实物管

---

[1] 参见莫尧:《内部控制在行政事业单位资产管理中的应用设计》,载《行政事业资产与财务》2019年第5期。

理侧重实物形态的维持,侧重行政公物使用价值的增进,如通过日常维护维修避免公物的损坏或报废、通过公物仓制度将符合一定条件的公物在供需方之间进行调余补缺,以实现公物使用价值的最大发挥。实物管理更多地体现占有、使用部门对行政公物的使用权。而价值管理则侧重从价值形态的角度对公物的价值进行管理和监督,从资产预算、财政资金流向、公物价值表现的货币计量(清查核准、分类统计)、公物的处置等方面,对公物的实物管理进行全程监控,更多地体现国家享有的行政公物的所有权。实物形态和价值形态是相互依存而统一存在于行政公物中的,任何一方受损都会直接导致另一方价值的减少,从而影响行政公物的潜在公共服务功能。兼顾实物管理和价值管理才能从实物和价值两方面保障行政公物的公益性。

实物管理与价值管理相结合需要"摸清家底",清查核实资产存量。首先,在明确资产存量,明晰资产产权的基础上,做到资产账目的价值核算与财务账目的会计核算相一致,实现账账相符、账实相符。其次,根据行政公物的日常折旧、处置、核销等变动情况,相应会计科目账目要及时记账更新,从而准确反映当前公物的价值表现。再次,在资产使用上,要提高行政公物的使用效率,一方面,占有使用部门要注意行政公物的日常维护维修,保证其使用价值的充分发挥;另一方面,要完善行政公物的共享共用机制,充分发挥公物仓制度在资产调余补缺、调剂使用方面的作用,减少重复购置和铺张浪费,实现行政公物使用效率的最大化。最后,在编制资产预算增量方案时要注重对资产存量实物形态和价值形态的把握,实现物尽其用。

第四章　公物利用的基本形态（之二）：行政公物

（二）完善政府为主导的统一管理与分级管理相结合的管理体制

行政公物的公共功能和公法性质决定了对其的管理应当以政府为主导、以市场化为辅助。在前文提到的深圳模式和南宁模式中，本书更倾向于深圳模式，即以政府为主导的行政公物管理体制。其管理体制最突出的特点是以产权为中心，紧紧抓住大部分行政公物属于国家所有的核心，在行政公物的管理上倚重政府自身的制度建设而非市场化运营。政府是行政事业性国有资产的主要管理主体，但是在具体的管理中进行分级授权和委托管理，财政局是主管部门，授权机关事务管理局统一管理，委托不同系统的部门对本系统的资产进行管理。此外，在资产形成、使用、处置和"非转经"等方面加强监管。

所谓统一管理，是指行政公物管理体制是以政府为主导、高度集中和统一的，由某一部门作为行政公物的主管部门。对于行政公物的管理而言，通常财政部门是行政公物的主管机关（综合管理部门），负责建章立制、各类审批工作、国有资产监督工作等，由财政部门授权机关事务管理部门承担统一和具体的管理责任，如负责资产的共享共用工作，对公物仓的管理、资产的调余补缺等工作，实现普遍管理与专业管理相结合、微观管理与宏观管理相结合。占有使用资产的部门则负责对资产进行日常维护。统一管理需要完善的法律规范体系、监督体系、组织协调工作作为支撑，从而避免政出多门、管理效率低下的问题，其中的重点之一在于对行政公物占有使用部门的监督，一般主要从审计、纪检监察等角度入手。但是在坚持统一管理的前提下还应当加强分级管理，即针对专业性强、垂直部门管理的资产，如教育、卫生、广播等领域的资产，可以委托这些单位对其行政公物进行专项管理。[1] 分级管理并不是对统一管理的破坏，而是为了适应特殊领域资产管理的专业化要求，以提升行政公物管理实效。

（三）加强行政公物全流程管理：打造"货币→实物→价值"的闭环空间

行政公物的流程管理模式是相对于职能管理模式而言的。传统的资产职能管理模式，即建立一个包含不同层级的行政管理控制体系，根据不同权限的划分，各个部门有自己的管理职能，依法管理，依章办事，部门间的配合和协调工作主要由管理层负责。[2] 在这种模式之下，行政公物的所有权主体一般是国家，对行政公物的管理实行分级管理，存在的问题是各层级、各部门间更重视当前和自身的管理目标，很难形成一致的管理目标和利益；格外重视自身占有的实物资产的使用，但是忽视资产使用效率的最大化；重视申请预算和资产配置，但是较少关注资产管理和资产部门间的调余补缺。此外，容易出现职能交叉重叠的情况，从而使整个组织体系的管理效率和管理实效低下。

而流程管理则侧重从服务组织体系整体战略目标和任务出发，

---

[1] 参见李俊峰：《行政事业单位国有资产管理存在的问题及对策》，载《会计之友》2014年第15期。

[2] 参见李俊林、王晓辉：《面向流程管理的公物仓管理制度建设研究——以内蒙古自治区为例》，载《行政事业资产与财务》2019年第1期。

注重信息沟通和流程优化,从整体(横向)和时间(纵向)的角度进行管理;侧重目标管理和绩效管理,注重整个系统的统一管理目标和绩效,使组织机构的简单化、流程管理的全覆盖、管理工作的高效率与组织体系的战略目标保持一致。换言之,管理工作的核心在于避免各自为战,强调信息沟通,最终的目标是实现组织体系共同的目标而非个体的目标和绩效,流程管理是顺应新公共服务理论和推进治理体系与治理能力现代化的现实需要。[1]在这种模式之下,行政公物的管理要围绕公物公共功能和公益性发挥这一根本目标和主线,为完成上述目标,行政公物的管理就不只是资产管理,还要结合资金管理。资产管理和资金管理的结合意味着转变过去仅关注行政公物配置、使用和处置环节的资产管理思路,而将其与财政预算编制、执行、决算的全过程有机结合,将行政公物的管理打造成对财政资金从货币到实物再到价值实现的闭环空间的管理。这个管理过程因兼顾了资产管理和预算管理,从而实现了资产存量管理与增量管理的结合。一方面,通过强化预算管理实现财政资金流向的科学化,实现对资产增量的控制,达到资产增量激活存量的目标;另一方面,通过强化资产管理实现资产存量的高效使用,实现对资产存量的控制,达到资产存量制约增量的目标。与此相适应,行政公物在单个部门中的使用将变为使用价值部门间的共享共用和调余补缺。大力发展公物仓制度有利于资产共享共用、调余补缺,从而实现资产使

---

[1] 参见吴红卫:《非经营性国有资产管理研究》,法律出版社2010年版,第67~68页。

用效率的最大化。

在资产配置环节,要建立合理的资产配置总量控制机制和资产形成机制。在财政预算上严把资产增量关,明确资产购置标准和条件,只有在符合相应条件时才能购置相应标准的资产,对于不符合资产配置条件和标准的资产配置行为要健全追踪问责机制。要注意开源节流,能通过资产共享共用机制进行调余补缺的就没必要投入财政资金。对于价值较高的、属于大型专用设备的等行政公物的购置,要建立完善的成本效益、需求供给等评估机制,引入专家评审,优化预算安排。完善部门资产配置预算与政府采购预算的衔接机制,购置前要注意节约财政资金,购置后要注意防止账外资产等问题。

在资产使用环节,要坚持环环相扣、流程完整、有权有责、精简高效的原则。对行政公物进行资产分类管理,针对无形资产与固定资产、动产与不动产,应当结合各自的资产特征进行区别管理。在资产使用上建立合理的绩效考核机制,明晰不同管理部门的职责和目标,明确资产的领用、交回、维护、保养流程,责任落实到人,通过绩效考核和责任追责机制优化管理。健全资产的财务管理制度,形成资产使用部门、财务部门和资产管理部门相互制约的机制,做好实物、卡片、台账与财务部门会计账目、明细的核对核查,保证账实相符、账账相符。

在资产处置环节,要注意从严控制处置行为。无论资产处置对象还是处置计划,均需要严格遵守审批程序和技术鉴定评估,可以纳入政府公物仓进行调余补缺的就不能擅自处置。对于确需处置的资产,应当建立完善的处置前评估制度(评估处置是否必要、形成处置方案、评估资产价值等)、规范的处置流程,以及处置后的财务制度(收支两条线、科学记账、收益上缴等),避免国有资产的隐性流失及部门"小金库"现象的产生,实现国有资产的保值增值。

行政公物的管理应当重视资产配置、使用和处置的全流程管理。全流程管理是资产管理与预算管理、实物管理与价值管理的结合,区别于目标分散、治理多头、注重部门利益的职能管理。全流程管理不仅重视资产管理中配置、使用与处置的全流程,还注重与预算编制、执行与决算的有机衔接,实现预算管理、资产管理、价值管理的有机结合,提升管理实效。

(四)完善以政府公物仓为主的资产共享共用机制

资产共享共用机制是节约财政资金,实现行政公物合理配置和高效使用的重要制度。通过对特定资产的集中管理、统一规划、信息共享和调余补缺,可以盘活存量资产,平衡和优化资产在供需方之间的分配。实践中较为有效的探索即公物仓制度,政府公物仓是以行政事业性国有资产信息共享平台为依托,就特定资产进行统一管理、统一调配和统一处置的综合平台,其管理的资产主要有闲置资产、罚没资产、超编、超标配置资产、召开或举办会议及活动时购置的资产等。在公物仓制度之下,公物仓统一收缴和管理特定资产,并按需调余补缺、调剂调配。存在可共享使用的资产时,不必重复购置,使用单位经相关手续获得该资产,对其进行使用和养护,从而解决行政公物配置上苦乐不均、使用上铺张浪费的弊病,节约公共资源和财政资金,实现资产使用效率效益的最大化。此外,公物仓制度在承担资产调余补缺、共享共用责任以外，因其一般都设置较为成熟的管理规程，主要涉及分类管理、大型专业设备集中管理、定期检查、保养维护等，因此对于保证维持资产使用性能和价值，避免资产过度损耗和贬值具有积极意义。

1. 公物仓管理部门的职权划分

公物仓制度与行政公物整个管理体制是有序衔接的，国家是行政公物的所有权主体，财政部门代表国家对纳入公物仓管理的行政公物履行资产监督和资产主管职责。机关事务管理部门是公物仓的主管部门，负责公物仓管理规则的制定和完善，负责公物仓资产接收、调剂使用、处置的全流程管理，负责建立实体仓库和虚拟仓库，对公物仓资产进行日常维护管理，并逐步扩大纳入公物仓管理的资产范围，完善和推进公物仓的信息化管理，搭建资产共享共用平台，负责协调不同部门间资产的调余补缺等。占有使用行政公物的部门除负责资产的日常维护管理外，还应当积极配合公物仓资产的接收入库、借入借出等工作，配合行政公物的共享共用机制发挥调余补缺作用，实现资产使用效率效益的最大化。审计、纪检监察部门则负责从不同领域对行政公物全流程管理进行监管，实现有权有责，违法必究。

此外，机关事务管理部门应当根据资产类别设置差异化的管理规则，分别建立实体公物仓和虚拟公物仓。对于实体公物仓而言，原则上应当对纳入实体公物仓管理的资产进行集中管理和分类管理。其中集中管理指的是资产必须统一集中入库进行管理。分类管理是指实物管理和账卡管理相结合，无论是实物管理还是账卡管理，均需设置专人对相应资产进行定期查验、清查盘点、分类保管和及时养护,并进行详细专业的登记(如设置公物仓库存资产登记簿和资产卡片),以便保障实体公物仓实物资产的使用性能和价值,确保价值形态的资产账账相符、账实相符。对于虚拟公物仓而言,因其纳入管理的是一些不适宜或不能够集中入库管理的资产,如无法转移、不宜搬动的资产(办公用房、消防车等),以及精密仪器(专业执法设备等)等保管专业性强或需特别管护的资产,为减少存放、流通和管护成本,不适宜集中存放和来回运输,因此原则上应当对该类资产进行委托代管和专账管理。其中委托代管是指委托占有使用该类资产的部门(谁用谁管)或其他专业性部门进行保管,虽然这些资产由不同的部门分散保管,但是保管地点的分散并不影响其纳入公物仓管理,不影响其用于调余补缺的性质和功能,因此其使用权仍然属于公物仓。专账管理是指机关事务管理部门应当在国有资产管理信息系统等资产信息共享平台上设置"虚拟公物仓"专栏,公布资产调余补缺情况,以便资产共享共用工作的顺利开展。

2. 推进资产管理的信息化建设

以公物仓为主的资产共享共用机制要发挥作用,需要数据扎实翔实、功能多样、业务齐全、有机衔接、更新及时的信息系统平台,这既需要建立和完善公物仓资产管理信息系统,又需要完善原有资产信息管理系统,还需要进一步提高整个资产管理的信息化水平。

第一,建立和完善公物仓资产管理信息系统。仅就公物仓资产管理信息系统而言,需要在准确把握公物仓资产基础数据的基础上,整合资产动态数据库,实时、准确反映公物仓资产的总量、构成、变动等现实情况,为公物仓资产的共享共用,以及公物仓资产管理信息系统与整个资产管理信息系统的衔接提供准确全面的数据支撑。此外,应当完善公物仓资产的发布、查询和更新机制,方便资产需求方及时获取相关资产的实时情况,便于其申请及借用,实现行政公物的共享共用。就公物仓资产管理信息系统与整个资产管理信息系统的衔接而言,应当逐步实现财政部门、主管部门、占有使用资产部门之间资产数据的汇总、交换和整合,在此基础上应当拓展资产管理信息系统的功能,将"公物仓"板块加入其中,实现资产管理子系统与完整资产管理系统的衔接。[1]

第二,资产信息化建设要注意实现全流程管理的要求。基于行政公物财政预算、执行和决算与其设置、使用和处置有机衔接的要求,以及预算管理与资产管理相结合的原则,资产管理信息系统也应当在规划建设、业务功能等方面实现全流程管理。具体而言,其一,要打破财政业务壁垒,解决财政数据分离问题,实现数据库信息资源的整合和各类管理系统的有序衔接。为此应当完善基础数据库,完善资产共享共用平台,完善资产使用过程及结果的反馈采集平台,完善数据查询、分析和决策服务平台,实现资产管理系统与部门预算、国库集中支付、政府采购、非税收入等其他财政管理系统的兼容和衔接。其二,资产信息管理系统要实现预算管理与资产管理的对接和兼容,为此要做到财政业务功能的两个"一体化",即预算、财务、资产等财政管理业务功能一体化,资产配置、使用、处置等资产管理业

---

[1] 参见张志坚:《国有资产管理信息化探讨》,载《现代国企研究》2018年第4期。

第四章　公物利用的基本形态（之二）：行政公物

务的一体化。同时，两个"一体化"要实现有序衔接和有效对接。

第三，加强软件功能等技术支撑。资产管理信息系统的完善需要强大的技术支撑，数据资源的导入（预算管理需要资产配置计划、配置标准等）、资产实况的更新（公物仓资产的入仓、借出、调拨导致的资产增减）、数据信息统计及综合分析（资产使用过程及结果的实时监控）、涉及资产方面的网上申请和审核等，都需要强大的软件技术作为支撑。[1]

3. 规范资产接收、使用和处置

根据各地的实践，建议纳入公物仓管理的资产包括闲置资产、超标配置资产、罚没资产、临时机构资产及其他资产。其中闲置资产主要指尚有使用价值但使用机会小或已经不用的资产，超标配置资产主要指因超过资产配置标准而上缴的资产，罚没资产主要指在执法过程中罚没的涉案资产，临时机构资产主要指举办临时会议、展览、典礼、开幕仪式等大型活动中由财政资金购置的资产，其他资产主要指接受捐赠资产、机构整合撤销后上缴的资产等具有使用价值、可以用于调余补缺的资产。此外，随着公物仓制度的不断完善，可以考虑不断扩大纳入公物仓管理的资产范围，如考虑将全部在用资产和新增资产在虚拟公物仓进行发布，方便符合调余补缺条件的资产实现共享共用。完善公物仓接收、使用和处置的全流程管理是发挥公物仓资产共享共用功能的前提，设置合理的从入口到出口的公物仓操作流程，主要应当做到以下几点。

---

〔1〕 参见刘盛洁：《行政事业单位国有资产信息化管理初探》，载《现代商业》2017年第12期。

第一,公物仓资产的接收。公物仓资产的接收是公物仓制度运行的初始阶段,对于符合纳入公物仓管理条件的资产,公物仓管理机构应当与资产上缴部门做好工作分工和衔接,上缴单位填写上缴资产清单并及时规范上缴资产,公物仓管理机构负责根据上缴资产清单和实际资产情况进行资产验收和入库。资产验收是指公物仓管理机构根据上缴机关提供的资产清单,对资产名称、数量、价值等资产具体情况进行核实查验,资产验收完毕并符合上缴清单的,公物仓管理机关应当办理资产交接手续,准备资产入库工作。资产入库工作主要包括根据资产现实情况确定资产纳入实体公物仓还是虚拟公物仓,根据资产分类和保管特殊要求确定放置、保管的规则,及时妥善安置资产入库等。

第二,公物仓资产的使用。公物仓作为承担资产调余补缺,实现资产共享共用的重要载体,其资产入库的核心目的在于通过统一接收和管理,平衡资产在供需方之间的需求。在资产未通过法定方式调余补缺时,公物仓对其有使用权,此时使用权的表现更多在于使用价值的维护、使用利益的保护;当资产通过法定方式移交其他部门时,使用权则由占有该资产的部门享有。一般情况下公物仓资产的使用方式分为两种,一是有期限、须归还的使用,二是无期限、使用权发生永久转移的使用,前者称作公物仓资产的借用,后者称作公物仓资产的调出。公物仓资产的借用是指借用单位履行相关审批手续,在公物仓管理部门审核确认后,由公物仓将该资产的使用权在一定期限内移交给借用单位,借用期限届满后借用单位须归还,且保证借用前后资产的使用价值保持一致,不得出现使用价值的贬损,如果损坏则须采取措施恢复其原有使用价值。公物仓资产调出是行政公物调拨的具体体现,一般需经财务部门对调拨申请进行审核,审核通过后,公物仓管理机关根据调拨报批表办理相关资产的出库和移交,资产需求单位据此永久取得该资产的使用权,即使用无时间期限,不需要归还,但需要自己承担保管责任。

第三,公物仓资产的报废处置。建议公物仓不仅负责其纳入管理的资产的报废处置,还应承担对行政主体(尤其是行政机关)占有使用资产报废处置的审核责任。对于已无使用价值的资产,公物仓在合理评估、清点和盘查后,可以统一公开处置,建议以拍卖为主,以残值作价处理为辅,确保资产处置的公开透明,防止国有资产的流失。对于行政主体占有使用的资产,由公物仓负责审核是否报废处置及处置主体的选择,这是为了规范占有使用单位的资产处置行为,防止国有资产流失,避免特殊资产的擅自处置导致其他损失。建议由公物仓根据占有使用单位的资产报废处置申请,由公物仓作出报废与否的决定。可以进行报废处置的,由公物仓决定具体的报废处置主体:对于已无使用价值,由原机关处置较为合适的资产(电脑桌、书柜等),公物仓应当作出准许原机关报废处置的决定;对于一些特殊资产和不宜由原单位处置的资产(涉及机密的电脑、软件等),公物仓应当先行入库再行处置。

七、本章小结

行政公物虽不能为社会公众直接使用而受益,但是其公共功能和公益性主要通过行政主体的公共行政服务予以实现,这是行政公物利用的重要方面,也是行政公物发挥公益性的重要途径。行政公物的使用与公共公物的使用区别较大,一方面,行政公物的使用主体和管理主体通常是同一的,即行政主体自身;而公共公物的使用主体和管理主体则一般是分离的,即使用主体为社会公众,而管理主体为行政主体。另一方面,行政公物的管理对于行政公物制度的构建和完善具有更为突出的意义,完善的管理体制是提高利用效率及效益,促进国有资产保值增值,实现行政公物公益性的保证。可以说,行政公物的利用与管理是一枚硬币的两面。在促进行政公物利用的法治化、集约化进程,以及优化管理体制机制的探索中,政府一直在路上,主要体现在不断完善行政公物法规范体系,完善行政公物管理体制,完善行政公物共享共用机制,完善创新具体管理方法等。为了不断加强和优化行政公物的管理,维护行政公物的公益性和公共功能,在管理体制上,不适宜过度依赖市场化的管理方式,应当建立以政府为主导、以强化政府自身制度建设为核心的管理体制,在此基础上适当引入市场机制。在资产职能管理向流程管理转化的大趋势下,行政公物的利用与管理应当坚持资产管理与预算管理、资产管理与财务管理、实物管理与价值管理相结合的原则,形成财政资金从货币到实物再到价值发挥的闭环管理,资产配置、使用与处置应当与财政预算、执行和决算相衔接。要建立和完善行政公物的共享共用机制,特别是不断完善公物仓制度,实现行政公物的调余补缺、共享共用。

结　论

本书的目的在于探索公物利用制度的完善和公物公益性的保障路径，而公物利用制度的完善和公物公益性保障又存在手段与目的的关系，因为公物利用是整个公物制度的核心，公物公益性的实现很大程度上取决于公物利用制度的完善。公物公益性保障可以从正反两个维度理解，所谓正面的维度指的是社会公众享有的公物利用权的行使和保障，以及公物公益性和普惠性的增加，这主要涉及社会公众对公共公物（公众用公物和公营造物）的利用；所谓反面的维度指的是避免公物的公益性遭到侵蚀，这既涉及国家不得削减公共公物的公益性，不得违法克减公民的公物利用权，还涉及行政主体对行政公物的利用，即需要通过完善管理和强化监督，保证行政主体对行政公物进行合法利用、规范利用、高效利用，避免违法利用、低效利用。

围绕本书的主题、目的和中心思想，可以归纳出以下几个结论性意见。

一、公物利用的类型化研究

本书将公物利用类型化为两种基本形态，即公共公物和行政公物,类型化研究的目的在于精准把握不同利用形态的核心要义和制度侧重点。公共公物制度的核心在于公物利用权的保障,行政公物制度的核心在于完善管理、规范利用。

将公物利用进行类型化研究的前提是公物的基本分类和不同利用形态核心要素的差异。

第一,就公物的基本分类而言,本书将公物分为公共公物和行政公物。公共公物指供社会大众公共利用的公物,本书将公营造物归入公共公物,认为其是一类特殊公共公物,因此公共公物具体包括公众用公物和公营造物。公众用公物是指公物利用人仅依物的因素即可完成利用的公共公物,如道路、桥梁、海滩、公园;公营造物是指公物利用人需依物的因素和人的因素相结合才能完成利用的公共公物,如公立高校、公立医院、强制戒毒所等,如对高校的利用既需要校舍、教材等物的因素,还需要教职工、后勤人员等人的因素。此外,行政公物是指供行政主体公务利用的国有公物,行政公物是行政主体开展公共行政必须依赖的物质手段。

第二,就不同利用形态的核心要素而言,由于公共公物利用主体具有广泛性、利用需求具有基本性、利用方式具有公共性,公共公物的利用最直接地体现了国有公物的公益性,因此公物利用权的保障、公物公益性和普惠性的增加成为整个公共公物制度的核心。由于行政公物主要由行政主体内部利用,社会公众无法直接享受行政公物的利益,行政公物的公益性是通过行政主体利用行政公物开展公共行政服务而间接实现的。同时,行政公物利用主体和利用范围的内部性、利用方式的封闭性,决定了行政公物制度的核心在于完善管理、加强监督、规范利用,避免违法利用、铺张浪费等。

第三,本书将公共公物的利用形态类型化为两种,即公众用公物和公营造物。社会公众对公众用公物自由利用的性质根据依赖利用和事实利用而有所不同,但是大多数情况下公众用公物的自由利用是一种公法权利,利用人被赋予物权性的法律地位,体现利用人对物的直接支配权;而公众用公物的特别许可利用权兼具公权与私权性质,公权性质体现为公法上的债权,私权性质体现为私法上的用益物权。公营造物利用关系是行政法上之债的性质,利用人只能取得某种债权性质的法律地位,该法律地位赋予利用人给付请求权,即要求公营造物管理机关实施特定给付、提供特定服务,而对公营造物公物(公营造物管领之物,也属于公物的范畴)原则上无直接支配权。

二、公共公物利用的核心问题是公物利用权的保障

公共公物制度的完善关键在于公物利用权的保障。根据"基本权利功能划分法",公物利用权作为一种基本权利具有三重功能,即防御权功能、受益权功能、客观价值秩序功能,其中受益权功能又分为积极的受益权功能和消极的受益权功能,为实现上述功能国家需要相应地履行消极义务、给付义务、保护义务。换言之,公物利用权的保障在于国家相应义务的履行。

第一,为实现公物利用权的防御权功能,国家应当履行消极义务,即国家的管理行为需要保持适度的克制,避免过多地干预公民对

公物的利用行为。必要的公物管理行为要坚持比例原则,确保公物管理行为实现之公益大于因克减公物利用权给公民带来的损失,此外要创新管理方式,避免采用动不动就收费的方式。加强监管,防止国家错把自己当成民法上的所有权人而借助国有公物牟利。

第二,为实现公物利用权的积极受益权功能,国家应当履行物质给付义务。对于立法机关而言,应当坚持法律保留原则,即某些公物利用或管理规则的制定权力只能由全国人大及其常委会掌控,不宜交给行政机关,如对于全国性的由中央政府管理的公物的收费权。此外,立法机关还应当逐渐在立法修法中确认公物利用人的公法地位。对行政机关而言,应当加强公物的供给和对公物供给的监督,即规范公物的资金或实体来源,合理配置财政资金,加大对公共公物的供给;完善公物的设置程序,在公物设置计划的确定阶段,要注意按照实际需要科学立项,注意引入公众参与机制,在计划实施阶段,要严格设定和遵守政府采购、公私合作的公物设置程序,尤其对于政府采购和公私合作设置的公物,要加强监管,防止贪污、舞弊等违法行为,此外要重视对竞争厂商、未中标厂商的保护和救济;完善政府财务信息报告制度,加强财政监督,倒逼国家积极履行公物供给义务。

第三,为实现公物利用权的消极受益权功能,国家应当履行司法救济义务。

第四,为实现公物利用权的客观价值秩序功能,国家需要履行保护义务。保护义务的范围很广,主要包括公物管理机关公物管理权的行使、公物警察权的行使,建立公物行政决策的公众参与机制,完善国家赔偿制度,加强对公物设置或管理瑕疵的救济等。

三、行政公物利用的核心问题是完善管理、加强监督、规范利用

行政公物制度的完善在于完善管理、加强监督、规范利用,这是由行政公物利用的内部性和封闭性决定的。为了最大限度地发挥管理效能和利用效率,应当坚持资产管理与预算管理、资产管理与财务管理、实物管理与价值管理有机结合;建立健全政府为主导的统一管理与分级管理相结合的管理体制;应当加强行政公物的全流程管理,打造财政资金"货币→实物→价值"的闭环空间;应当完善以政府公物仓为主的资产共享共用机制,提升行政公物利用的集约化、智慧化水平。

第一,坚持资产管理与预算管理、资产管理与财务管理、实物管理与价值管理有机结合。资产管理与预算管理相结合要求在预算管理中合理设置资产配置标准、预算追加与削减、政府采购计划、资产处置安排等,强化预算管理对资产管理的制约和监督作用。资产管理与财务管理相结合要求通过科学、完善的会计账目形式和准确反映资产存量增量的会计财务报表,实现资产账目的价值核算与财务账目的会计核算相一致。实物管理与价值管理相结合要求既要注重实物形态的维持和行政公物使用价值的增进,又要注重从价值形态的角度对公物的价值进行管理和监督,从资产预算、财政资金流向、公物价值表现的货币计量(清查核准、分类统计)、公物的处置等方面对公物的实物管理进行全程监控。

第二，建立健全政府为主导的统一管理与分级管理相结合的管理体制，强化财政部门作为行政公物的主管机关（综合管理部门）的职能，负责建章立制、各类审批工作、国有资产监督工作等。由财政部门授权机关事务管理部门承担统一和具体的管理责任，如负责资产的共享共用工作，负责对公物仓的管理、资产的调余补缺等工作，实现普遍管理与专业管理相结合、微观管理与宏观管理相结合。占有、使用资产的部门则负责对资产进行日常维护。

第三，应当加强行政公物的全流程管理，打造财政资金"货币→实物→价值"的闭环空间，要转变过去仅关注行政公物配置、使用和处置环节的资产管理思路，而将其与财政预算编制、执行、决算全过程的管理有机结合。一方面，通过强化预算管理实现财政资金流向的科学化，从而实现对资产增量的控制，达到资产增量激活存量的目标；另一方面，通过强化资产管理实现存量资产的高效使用，从而实现对资产存量的控制，达到资产存量制约增量的目标。

第四，完善以政府公物仓为主的资产共享共用机制，提升行政公物利用的集约化、智慧化水平。建议扩大公物仓平台统一管理行政公物的范围，并加强公物仓管理资产的借入借出、调余补缺功能，推进公物仓资产管理的信息化建设，提高资产管理的智慧化水平，规范公物仓接收、共享使用、处置各环节，实现行政公物使用效能的最大化。

四、对公物利用人的救济还需进一步加强

有权利必有救济，救济对于公物利用人的权利保障至关重要。

结　论

根据不同的公物侵权行为，公物利用人可以选择的救济方式和效果也不同，有的侵权行为具有可诉性，有的不具有可诉性。对于具有可诉性的行为，不同行为适用的行政诉讼类型和判决类型也不同。

当公物利用人的权利遭到侵害时，得到救济是保障公物利用权的应有之义，但是并非所有的公物侵权行为都可以适用司法救济。第一，在公众用公物利用关系中，公物利用人可否提起行政诉讼，取决于该利用是否为依赖利用。所谓依赖利用是指该利用直接关系公物利用人的基本生活和权利行使，如果公物利用人对公物的利用属于依赖利用，则公物利用人的利用行为属于公法权利的行使，具有可诉性；如果公物利用人对公物的利用属于事实利用，则利用人的利用行为仅为反射利益，不具有可诉性。第二，在公营造物利用关系中，公物利用人可否提起行政诉讼，取决于公物管理机关的命令或决定是否涉及公营造物利用的基础关系。所谓公营造物利用的基础关系是指直接影响"利用人享有权利的人格主体的法律地位"的情形，如果公物管理机关的命令或决定触及公营造物利用的基础关系，如公立高校作出开除某学生的决定，该命令属于行政处理决定，具有可诉性，如果公物管理机关的命令或决定只触及公营造物利用的经营关系，如公立高校关于上课时间地点的规定，该命令属于内部行政行为，不具有可诉性。此外，利用人对公营造物利用规则不服的也可依现行法律获得救济。在公营造物利用关系中，当利用人面对违法的公营造物利用规则时，也可以根据《行政诉讼法》或《行政复议法》寻求相应救济：公物利用人就公营造物管理机关的违法行政行为提起行政诉讼，并请求对利用规则附带审查，由法院对违法利用规则提出修改或废止的司法建议,如被开除学籍的公立高校的学生在提起行政诉讼时,可以申请对开除学籍的校规等依据进行附带审查;公物利用人就公营造物管理机关的违法行政行为进行行政复议,并由复议机关对利用规则的合法性进行审查。

对于可诉的公物侵权行为,不同的侵权行为适用的诉讼类型也不同,主要有撤销之诉、科以义务之诉、给付之诉。第一,撤销之诉。对于行政主体作出的废止或改变公物公用目的的有违法律目的和公共利益的不合理、不公正的行为,本书认为应当属于行政诉讼的受案范围,判决内容主要适用《行政诉讼法》第70条关于撤销并判决被告重新作出具体行政行为的规定和《行政诉讼法》第71条关于不得以相同的事实和理由作出基本相同决定的规定。第二,科以义务之诉。对于行政主体对第三人侵害公物利用人的行为怠于履行排除妨害义务的,本书认为应当属于行政诉讼的受案范围,判决内容主要适用《行政诉讼法》第72条关于判决被告限期履行法定职责的规定。第三,给付之诉。对于行政主体怠于履行公物供给、管理等义务的行为,需要依赖"给付判决",但是目前供给公物很难被认为符合《行政诉讼法》第73条、最高人民法院《关于适用〈中华人民共和国行政诉讼法〉的解释》规定的给付义务,且司法实务和最高人民法院的司法判例也基本将给付义务限定为金钱和财产给付。本书认为,为了最大限度保障公物利用权,可以逐渐探索增加给付判决的覆盖面,将公物供给等行为给付纳入其中。